HIV+

HIV+

DE VERBORGEN MOED VAN GEWONE MENSEN

CIS VAN PEER

één

LANNOO

WOORD VOORAF

HIV: DRIE LETTERS, bij scrabble goed voor negen punten, wat niet echt veel is. Het is ook de afkorting van iets ingewikkelds: *Human Immunodeficiency Virus*. Dat 'Human' klinkt ironisch, want er is niets humaans of menselijks aan hiv: het idiote virus maakt de gastheer of -vrouw namelijk kapot. Was ik een virus, dan zou ik mijn gastheer net onoverwinnelijk maken. Daar had Darwin ook eens over moeten kunnen nadenken. Maar het meest ironische is wel dat de meeste mensen die hiv oplopen dat doen door het mooiste wat er bestaat: vrijen.

Zat er een hogere kracht achter, dan zou je die wreedheid kunnen verwijten. Het klopt niet. Het is onrechtvaardig, want het treft mensen die niets verkeerds doen. Mensen die seks hebben. Wij allemaal dus. Heeft er iemand daarboven in de hemel zich ergens grondig vergist? Laat dit boek in die context trouwens verplichte lectuur zijn voor je kinderen en/of je kleinkinderen. Ze zullen er menselijker van worden, ze gaan meer begrip hebben en ze zullen vooral condooms gebruiken. Akkoord: echt leuk is het niet en het staat ook wat lullig, maar dat stukje rubber redt wel je leven.

Stel het je voor: in een koude kamer waar je je niet thuis voelt, vertelt een dokter die je niet kent dat je voor de rest van je leven ziek zult zijn. Dat je voor de rest van je leven pillen zult moeten slikken. Als je dat niet doet, zal een klein beestje in je lijf je immuniteit helemaal uitschakelen. Daardoor krijgen alle vijanden in deze grote boze wereld de rode loper aangeboden, om je vervolgens helemaal kapot te maken. Dat moment zal je je voor de rest van je leven glashelder herinneren: de geur van die kamer, de wetenschap dat je jezelf vanaf dan kwetsbaar zult moeten opstellen telkens als je iemand leert kennen. Je zult jezelf helemaal bloot moeten geven en zeggen dat je 'besmet' en 'besmettelijk' bent. Het moet verschrikkelijk zijn.

De verhalen die je gaat lezen, tonen aan dat er mensen zijn die in deze omstandigheden hun rug rechten, al hun moed samenrapen en beslissen om te vechten tegen de minuscule, onzichtbare vijand, een monster dat altijd in de buurt zal zijn.

Voor zulke mensen heb ik pure bewondering en diep respect. In die omstandigheden blijven functioneren, al is het in de anonimiteit, dat is pure klasse.

Aan iedereen op deze wereld met hiv wil ik zeggen: vecht, verzorg jezelf, je bent niet minder mens dan een ander, integendeel. Diegenen die ik heb leren kennen, daar kunnen de seronegatieven nog veel van leren. Het zijn mensen met kracht, met vechtlust, karakter, moed en durf. Neen, het is geen immanente gerechtigheid, het is een godverdomde strijd om te leven. Blijf vechten, vrienden, mijn steun hebben jullie!

Kobe Ilsen

INLEIDING

IN DE ZOMER VAN 1981 verschenen in de Amerikaanse pers berichten over een nieuwe, mysterieuze ziekte bij homomannen. Er werd gesproken over homokanker. Een jaar later was de algemene consensus dat het ging om een verstoring van het immuniteitssysteem, waardoor allerlei zogenaamde opportunistische infecties vrij spel kregen. De naam aids was geboren. Dertig jaar na de uitbraak van de epidemie zijn wereldwijd meer dan drieëndertig miljoen mensen geïnfecteerd. In ons land hebben naar schatting vijftienduizend mensen het virus. Elke dag komen er drie diagnoses bij. Het plotse, dramatische karakter waarmee het hiv-virus als een schokgolf door de wereld trok, is niet het enige mysterieuze aspect van de ziekte. Even vreemd is dat er zo weinig over wordt gesproken. Mensen met hiv hullen zich in stilzwijgen, uit angst voor stigmatisering door een maatschappij die elke elementaire kennis over het virus ontbeert en er liefst niet over praat. In dit boek vertellen dertien gewone mensen over hun leven met hiv. Ze hebben daarbij één doel voor ogen: zich blootgeven om de vooroordelen weg te nemen.

Hun ambitie is het doorbreken van de stilte, maar bij het lezen van hun levensverhalen kan een mens alleen maar stil worden. In een poging om hun getuigenissen te typeren moest ik denken aan een wonderlijke eigenschap van mijn jongste dochter. Zij vond als kind gedurig nieuwe woorden uit. Ze gooide twee zegswijzen of adjectieven in een pot, liet alles even sudderen en haalde er een neologisme uit. Dat leverde talrijke pareltjes op, waarvan de meeste bedekt zijn met een laagje stof. Een woord schoot me terug te binnen bij het herlezen van de getuigenissen in dit boek: *aangrijpelijk*. Het was voor haar een overtreffende trap van 'aangrijpend', zoals alleen een kind dramatische gebeurtenissen een poëtische bijklank kan geven. De dertien verhalen in dit boek zijn nu eens ontroerend, dan weer schrijnend, indringend, confronterend, of herkenbaar, maar ze zijn altijd *aangrijpelijk*.

Even markant is het openhartige karakter van de getuigenissen. Ik stond versteld van de bereidheid van de getuigen om te praten over persoonlijke, intieme aspecten van hun leven, vaak ondanks moeilijke omstandigheden. *Ik wil mijn verhaal vertellen. Ik wil de mensen wakker schudden. Ik wil het uitschreeuwen*. Het zijn uitspraken die herhaaldelijk terugkwamen in alle gesprekken. Ze wijzen erop dat deze mensen een boodschap willen brengen. Een van de getuigen vat het treffend samen: *Ik wil aantonen dat leven met hiv mogelijk is, dat wij normale mensen zijn, in staat om te werken, in staat om feest te vieren, in staat om relaties te onderhouden*. Het verklaart de onvoorwaardelijke bereidwilligheid van de getuigen om hun verhaal te vertellen: de nood aan de waarheid over hiv is groot.

Want hiv blijft een ongenode gast in onze samenleving. De ziekte is niet alleen ongewenst, ze is ook onbekend. Mensen willen er niets mee te maken hebben en sluiten bewust de ogen. Het roept een beeld op uit de kleuterjaren van mijn andere dochter. Als bepaalde mensen haar schrik inboezemden, hield ze resoluut haar handje als een zonneklep voor haar ogen. Het was haar vertederende manier om het onbekende uit haar leventje te weren. Vandaag doen mensen hetzelfde met hiv, het is alleen minder aardig.

Dat is precies wat het leven van mensen met hiv zo zwaar maakt. Uit alle getuigenissen blijkt dat niet zozeer het leven met hiv het moeilijkste is, als wel het leven met een geheim. Het niet te kunnen vertellen, uit schrik voor afwijzing door familieleden, vrienden, collega's, bekenden en onbekenden. Nochtans kun je niet naast de feiten kijken. Hiv vertoeft in ons midden, en een hand voor onze ogen zal daar niets aan verhelpen. We kunnen het maar beter accepteren en proberen een juist beeld te krijgen van het virus. Dan zullen we ontdekken dat hiv vandaag een controleerbare, chronische aandoening is, en dat de diagnose van hiv niet langer een doodvonnis inhoudt. We zullen leren dat de nieuwste medicatie de virale lading in het bloed tot een ondetecteerbaar niveau kan terugdringen, en dat veel mensen met hiv vandaag een nagenoeg normale levensverwachting hebben. We zullen verbaasd vaststellen dat hiv zich niet beperkt tot enkele risicogroepen, maar dat iedereen geïnfecteerd kan raken. We zullen met het schaamrood op de wangen moeten toegeven dat je hiv niet kunt krijgen door iemand een hand te geven, door te zoenen en te tongzoenen, door te knuffelen, door mond-op-mondbeademing, door langdurig huidcontact, door te drinken uit hetzelfde glas, door zwemwater, door muggenbeten of door een wc-bril.

Pas als we onze hand weghalen en onze vooroordelen opzijzetten, zullen we zien dat hiv gewone mensen met gewone levens treft. Dit boek gaat over de verborgen moed van die mensen. Het kon enkel tot stand komen dankzij het engagement en de ontwapenende eerlijkheid van de dertien getuigen. Annemie, Katrien, Kim, Marianne, Maya, Ben, Freddy en Nick (die allen anoniem wensten te blijven), en Helen, Liesbeth, Frankie, Kenny en Thierry: dit is jullie boek. Even onontbeerlijk waren het researchwerk en de gouden wenken van de bevlogen reporters en redacteurs van het VRT-team achter het tv-programma *HIV+*. Inge, Suzy, Tessa, Geert en Jo: bedankt. Tot slot bleken ook de feedback en de begeleiding van Sensoa van grote waarde om een accuraat en evenwichtig beeld van hiv te schetsen.

Cis Van Peer

HET ONDERSCHEID TUSSEN HIV EN AIDS

De letterwoorden hiv en aids worden vaak door elkaar gebruikt, maar ze staan voor twee verschillende inhouden.

Aids = Acquired Immune Deficiency Syndrome (acquired: zelf opgelopen, dus niet geërfd; immune: immuniteitssysteem, het afweersysteem in ons lichaam dat ons beschermt tegen ziekte; deficiency: gebrek, tekortschieten; syndrome: ziektebeeld).

Aids wordt veroorzaakt door het hiv-virus (Human Immunodeficiency Virus). Wanneer je met hiv bent geïnfecteerd, gaat je lichaam antistoffen vormen. Die antistoffen zullen bij een hiv-test worden aangetroffen in je bloed. Vandaar de benaming hiv-positief of seropositief. Dit proces van zogenaamde seroconversie gaat vaak gepaard met koorts, moeheid, griepachtige klachten, opgezwollen lymfeklieren, enz. Sommigen merken echter niets van de infectie. Bij de meeste virussen, zoals het griepvirus, overwint het afweersysteem de infectie. Bij hiv is dat niet het geval. De hiv-antistoffen in je bloed kunnen het virus jarenlang onderdrukken, maar niet uitschakelen.

In de volgende fase blijft het virus relatief inactief. Je afweersysteem herstelt zich, ziekteverschijnselen verdwijnen en je gaat je beter voelen. Dit proces kan sterk verschillen van persoon tot persoon. De ene blijft zich vele jaren na de hiv-infectie kerngezond voelen, een ander wordt snel vatbaar voor allerlei infecties.

Zonder gepaste medische behandeling krijg je vroeg of laat onvermijdelijk te maken met allerlei klachten en ziekteverschijnselen: extreme vermoeidheid, chronische diarree, gewichtsverlies, koorts, schimmels, eczeem, tandvleesontstekingen, wratten, gordelroos, enz. In de laatste fase hiervan zit je in het aidsstadium. Virussen of bacteriën die bij gezonde mensen relatief onschadelijk zijn, kunnen in dit geval leiden tot levensbedreigende infecties, de zogenaamde opportunistische infecties, en/of tot het ontstaan van tumoren. Zonder behandeling duurt het gemiddeld tien jaar voor iemand met hiv aids ontwikkelt.

Frankie
49 jaar, hiv sinds 2006

THIERRY
42 jaar, hiv sinds 2004

LIESBETH
52 jaar, hiv sinds 1985

Kenny

30 jaar, hiv sinds 2002

Helen

44 jaar, hiv sinds 2001

HOOFDSTUK 1

DIAGNOSE

'**DE DOKTER WAS AAN HET VERTELLEN.** *Ik zag zijn lippen op en neer gaan en ik hoorde niets. Er flitste van alles door mijn hoofd. Wat nu? Hoe moet het met mijn vrienden, mijn familie? Zal ik nog kunnen werken? Zal ik doodgaan? Ik zag die lippen maar bewegen en ik heb hem moeten onderbreken.* Sorry, wat hebt u gezegd? *Hij heeft het dan langzaam nog een keer moeten uitleggen. Het was alsof ik mezelf enkele ogenblikken kwijt was geweest.*'

Hoe is het om te vernemen dat je hiv hebt? Het is een van die levensvragen waarop woorden het antwoord schuldig blijven. Voor sommige dingen bestaan geen woorden. We kunnen putten uit een arsenaal aan ervaringen om de realiteit van elke dag te omschrijven. Zoals Eskimo's tientallen woorden hebben voor sneeuw, kunnen wij heel genuanceerd praten over emoties waarmee we regelmatig te maken krijgen. Er zijn echter ook momenten waarvoor de taal geen pasklare referenties aanreikt, zoals het ogenblik waarop je de diagnose van hiv moet aanhoren. Kenny heeft het onwezenlijke van de situatie treffend beschreven. Het is alsof je jezelf verliest. Je primaire functies worden uitgeschakeld en een inwendige robot lijkt je gedachten en je wil over te nemen. Als het nieuws zomaar uit de lucht komt vallen, is de verbijstering gigantisch, zoals Kenny in al zijn argeloosheid mocht ondervinden. In enkele seconden werd de bodem onder zijn leven uit geslagen. Er bleef alleen een gapend gat. Toen zijn brein weer functioneerde, kwamen de vragen, de projecties en het wurgende besef. Hoe moet het nu verder? Maar ook bij mensen die het slechte nieuws voorvoelden of rekening hielden met de mogelijkheid van een onverbiddelijke diagnose, is de ontreddering totaal. Ook bij hen doemt het spookbeeld van een onzekere toekomst vol angst op. Want het vonnis is onherroepelijk: hiv is voor het leven.

De verwerking van nieuws dat zo verregaand ingrijpt op het levenstraject dat je voor jezelf had uitgestippeld, is op zich al erg genoeg. Daarbovenop komt dat de diagnose ook een impact heeft op je relatie met je omgeving. Vaak zul je mogen rekenen op begrip, uit veel verhalen blijkt dat mensen steun vinden in hun naaste omgeving. Soms krijg je echter te maken met stigmatisering. Als je hiv-status bekend is, kan de maatschappij een stempel op je drukken. Je kunt het slachtoffer worden van ongezonde nieuwsgierigheid of van discriminatie. Hoe ga je daarmee om? Terwijl je zoekt naar een manier om je persoonlijke leed een plaats te geven, moet je nadenken over je hertekende relatie met de buitenwereld. Je krijgt te maken met zo veel nieuwe dingen, er is zo veel uit te vissen, er komt zo veel op je af, er is zo veel om in acht te nemen. Dat alles dient zich in die eerste ogenblikken aan, in de samengebalde vorm van een angstvisioen. Het is alsof je een nachtmerrie beleeft met je ogen open. Het is een confrontatie waarin je helemaal op jezelf wordt teruggeworpen. Daar komt niemand ongeschonden uit.

De infectie met het hiv-virus kan op drie manieren gebeuren: via onbeschermd seksueel contact, via bloed-bloedcontact of van moeder op kind. Onveilige seks is de meest voorkomende oorzaak van besmetting. Ondanks de massale voorlichting verzuimen mensen soms gebruik te maken van een condoom, nochtans hét probate beschermingsmiddel tegen hiv-infectie. Wetenschappers hebben uitentreuren aangetoond dat het hiv-virus niet door het rubber van een condoom heen kan. Waarom laten mensen een condoom dan achterwege? Wie zonder zonde is, werpe de eerste steen. Laten we het toeschrijven aan de aard van de mens. We kennen de maximumsnelheid binnen de bebouwde kom. Toch hebben we allemaal al eens vijf kilometer per uur te snel gereden. Net zoals onze alertheid in het verkeer, laat ons verstand zich soms in slaap wiegen in onze relaties. Een vaste relatie vergroot het vertrouwen, voorzorgen worden veronachtzaamd. Wie van ons kan zeggen dat hij *nooit* vrijt zonder condoom? Soms gebeurt het uit onwetendheid. Soms is het lichtzinnigheid, een vals gevoel van veiligheid of een dronken roes die overmoedig of onachtzaam maakt. *Het zal mij niet overkomen.* Soms nemen mensen wel hun voorzorgen, maar blijkt het condoom achteraf gescheurd door incorrect gebruik of een minderwaardige kwaliteit.

Kenny had brute pech. Hij werd geïnfecteerd tijdens een van zijn eerste seksuele ervaringen met een meisje. Hij was een laatbloeier op dat vlak en behoorlijk naïef. In zijn jeugdige onbezonnenheid vrijde hij zonder condoom. De ontnuchtering volgde later.

'Vandaag zie je dat mensen in scholen komen spreken over hiv. In mijn tijd was daar nog geen sprake van. Tijdens de biologieles ging het wel over jongens en meisjes, maar van hiv en aids had ik eigenlijk nog nooit gehoord. Ik wist niet echt wat dat was, tot het moment waarop de dokter me vertelde dat ik het zelf had. Ik was toen eenentwintig. Ach, ik had in mijn tienerjaren weleens een oogje op een meisje op school, maar ik had nooit een echt liefje. Ik ben er laat mee begonnen, ik had niet veel tijd om uit te gaan. Op een bepaald moment ben ik van studierichting veranderd en ging ik hotelschool volgen. Het is pas vanaf die jaren, zo rond mijn achttiende, dat ik open begon te bloeien. In het weekend ging ik bijklussen. Ik leerde mensen kennen en bouwde een vriendenkring op. Ik ging vaker uit, bezocht de Gentse Feesten, bleef al eens een nacht weg en werd dan 's ochtends ergens wakker. De dingen die je doet als je jong bent. Na mijn studie kon ik al snel aan de slag als barman in een hotel in Gent. Ik was twintig. Ik voelde me soms moe en had vaak spierpijn, maar ik schreef dat toe aan het staande werk. Het griepgevoel bleef echter aanslepen, de spierpijnen werden heviger en op een bepaald moment kreeg ik een zona op mijn rug, vervelende jeukende blaasjes. Ik begreep dat er iets fout was en ik heb een bloedonderzoek laten doen. Toen ik de dokter belde, adviseerde hij mij om het kalmer aan te doen. Maar er was nog iets. Of ik eens wilde langskomen. Ik dacht dat het om een of ander voorschrift zou gaan. Niet dus. Ik bleek seropositief te zijn. Daarop werd de test nogmaals uitgevoerd. De dokter zei me dat het resultaat soms vals positief kon zijn. Ik bleef hopen op een vergissing, dat ze de bloedstalen hadden verwisseld of zo. Het drong allemaal niet echt door. Twee dagen later was het vonnis definitief.'

De tijd dat met de diagnose van hiv ook een doodvonnis werd uitgesproken, ligt gelukkig al lang achter ons. In onze westerse wereld staat hiv niet langer gelijk aan aftakeling en verval. Sinds de introductie van de antiretrovirale medicatie, in de periode 1996-1997, is het een chronische ziekte die onder controle kan worden gehouden. De levensverwachting van de meeste hiv-geïnfecteerden valt binnen de normale vork. Dat betekent dat ze even lang kunnen leven als andere mensen, mits de infectie in een vroegtijdig stadium wordt gedetecteerd en de patiënt tijdig met de gepaste medicatie begint. Dat klinkt heel anders dan twintig jaar geleden, toen iemand die werd geïnfecteerd gemiddeld nog tien jaar te leven had. Zelfs wie vandaag bij de diagnose reeds in het aidsstadium verkeert, kan meestal voldoende herstellen om een betrekkelijk normaal leven te leiden. Niet iedereen krijgt te maken met onomkeerbare complicaties.

Het neemt niet weg dat de diagnose een klap blijft. Er zijn zo veel facetten die je leven definitief een andere wending kunnen geven. De nooit aflatende ongerustheid, de sleur van de medicatie, de haast obsessieve aandacht voor lichaamsverzorging en hygiëne, de angst om anderen te infecteren, de weerstand die de vrees voor besmetting bij anderen oproept. Het kostte Kenny twee jaar om alles helder te krijgen in zijn hoofd.

'Volgens de dokter was het op dat moment nog niet nodig om medicatie te nemen. Ik kon perfect vier of vijf jaar zonder. Dat was het dan. Het heeft lang geduurd voor het echt is doorgedrongen, achteraf bekeken zelfs twee jaar. Ik ben iemand die de dingen opkropt. Dat is natuurlijk niet goed, het zorgt alleen maar voor meer stress. Ik had ook alleen dat beeld van die film *Philadelphia* voor ogen. Ziekenhuistaferelen, vermageren, vlekken op mijn lichaam, haaruitval, dat soort zaken. De dokter heeft me gerustgesteld. Maar ik moest me verzorgen. Het was ook beter dat ik stopte met roken. Eerst dacht ik: *Ik heb toch hiv, ik kan net zo goed roken*. Maar door ouder en volwassener te worden, heb ik mezelf kunnen bijsturen. Je leert stil te staan bij dingen waarbij je op die leeftijd normaal nooit stilstaat. Toen ik voor het eerst een lezing gaf, was dat een soort keerpunt. Sindsdien heb ik het leren aanvaarden. Dat was een lang proces. Het maakt dat ik nu ook iets kan bijdragen. Wat ik in mijn tijd op school niet had, kan ik nu meegeven aan jongeren. Zij moeten absoluut worden ingelicht. Ik wil niet dat ze denken dat het alleen in Afrika voorkomt, of bij homo's en druggebruikers, dat soort clichés. Ik wil aantonen dat mensen mij niet anders moeten bekijken. Het is niet omdat iemand seropositief is dat hij of zij daarom minder productief is op het werk of hele dagen in de zetel ligt. De mensen hebben dat beeld. Ik vind niet dat iedereen zich nu meteen moet outen of zo, maar er mag wel vaker en positiever over worden gesproken. Zodat mensen niet meer bang moeten zijn om te gaan solliciteren, bijvoorbeeld. Gewoon aanvaard worden, dat is al heel wat.'

Ontkenning

Helen werd door de diagnose overvallen als door een sluipmoordenaar. Ze had het nieuws in de verste verte niet zien aankomen. Ze weigerde het te geloven en vroeg tot driemaal toe een nieuwe test aan. Tot de dag van vandaag weet ze niet zeker hoe ze geïnfecteerd raakte. Het maakte er de verwerking van de diagnose niet makkelijker op. Als je niemand hebt om met de vinger te wijzen, ook jezelf niet, wordt de machteloosheid alleen maar erger.

'Ik werkte in Oeganda voor een marketingbedrijf. Ik had al tien jaar last van mijn voet, die regelmatig ontstak. De plaatselijke dokters konden me niet afdoende helpen. Op zeker ogenblik moest ik voor mijn werk naar Frankrijk en wilde ik mijn voet hier in België laten nakijken. Mijn broer werkte op de Oegandese ambassade in Brussel en maakte een afspraak met een arts. Toen die klaar was met zijn onderzoek, wilde hij me de uitslag niet vertellen. Hij stond erop dat iemand me zou vergezellen. *Het was ernstig*. Ik begreep het niet. Wat kon er nu zo erg zijn? Moest mijn voet eraf, had ik kanker? Neen, volgens de dokter was het erger. Wat kon er nu erger zijn dan kanker? Toen zei hij dat ik seropositief was.'

Helens eerste reactie was een totale ontkenning. Ze was twee keer getest voor ze was getrouwd. 'Het kon echt niet. In Oeganda ben je verplicht je te laten testen voor je huwelijk. Toen ik zwanger was, ben ik ook getest. Telkens negatief. Ik ben mijn man altijd trouw geweest, en na zijn dood door een verkeersongeval, zes jaar voor de diagnose, is niemand nog boven mijn knie geweest. Ik kon het niet geloven. Ik heb aan de dokter gevraagd om de resultaten over de telefoon voor te lezen aan mijn Oegandese vriendin Miriam, die ook dokter is. Pas toen zij het bevestigde, wilde ik het aanvaarden. Ik zat met zo veel vragen. Hoe was ik besmet geraakt? Ik had nooit een bloedtransfusie gekregen en ik was mijn man altijd trouw geweest in de twee jaar van ons huwelijk. Ik heb me weleens afgevraagd of hij me ontrouw is geweest. Ik heb het hem nooit kunnen vragen. Maar ik kan het eigenlijk niet aannemen. Hij was mijn vriend, mijn kameraad. We hebben nooit over hiv gepraat. Je verwacht niet dat het jou kan overkomen.'

Het is plausibel dat Helen geïnfecteerd raakte tijdens een van de talloze operaties die ze in haar thuisland onderging in de jaren voor ze naar België kwam. Ook haar arts achtte dat een reële mogelijkheid. Helemaal zeker zal ze nooit zijn. Het enige wat vaststond, was dat ze ernstig ziek was. 'Ik had bijna aids. Ik moest onmiddellijk starten met medicatie. Dat haalde mijn leven overhoop. Ik had een zoon in Oeganda en ik kende hier niemand buiten mijn broer, die aan zijn laatste maanden op de ambassade bezig was. De dokter verzekerde mij dat ik in België moest blijven als ik lang genoeg wilde leven om mijn zoon te zien opgroeien. In Oeganda zou ik moeilijker aan de juiste medicatie komen en gevaar lopen om te sterven aan andere infecties, zoals malaria. Ik besloot hier te blijven, ik had geen keuze. Dat was niet gemakkelijk, want administratief vertoefde ik blijkbaar in een of andere grijze zone. Ik was geen asielzoekster. Ik belde met verschillende instanties, een advocatenkantoor, Caritas, het Rode Kruis, verschillende kerken... Niemand kon me helpen. Ik heb een tijd rondgezworven, en uiteindelijk ging ik op het internet zoeken naar hiv-verenigingen. Zo belandde ik via Sensoa in de crisisopvang in Antwerpen. Daarna ben ik opgenomen in Huize Sint-Vincentius, maar drie maanden later stond ik terug op straat. Na drie jaar kon ik uiteindelijk via het OCMW mijn intrek nemen in een studio. Caritas heeft me geholpen met voedselpakketten en Nederlandse lessen. In 2006 kon ik verhuizen naar het sociaal appartement waar ik nu woon. Die eerste maanden na de diagnose waren niet bepaald de vrolijkste van mijn leven.'

Een van Helens ergste frustraties is dat mensen zo snel oordelen, vaak zonder kennis van zaken. 'Ze willen altijd weten hoe je het hebt gekregen. Ze geloven niet dat je een gewoon mens bent. Ze denken dat je onveilige seks hebt gehad, dat je voortdurend wisselende partners hebt of dat je een prostituee bent. Europeanen zeggen vaak dat hiv een Afrikaanse ziekte is. Misschien is dat de reden waarom nauwelijks iemand van mijn Belgische kennissen op hiv is getest. *Het kan mij niet gebeuren, ik ben getrouwd.* Ik wil die mensen uit hun illusie halen, want het kan iedereen overkomen. Bij mij was er immers ook geen reden.'

Positief genieten

Net als het leven zelf tovert de taal soms verrassingen uit haar hoge hoed. Een ongeneesbare aandoening die wereldwijd miljoenen mensen treft, wordt aangeduid als hiv-*positief*. Alsof het om iets goeds gaat, iets wat een meerwaarde verleent aan ons leven. Het typeert de ironie van ons bestaan. Eenzelfde tegenstrijdigheid karakteriseert Frankies ervaring. Voor hem kwam de diagnose niet als een donderslag bij heldere hemel. Hij had in de jaren negentig al tal van vrienden verloren aan aids. Hij kende de problematiek en besefte dat hij als homo in een risicocategorie viel.

'Ik heb voor het eerst over aids gehoord in de periode 1983-84. Toen kregen we de eerste signalen dat er in de homogemeenschappen in San Francisco en New York mannen stierven aan een mysterieuze ziekte. Die werd homokanker genoemd. Pas nadat er ook gevallen opdoken in steden als Parijs en Amsterdam, stak de angst de kop op onder de homoseksuele bevolking. In die eerste jaren wisten de mensen nog niet dat de ziekte seksueel overdraagbaar was. Ze stierven gewoon. Ze vielen letterlijk dood op drie, vier maanden tijd. Aids hield lelijk huis in die jaren. Ik heb in mijn onmiddellijke omgeving zo veel mensen zien wegkwijnen dat ik vond dat ik iets moest doen. Ik heb me in 1994 volop ingezet voor *Europe against Aids*, een initiatief van de Europese Commissie. Het was de allereerste internationaal gecoördineerde samenwerking tussen de EU-lidstaten op het vlak van hiv-preventie. De aftrap werd op 12 juni gegeven op de esplanade van het Jubelpark in Brussel. Daar werd het symbool van de aidscampagne, een dertig meter lang condoom, in de lucht gelaten. Het ging nadien heel Europa rond. Ik heb onder meer met mijn schoenenzaak deelgenomen aan die actie. Ik had collecties die gericht waren op jonge mensen en werden verkocht in heel Europa. Ik liet in elke schoenendoos een meertalig Safe Sex Paspoort stoppen, samen met een condoom en een folder over hiv. Ons doel was informatie te verspreiden, want dat gebeurde onvoldoende. We wilden met name het condoomgebruik onder de aandacht brengen. Tussen 1994 en 1997 zijn er miljoenen condooms uitgedeeld. Ik herinner me dat er in die tijd een enorme solidariteit heerste met de mensen die ziek werden. Ik heb zelf heel wat vrienden bijgestaan in hun laatste maanden. Iedereen had wel iemand in zijn omgeving die stierf aan de gevolgen van die ziekte.'

De ironie van het lot wilde dat ook een geëngageerd en geïnformeerd man als Frankie via seksueel contact werd geïnfecteerd. Hij kreeg de diagnose in de zomer van 2006, maar de vrees voor besmetting had al vele jaren voordien een vaste plek opgeëist in de coulissen van zijn leven. 'Ik had me al een aantal keren laten testen op hiv. In 1997 had ik al eens hepatitis B gekregen en in 2001 was ik een jaar ziek door een zware bacteriële infectie. Maar ik had nooit positief getest op hiv. Tot die bewuste zomer. Het was eigenlijk al drie jaar eerder begonnen. Ik kreeg allerlei infecties, diarree, last van hoofdpijn, spierpijn. Ik kon mijn armen niet meer optillen en ik kreeg zo veel antidepressiva dat ik tegen de muur begon te spreken. Ik heb die pillen allemaal in de vuilnisbak gekieperd. Ik had toen veel problemen met mijn vriend en iedereen schreef mijn lichamelijke problemen toe aan de stress in de context van een destructieve relatie. In Oostende dacht niemand eraan om me te testen op hiv. Uiteindelijk ben ik naar mijn vroegere arts in Antwerpen gegaan en heb ik hem gevraagd om me op alles te testen. Met het bekende resultaat.'

Hij weet niet zeker door wie hij werd geïnfecteerd. Hij had in die tijd een langdurige, vaste relatie gehad. 'In het begin van die relatie gebeurde alles met condoom. Na verloop van tijd zijn we automatisch overgestapt op seks zonder condooms, zoals dat gaat in elke normale monogame relatie. De eerste zeven jaren samen waren fantastisch, de laatste drie pijnlijk. Er ontstonden veel discussies en er kwamen af en toe losse partners in beeld. Met hen gebruikten we altijd een condoom, behalve bij orale seks. Ben ik besmet door seks met mijn vaste partner of door oraal contact met iemand anders? Ik weet het niet. In elk geval was de relatie met mijn vaste partner al anderhalf jaar voorbij toen ik mijn diagnose kreeg. Ik heb hem er meteen mee geconfronteerd, maar tot de dag van vandaag blijft hij halsstarrig ontkennen dat hij seropositief is. Ik heb het daarbij gelaten, ik zal het toch nooit weten.'

Frankie was in shock. Al zijn ervaringen en praktijkkennis uit het verleden hadden hem niet kunnen voorbereiden op dit moment. Zijn reactie was op zijn zachtst uitgedrukt ongebruikelijk. 'Ik heb bijna niets gezegd. De dokter verwees me door naar het Instituut voor Tropische Geneeskunde (ITG), ik vroeg het telefoonnummer en stapte naar buiten. Ik heb onmiddellijk een vriend gebeld. *Reserveer het beste restaurant met de beste champagne*. Ik heb die avond vijfhonderd euro uitgegeven. Ik wou er niet aan denken. Ik wou genieten. Ik heb mezelf in de spiegel aangekeken en gezworen dat het virus mij er niet onder zou krijgen.'

Het was een dapper, maar ook overmoedig statement, want Frankie wist niet dat hij al aids had. Dat kwam pas aan het licht tijdens het daaropvolgende hiv-standaardonderzoek. 'Ik bleek in een vergevorderd stadium te zitten. Ik moest meteen met aidsremmers en antibiotica starten. De dokter raadde me aan te stoppen met werken, maar dat wilde ik niet. Ik werkte toen in het casino. Door de medicatie beefde ik zo hard dat ik nog geen kopje kon vasthouden. Ik ben ontslagen, omdat ze dachten dat ik voortdurend dronken was. Nadien ging ik werken in een schoenenzaak. Dat ging goed: de verkoop verdubbelde, iedereen was tevreden.

Maar ik was extreem moe en ik werd ontslagen nadat ik mijn ziektebriefje van het ITG had binnengebracht.'

Terugkijkend is Frankie niet verbitterd, maar wel ontgoocheld. 'Ik voelde mij helemaal alleen op dat ogenblik. Vandaag is de ziekte geëvolueerd, maar vier jaar geleden was het een heel grote schok voor me. Ik verkeerde met mijn hiv-diagnose reeds in een eindstadium. Ik dacht dat ik zou doodgaan, ik had die beelden van de jaren negentig in mijn hoofd. De mensen op wie ik meende te kunnen rekenen, hebben me de rug toegekeerd. Dat is heel hard. De mensen van wie ik het niet had verwacht, hebben me het meest gesteund. Dat is ironie, zeker? Het is anno 2010 niet fijn hiv te hebben. Mensen die diabetes hebben, kunnen klagen over een slechte dag of nevenwerkingen van de medicatie. Als je hiv hebt, kun je dat niet. Die morele steun is er niet. Nochtans is de ziekte dermate geëvolueerd dat je perfect kunt functioneren in de gemeenschap. Je kunt blijven werken, je kunt relaties aangaan, je kunt alles wat iemand anders doet.'

Survivor van het eerste uur

Alles doen wat iemand anders doet: het is niet hoe je Liesbeths leven zou omschrijven. Ook zij behoorde tot een risicogroep, maar anders dan Frankie was ze zich daar volstrekt niet van bewust. Ze was verslaafd aan drugs en werd besmet met hiv in het midden van de jaren tachtig, toen de ziekte met nietsontziende kracht om zich heen begon te grijpen. Ze heeft het overleefd en noemt dat zelf een half mirakel.

'Mijn tweelingzus en ik hebben een toffe jeugd gehad in Izegem. Ik ging naar de kunstacademie en toen mijn oma in Nederland ziek werd, ben ik daarheen verhuisd om voor haar te zorgen. Dat was rond mijn zestiende. Ik ben dus vrij jong zelfstandig geworden. Toen ik rond mijn achttiende weer thuis was, heb ik meteen werk gezocht. Ik vond een klein huisje in Izegem en ben alleen gaan wonen. De grote vrijheid, het was volop hippietijd. Je zou het misschien niet denken, maar ook in Izegem was er zo'n scene. Er waren enkele alternatieve cafés, waar ik vaak uithing. Daar rookten we joints. In het Kortrijkse uitgaansleven waren er plaatsen waar meer werd gebruikt. Het was de tijd dat speed, coke en amfetamines opkwamen. Ik experimenteerde met mijn vriend. Voor we het wisten, waren we verslaafd. We namen heroïne om te kalmeren van die andere drugs, want die zijn opwekkend. In die tijd werd dat allemaal gespoten. We raapten de spuiten soms zelfs op van de straat. Van spuitenruilprogramma's was toen nog geen sprake. Zo ben ik vermoedelijk besmet geraakt, door vervuilde injectienaalden.'

Wat onschuldig begon, werd een verslaving die uiteindelijk haar verdere leven zou tekenen. Stilletjes werd ze meegezogen in een subcultuur van drugs, vrije liefde, chronisch geldgebrek en kruimeldiefstallen. De dood loerde om de hoek in de vorm van overdosissen. Vóór het doek ook finaal voor Liesbeth zou vallen, betekende een assisenproces haar redding.

'Uiteraard was mijn druggebruik niet van meet af aan problematisch. Eerst gebruikte ik enkel in het weekend. Maar als je amfetamines neemt, slaap je het hele weekend niet. Ik had werk gevonden in een fabriek, dus had ik op maandag Captagon nodig om te kunnen gaan werken. Zo begint het, je raakt in een vicieuze cirkel. In het begin voel je je enorm vrij en tot alles in staat. Voor je het beseft, ben je verslaafd. Die overgang tussen recreatief gebruiken en het echt nodig hebben, die maak je niet bewust mee.

Je geeft ook nooit toe dat je verslaafd bent. Dat deed ik pas toen ik was ontwend. Na een paar jaar cocaïne, heroïne en speed woog ik nog 35 kilo. Werken ging niet meer. Ik ging cocaïne vermengen met heroïne en zette geregeld overdosissen. Op mijn vierentwintigste werd ik opgenomen voor ontwenning. Ik heb veel geluk gehad. Mijn partner moest naar de gevangenis. Om de drugs te betalen hadden we uit een kerk een paar kandelaars gestolen. In die tijd was dat geen lachertje: inbraak bij nacht, bendevorming. We moesten voor het hof van assisen komen. Ik heb een tijdje in voorhechtenis gezeten, maar ik kwam vrij op voorwaarde dat ik een ontwenningstherapie ging volgen. Mijn vriend, met wie ik in de gevangenis was getrouwd, had minder geluk. Hij is gestorven aan een overdosis toen hij vrijkwam. Ik ben in 1984 verhuisd naar Luik, waar ik in therapie ging. Lichamelijk was ik een wrak.'

Die periode in het ontwenningscentrum vormde een ommekeer in Liesbeths leven. Ze werd er gered van een gewisse dood door drugs. Een wrede paradox wilde echter dat ze er ander levensbedreigend nieuws voor in de plaats kreeg.

'In dat afkickcentrum in Luik hebben ze mijn bloed getest. Ik vermoed dat het in 1985 was. Ik bleek besmet met hiv. Het leek een mysterie, want niemand wist toen iets af van het virus. Er was ook nog geen medicatie. Ik schat dat de helft van de patiënten in het centrum besmet was. In Zuid-Europese landen zoals Spanje, Portugal en Italië was de situatie nog erger. Daar had de meerderheid van de verslaafden hiv. We wisten dus dat we positief waren, maar we voelden er niets van. Dat was het gevaar in die beginperiode. Iedereen stak zijn kop in het zand, zelfs op seksueel gebied. Ik heb me de eerste paar jaar niet laten behandelen. In de tweede helft van de jaren tachtig begonnen ze dan bij bosjes te sterven. Het was zoiets als de pest. Gaandeweg werd er meer informatie over de ziekte beschikbaar. Pas toen kwam de preventie op gang. Nadat ik was afgekickt, ben ik als vrijwilliger gaan werken in ziekenhuizen, onder andere in Normandië. Ik heb daar tot 1989 meegewerkt op de afdeling Palliatieve zorgen voor aidsslachtoffers.'

Liesbeth kwam als een van de eersten in contact met aids. Ze heeft de ziekte meegemaakt in alle stadia, van een rücksichtsloze demon tot een controleerbare chronische aandoening, met alle gradaties daartussen. Ze weet alles over de ziekte en wat die kan aanrichten met een mens. Het gekke is dat ze zelf niet weet op welke manier ze is geïnfecteerd. Was het een vervuilde spuit of gebeurde het via seks? Hoe het ook zij, Liesbeth heeft van bij het begin nuchter geleefd met de diagnose.

'Het was de tijd van de vrije liefde en onbeschermd vrijen. We hadden veel wisselende seksuele contacten. Er valt met geen mogelijkheid vast te stellen wie precies wie heeft geïnfecteerd. Het kan evengoed een besmette naald zijn geweest. We gaven onze naalden gewoon aan elkaar door. Soms werden die naalden afgeknipt en opnieuw geslepen op luciferdoosjes. We konden moeilijk elke dag naar de apotheek om steriele injectiespuiten. Ik weet dus niet hoe ik besmet ben geraakt. Het was alleen zo vreemd toen ik die diagnose kreeg. Ik voelde me helemaal niet ziek. Volgens de prognose had ik toen nog zeven jaar te leven. Het was een kwestie van mijn leven te organiseren, ik was niet de hele dag met mijn ziekte bezig. Zeven jaar is toch beter dan zes maanden. En met mijn pensioen moest ik al helemaal niet meer inzitten. Wat wilde ik nog doen? Dat vrijwilligerswerk onder meer. En verder, tja, het jaar 2000 zou ik beslist niet halen. Ik vond dat in feite niet zo erg. Wij hadden al zo veel lijden en aftakeling gezien. We hadden misschien een andere kijk op de dood. Als de logica had gewerkt, zou ik hier vandaag niet meer zijn. Maar het leven is niet altijd logisch. Ik heb me weleens afgevraagd: "Is het mijn lot, een mirakel?" Ik weet het niet. Ik heb zo veel mensen weten sterven, klokvast bijna. Soms denk ik dat ik nooit ziek ben omdat ik daar geen tijd voor heb.'

Verleiden

Als het leven ons één ding leert, is het dat we ons lot niet altijd in eigen handen hebben. Op de momenten waarop we denken dat wel te doen, blijkt het even glibberig als een stuk zeep in de badkuip. Soms gaan onze driften met onze vaste voornemens aan de haal. Daartegen is geen kruid gewassen. Thierry wist uiteraard dat onveilige contacten een risico op infectie inhielden. Toch liet hij zich een keer verleiden.

'Het was december en de examenperiode was begonnen. Voor mij als leerkracht was dat een zalig vooruitzicht. Niet al te veel werk, wat verbeteren, de vakantie in zicht. Ik was zo verheugd dat ik met een paar vrienden afsprak om iets te gaan eten. De drank vloeide rijkelijk. Het werd later en ik werd alleen maar meer dronken. Van het een kwam het ander. Die nacht had ik een onveilig contact. Voordien had ik nog geen vijf onbeschermde contacten gehad in mijn hele leven. Ik ken mannen die er wel vijftig hadden en die kerngezond zijn. Ik had prijs.'

Een maand later kreeg Thierry keelpijn. Aangezien hij rookte en regelmatig last had van keelontstekingen, maakte hij zich geen zorgen. De keelpijn werd erger. Antibiotica hielpen niet, hij at niet meer en zonderde zich af. Het ging van kwaad naar erger.

'Ik kon niet gaan werken, ik was echt te ziek. Dat was nog nooit gebeurd. Ik consulteerde nogmaals mijn huisarts. Zij deed het alarm in mijn hoofd afgaan. Ik zie het haar nog vragen, vingertje in de lucht. *Je hebt toch veilig gevreeën?* Onveilig vrijen kwam in principe nooit voor. Daarom herinnerde ik het me meteen. Ik werd doorverwezen naar een neus-, keel- en oorarts. Die wou mijn amandelen eruit, maar daarvoor moest eerst een bloedafname gebeuren. Ik zat bij die verpleegster en hoopte dat ze me ook om een aidstest zouden vragen. Zelf durfde ik dat niet. De dag nadien moest ik binnen voor de operatie. Ik kreeg een kamer alleen hoewel ik een tweepersoonskamer had gevraagd, maar mijn frank was nog niet gevallen. De specialist kwam binnen en vroeg rechttoe rechtaan of ik wist dat ik seropositief was. En of ze mij nog moesten opereren. Zo nerveus en angstig waren die dokters voor de operatie. Eigenlijk hadden ze me niet zomaar mogen testen, ze hadden het eerst moeten vragen. Maar ik was wel blij dat ik het wist.'

In de daaropvolgende ontmoetingen met zijn behandelende hiv-arts vernam Thierry dat hiv vandaag niet langer een doodvonnis inhoudt. Hij werd ook in contact gebracht met andere mensen met hiv. Het hielp hem om het nieuws te verwerken. 'We zijn naar Sensoa gegaan. Daar had ik de keuze: de hoofdingang of de anonieme zijingang. Toen koos ik al voor de hoofdingang. Ik heb veel gepraat met lotgenoten. Dat luchtte enorm op. Je moet met jezelf in het reine komen. Mensen vinden soms dat ik het zelf heb gezocht. Dat is niet zo, zoiets zoek je nooit. Het aantal keren dat ik onveilig heb gevreeën, is op één hand te tellen. Ik heb veel pech gehad, maar ik had het kunnen voorkomen. Daar moet ik mee verder. Ik weet perfect waar en wanneer ik geïnfecteerd ben. Maar ik was zo dronken als een Zwitser. Dat had ook te maken met het feit dat ik me op dat moment professioneel niet goed in mijn vel voelde. Mijn job was niet uitdagend genoeg. Enerzijds deed ik het dolgraag: lesgeven, in contact komen met jongeren en hun verhalen. Anderzijds was het al snel een sleur, en ik was amper vierendertig. En dan die bewuste avond, dat vooruitzicht op enkele weken tijd om alle dingen te doen die ik graag deed. Het is geen excuus, maar het schetst wel de context waarin het is kunnen gebeuren. Het merendeel van de infecties gebeurt door mensen die niet weten dat ze besmet zijn. Moet ik kwaad zijn op de persoon die mij infecteerde? Neen, meer dan waarschijnlijk wist hij zelf niet dat hij drager was. Moet ik kwaad zijn op mezelf? Neen, dat heeft geen zin. Ik heb wel spijt. *Waarom is hiv zo brutaal in mijn leven binnengedrongen?* Ik besef tegelijk dat het leven en de job die ik nu heb, waardevol zijn. Zonder hiv had ik wellicht nooit gedaan wat ik nu doe.'

Hoewel Thierry tot een risicogroep behoorde, had hij zich voordien maar één keer laten testen, bij zijn terugkeer na een reis door Zuidoost-Azië. 'Mijn gedrag was redelijk safe, maar eerlijk gezegd denk ik dat ik het ook liever niet wilde weten. Die twee inschattingen hebben zeker meegespeeld om me niet regelmatig te laten testen. Ik vond het bovendien niet gemakkelijk om zomaar naar mijn huisdokter te stappen voor een aidstest. Idem voor het Instituut voor Tropische Geneeskunde, hoewel ik daar vaak was geweest voor mijn reizen. Ik merk ook in mijn omgeving dat homovrienden zich veel te weinig laten testen. Daarom wil ik mijn verhaal vertellen, ik wil een belletje laten rinkelen. Mensen moeten beseffen dat ze veilig moeten vrijen, voor hun eigen gezondheid en voor die van de ander. Hoe meer ze weten over hiv, hoe minder ze het als een bedreiging gaan zien. Hoe kleiner de bedreiging, hoe sneller ze zich laten testen.'

MEER WETEN OVER DE HIV-TEST

Heb je redenen om aan te nemen dat je weleens geïnfecteerd zou kunnen zijn? Wil je uitsluitsel voor jezelf? Vraagt je nieuwe partner naar je hiv-status?

In dat geval kun je een klassieke hiv-test aanvragen. Zoals bij een gewone bloedafname wordt een bloedstaal naar een labo gestuurd. Daar wordt onderzocht of je bloed antistoffen bevat. Is dat niet het geval, dan ben je seronegatief. Indien er antistoffen worden aangetroffen, wordt je bloedstaal nogmaals onderzocht om te bevestigen dat het wel degelijk om hiv gaat en niet om een vals positief resultaat.

WAAR KUN JE DE TEST AANVRAGEN?

Dat kan bij je huisarts. Denk er in dit verband aan dat je arts is gebonden aan het beroepsgeheim. Vind je dit te delicaat om te bespreken met je huisarts, dan kun je terecht in een aidsreferentiecentrum. Dit is een centrum dat gespecialiseerd is in de medische en psychologische opvang en begeleiding van mensen met hiv en aids.

Je vindt de lijst met de aidsreferentiecentra achteraan in dit boek. Een anonieme, gratis hiv-test kun je aanvragen in het Helpcenter-ITG (Antwerpen) of het Elisa Centrum van het Sint-Pieterziekenhuis (Brussel). Je kunt ook bij je huisarts een anonieme test aanvragen. Je naam wordt in dat geval vervangen door een code. Houd er rekening mee dat de test in dit geval niet kan worden terugbetaald door het ziekenfonds. Je betaalt dan ongeveer twintig euro.

WANNEER LAAT JE DE TEST HET BEST UITVOEREN?

Je moet in elk geval rekening houden met de zogenaamde vensterperiode of blinde periode. Dit is de periode tussen de infectie en het moment waarop de infectie onomstotelijk kan worden aangetoond via bloedtests. Je moet concreet een periode van zes weken na het laatste risicocontact in acht nemen om te kunnen weten of je niet geïnfecteerd bent. In dat geval heb je een hoge zekerheid (95 procent) als je negatief bent. Wil je honderd procent zekerheid, dan laat je de test na drie maanden nog eens overdoen.

HOELANG MOET JE WACHTEN OP HET RESULTAAT?

De resultaten van een hiv-test laten gewoonlijk een week op zich wachten. In sommige testcentra, onder meer in het Helpcenter-ITG, kun je na de vensterperiode van zes weken een sneltest laten uitvoeren. Deze test geeft een resultaat na dertig minuten. Is het resultaat negatief, dan is dit definitief. Is het positief, dan volgt een nieuw onderzoek om een vals positief resultaat uit te sluiten. Het resultaat daarvan volgt een week later.

NIET HELEMAAL OVERTUIGD DAT HET NODIG IS?

Als je niet zeker bent van het nut van een hiv-test, praat er dan over met je huisarts.

IS EEN TEST DUUR?

Voor de prijs hoef je het niet te laten. Je betaalt enkel het remgeld van 2,5 euro voor de test zelf, naast de kosten van de raadpleging bij de dokter.

KAN EEN HIV-TEST ZONDER JE TOESTEMMING?

Neen, niemand mag een hiv-test doen zonder jouw toestemming. Ook bij een medisch onderzoek test de arbeidsgeneesheer niet op hiv zonder medeweten van de sollicitant.

Ben je bloedgever bij het Rode Kruis, dan dien je wel te weten dat alle afgenomen bloedstalen worden getest op de aanwezigheid van hiv. In het geval van besmetting brengt het bloedtransfusiecentrum de donor schriftelijk op de hoogte. De testresultaten worden nooit bekendgemaakt aan andere mensen zonder toestemming van de donor, zelfs niet aan de behandelende arts van de donor.

EN IN AFWACHTING?

Wacht je op het resultaat van je test, let er dan op dat je in de tussentijd veilig vrijt. Als je pas geïnfecteerd bent, ligt het virusgehalte in je bloed en je lichaamsstoffen immers erg hoog. Het risico op overdracht is dan met andere woorden groot.

HET VERHAAL VAN

BEN

HET LIEFSTE WIL IK OP EEN SPREEKGESTOELTE gaan staan en het uitroepen. *Ik heb hiv, maar kijk, ik leef!* Het kan niet. Ik wil mensen duidelijk maken dat dit iedereen kan overkomen. Het mag niet. Het is een voortdurend gevecht met mezelf. Ik heb het onbedwingbare gevoel dat ik iets moet doen met mijn hiv, anderen helpen, waarschuwen. Vooral de jonge generatie, die grenzeloos kan ontdekken via al die nieuwe media. Hoe ver moet je gaan in dat sensibiliseren? Een mens moet toch kunnen genieten... Dualiteit bepaalt mijn leven. Akkoord, er valt vandaag te leven met hiv, maar het is verdomd hard.

Ik ben de jongste van vier kinderen, we hangen heel sterk aan elkaar. Ik leerde mijn vrouw kennen toen ik achttien was, vijf jaar later zijn we getrouwd. Dit verhaal begint met onze kinderwens. We hebben zeven jaar op kinderen moeten wachten, een periode waarin veel gebeurde. Al onze vrienden zaten in de luiers, bij ons bleef een zwangerschap uit. Dat begon op ons als koppel te wegen. We verzetten onze zinnen door te bouwen. We zijn heel fier op ons huis, we wonen hier graag. Maar we wilden een thuis met kinderen. Men verwees ons door naar een fertiliteitcentrum. Dat was een heel intense tijd, we werden geleefd. Er volgde een operatie, er waren hormonenbehandelingen. Het kostte tijd en geld, dat kon ons eerst niet deren. Maar het verdriet begon zich maand na maand op te stapelen. Ik vluchtte in mijn werk. Toen we hier vijf jaar mee bezig waren, bleek mijn vrouw diabetes te hebben. Dat kwam aan het licht tijdens een medische controle op haar werk. We stonden perplex, mijn vrouw was totaal over haar toeren, we konden het niet geloven. Ik zie ons nog zitten wachten voor die eerste afspraak in het ziekenhuis. Het was de eerste van vele datums die ik nooit meer zal vergeten. De arts zei dat ons leven vanaf die dag zou veranderen, ze had gelijk. Ik was zo bezorgd om mijn vrouw. Ik heb haar meteen bezworen dat iedereen het moest weten: de familie, de vrienden, het werk. Ik ben altijd een open boek geweest. Als er iets misging, moesten mensen weten wat ze had. We vreesden dat we onze kinderdroom definitief mochten opbergen. De artsen overtuigden ons om ermee door te gaan. Ze zagen zo veel verdriet bij ons. Het zou offers vergen: zwangerschap en diabetes vormen een verraderlijk duo. Mijn vrouw zou haar suikerspiegel perfect onder controle moeten houden.

Euforie

We zijn als monniken gaan leven, terwijl we die diabetes leerden te accepteren. Eten op vaste uren, diëten, afwegen. We waren heel streng voor onszelf. De bezoeken aan het fertiliteitcentrum begonnen zwaar te wegen. Je wordt seksueel gestuurd door derden, letterlijk. *Dit is het moment*. Het intieme van voorheen werd herleid tot een opdracht. Dat is achteraf bekeken een zware slag geweest voor onze relatie. Mijn vrouw moest vier keer per dag insuline spuiten en liep rond met een hormonenpompje. We deden wat we konden, maar we werden stilaan wanhopig. We besloten een ultieme poging te wagen met ivf. Uitgerekend toen we terugkwamen van onze eerste afspraak in het ziekenhuis kregen we te horen dat mijn vrouw zwanger was. Ongeloof en euforie. Nog meer ongeloof toen de echo een eeneiige tweeling liet zien. We waren in alle staten, ik bazuinde het uit, iedereen moest dit weten.

Het werd een spannende, moeilijke zwangerschap. Mijn vrouw was megastreng voor zichzelf, ik zag de onzekerheid in de ogen van de artsen. Al na achttien weken kreeg ze weeën. Na een week in het ziekenhuis luidde het verdict: 'Thuisblijven en rusten.' Na dertig weken kreeg ze vochtverlies. Weer naar de spoedafdeling. Het bleek te gaan om een scheurtje in het baarmoedervlies dat zich spontaan had gedicht. De dokters hielden haar in het ziekenhuis en stonden elke dag aan haar bed, je kon de spanning voelen. Zeven weken later beviel mijn vrouw op natuurlijke wijze van onze twee wolken van kinderen. De kamer stond vol kinderartsen. Ook voor hen was dit uniek.

De wereld kon niet meer stuk. We hadden een schat van een tweeling, een schat waarop we niet meer hadden durven te rekenen. Hoe uitzinnig we ook waren, het werd een zware tijd. We moesten een balans vinden tussen de diabetes en de tweeling. Seks was in die periode niet langer belangrijk, het was voordien al een mechanisch gegeven. De zorg voor de kinderen en mijn bezorgdheid om mijn vrouw stonden centraal. Ik wou het niet forceren, ik was zo blij met mijn drie schatten. Ik liet het voor wat het was. Het leven ging zijn gang, ik had mijn werk, de kinderen groeiden op. We zagen elkaar graag, maar seksueel was er niet veel meer. Op een bepaald moment ben ik zo dom geweest om het ergens anders te gaan zoeken. Ik heb er een verschrikkelijk groot schuldgevoel over. Ik leidde een dubbelleven, dat ging met golven en dalen. Ik voelde me continu schuldig, maar het was dwangmatig, ik had het nodig. Natuurlijk was ik me bewust van de gevaren, natuurlijk had ik me geïnformeerd. Hoe het dan toch is kunnen gebeuren? Ik weet het niet.

Doodziek

Het was zomer. Ik had heel hard gewerkt, had net een nieuwe, uitdagende job aangenomen. Ik vermoed dat ik daardoor extra kwetsbaar was. Het was onze laatste dag aan zee en ik wou nog een keer mosselen eten. De volgende ochtend voelde ik me belabberd: diarree, koorts. Ik dacht aan een indigestie. De volgende dagen werd het erger, ik was doodziek. Toch maar naar de huisdokter, die dacht aan een virale infectie. Niet dus. Na tien dagen belandde ik rillend van de koorts op de spoedafdeling. Weer zo'n datum om nooit te vergeten. Er werd bloed genomen. Na lang wachten nam de dokter me mee naar een operatiezaal, hij sloot de deur. *We vermoeden dat u hiv hebt*. Een donderslag, de grond schoof onder mijn voeten weg. Ze waren nog niet honderd procent zeker, er was een tweede test nodig.

Ik was in shock. Mijn vrouw kwam aan, ik kon alleen maar stamelen dat er iets ongeloofwaardigs aan de hand was. Het was onwezenlijk: ik wist niet meer wie ik was, waar ik was. Achteraf bekeken was het fout van het ziekenhuis dat ze me die eerste dagen geen psychische bijstand hebben verleend, een spijtig gevolg van de vakantieperiode. De tweede test bracht de bevestiging: mijn virale lading was gigantisch, meer dan vijf miljoen kopieën. De dokter vroeg tot tweemaal toe om bevestiging. Volgens hem was ik kort voordien besmet, zo'n vier tot zes weken. Ik had in die periode contact gehad met twee mensen. Meer weet ik ook niet. Mijn CD4-cellen stonden op 140, ze zakten dag na dag. Ik was doodziek, ik had diarree en de koorts wilde niet wijken. Ik voelde me letterlijk van binnenuit opgevreten worden. Het was beangstigend, met die extreme viral load heb ik me lang een tikkende tijdbom gevoeld.

Meteen kwam het besef dat ik het aan mijn vrouw moest vertellen. Misschien was zij ook besmet, in die weken aan zee hadden we toch nog eens seks gehad. *God, laat het niet waar zijn, dan is het leven gedaan.* Drie dagen later heb ik het haar verteld. Ze reageerde zo mooi en warm, dat gaf me weer moed. Ze bleek seronegatief, maar het riep veel vragen bij haar op. Ze begreep dat ik haar had bedrogen. Dat moet heel zwaar voor haar zijn geweest. Toen ze bij haar diabetes vaststelden, heb ik alles gedaan om haar te helpen. Ik hoopte dat ze hetzelfde voor mij zou kunnen doen, maar ik had schrik dat ze me zou laten vallen. Dat zou niet meer dan normaal zijn geweest. We zijn nog altijd samen. De kinderen wisten niet wat er met hun papa aan de hand was, nog steeds niet. Ik vraag me soms af wat we in ons vorige leven hebben gedaan om als koppel zo veel beproevingen te moeten doorstaan. Anderzijds heb ik ook veel mooie mensen ontmoet. Zoals de fantastische man die toen in het ziekenhuisbed naast mij lag. Hij heeft mij terug op de wereld gezet, zonder te weten wat ik had. Pas later heb ik het hem verteld.

Medicatie

Na tien dagen in het ziekenhuis mocht ik naar huis. Medicatie kreeg ik niet, ik moest mijn eigen immuniteit aanspreken. Ik was blij weer thuis te zijn, maar ik was nog doodziek. Hoge koorts, overal pijn, diarree. Op een maand tijd ben ik dertien kilo vermagerd. Mijn grote vrees is dat ik ooit opnieuw de nachtmerrie van die eerste vier weken moet doormaken. Er is dan snel beslist om over te gaan tot medicatie. Ik had er geen moeite mee, ik voelde me sterven. Het waren zes pillen, altijd rond etenstijd. Ik at met lange tanden, mijn maag kromp ineen, ik had felle buikpijn, maar ik moest erdoor. Na drie weken was mijn lichaam aan de zware medicatie gewend. Die hardnekkige diarree bleef, naast de pijn in mijn schouders. Ik kon niet slapen en begon te hyperventileren. Nooit een pillenslikker geweest, maar nu was ik ook al aan slaapmedicatie toe. Ik vraag me soms af welke schade die medicatie door de jaren heen vanbinnen aanricht.

Stilaan ging het beter: de medicatie sloeg aan, we waren er op tijd bij geweest. We vertelden het aan niemand, in tegenstelling tot die diabetes. Dit hielden we voor ons. Ik wou dat zo, al ging het in tegen mijn hele extraverte zelf. Ook in het ziekenhuis had men mij op het hart gedrukt het zo veel mogelijk te verzwijgen. Ik mag er niet aan denken dat mijn moeder het zou weten, ze zou het niet kunnen plaatsen. Mijn broers en mijn zus dachten dat ik kanker had. Ik moest natuurlijk iets zeggen, het werd een leugen. Midden september stonden mijn CD4-cellen op 250. Ik mocht weer denken aan werken. Het was de tijd van de kredietcrisis, het Fortis-debacle. Ik zit in de financiële sector, het was dus een heksenketel. Ik kon de druk niet aan, het was in mijn ogen een echte poppenkast. Ik ben toen na twee dagen hervallen. De psychotherapeut raadde me aan om het tenminste aan mijn broers en mijn zus te vertellen. Dat zou me helpen. Ik was niet overtuigd, maar besloot hen toch op de hoogte te brengen. Ik stak van wal, mijn oudste broer onderbrak me en zei dat hij al wist dat ik hiv had. Ik was aan de grond genageld. *In godsnaam, dan weet iedereen het.* Ik had gehoopt er beter van te worden, maar ik zat nog dieper in de ellende. Het was nochtans eenvoudig: mijn broer had me pillen zien nemen. Hij had zich zorgen gemaakt, had wat opgezocht en een en ander opgeteld. Ik moet zeggen dat ze alle drie heel bezorgd waren, maar het hielp me niet echt. Ik vertelde het ook aan de zussen van mijn vrouw: ik had hun lieve zus bedrogen. Ze antwoordden dat ik desondanks zo'n zware straf niet verdiende. Toch bracht me dat geen rust.

Een poos nadien probeerde ik het opnieuw op het werk. Ik wou er weer staan. Ik had mijn vrouw beloofd dat we in relatietherapie zouden gaan. Dat was heel confronterend, ik raakte de trappers helemaal kwijt. Even later zat ik alweer thuis. Daar bleef ik nog eens een halfjaar. Intussen kreeg ik van mijn baas te horen dat ze niet meer op mij konden wachten. Mijn functie werd toevertrouwd aan iemand anders. Ik was mijn nieuwe job, mijn enige houvast, ook kwijt. Het gat werd wijder. Ik heb heel diep gezeten, gespeeld met de gedachte om eruit te stappen. Maar hoe kon ik dat maken tegenover de kinderen?

Theater

Uiteindelijk ben ik voorzichtig aan de slag gegaan in een andere functie, halftijds. Ik was doodmoe wanneer ik thuiskwam. Mijn hiv was onder controle. Het duurde lang eer ik de oude was, ik vergat namen en gezichten, leek niets meer te weten van het bedrijf waar ik al twintig jaar werkte. Het was alsof ik van nul moest herbeginnen. Langzaam is alles teruggekomen. Vandaag kan ik me weer helemaal op mijn werk storten. Ik weet dat het een vlucht is, ik heb mijn hiv nog altijd geen plaats gegeven. Ga ik dat ooit kunnen?

Vaak zeggen mensen dat ik zo vermagerd ben, ik word continu met mijn ziekte geconfronteerd. Goed dat ik theater kan spelen.

Letterlijk: toneel is mijn grote passie. Het vraagt zo veel energie om telkens die turbo in mijn hoofd aan te zetten, me eruit te praten met een halve leugen en een kwinkslag. Waarom mag ik het niet gewoon benoemen? Hiv is zo'n zwaar stigma. Ik heb het nog altijd maar aan een paar mensen verteld, ik wil zelf de touwtjes in handen hebben. Ik wantrouw mensen, tegen mijn natuur in. Zullen ze het voor zich houden wanneer ik hen inlicht? Op het werk weet de bedrijfsarts het. Ik moest op controle en had me voorgenomen om het niet te zeggen, ik weet dat je daartoe niet verplicht bent. Hij voelde dat er iets was, ik ben een open boek. Hij heeft er zeer goed op gereageerd. Mijn beste vriend op het werk weet het ook. Ik wilde iemand in mijn buurt om mijn hart bij te kunnen luchten. Het straffe is dat hij me meteen aanraadde om het voor mij te houden, al is hij zelf erg open van geest. Ik heb zijn advies gevolgd, hoezeer ik het soms van de daken wil schreeuwen. Anderzijds vraag ik me af of ik het recht heb om anderen met mijn geheim te belasten. Ik weet wat het is om met een geheim te leven. Vanaf dat eerste moment in het ziekenhuis heb ik moeten liegen tegen mensen. Dat wringt zo ongelooflijk hard.

Ik leef nu weer tegen tweehonderd per uur. Gaandeweg heb ik drie andere collega's ingelicht. Gewoon om dingen te kunnen ventileren als ik voel dat het niet gaat. Hun reacties waren allemaal zeer warm. De hamvraag blijft wanneer ik het ga vertellen aan mijn kinderen. Mijn grote vrees is dat ze het te horen krijgen van iemand anders. Daarom wil ik dit zo veel mogelijk verborgen houden, dat is een heuse strategie geworden, uit bezorgdheid om mijn kinderen. Ik haal bijvoorbeeld mijn pillen doelbewust niet in mijn vaste apotheek, daar komen te veel bekenden. Mijn vrouw en ik zitten hierover niet op dezelfde golflengte: zij wil wachten met het inlichten van de kinderen, ik niet. Ik denk dat ik er makkelijker over zal kunnen praten zodra de kinderen het weten. Ik wil het hen zo graag zeggen, maar ik kom er niet toe, ik heb schrik voor hun reactie. Elke dag uitstel maakt het moeilijker. Ooit kwam één van de twee thuis met een leesopdracht, het boek *Het uur nul* van Dirk Bracke, over een jongen met hiv die uiteindelijk zelfmoord pleegt. Het staat al anderhalf jaar boven, ik heb het nog altijd niet durven lezen. Terwijl het juist een kapstok zou kunnen zijn. De kinderen zien me pillen nemen, herinneren me er zelfs aan, maar ik stop ze altijd weg. Een naam is snel gegoogeld. Ik neem me voor om het hen te vertellen aan het begin van een vakantie, zodat we minstens een paar weken met ons vieren samen kunnen zijn. Het moment dat ik het niet langer moet verzwijgen, zal aanvoelen als een bevrijding, denk ik. Hoop ik.

Monster

Er leeft een monster in mij, dankzij de medicatie slaapt dat monster. Ik neem mijn pillen mooi op tijd, ik heb ze nog niet één dag vergeten. Maar het beest heeft twee gezichten, een lichamelijk en een geestelijk. Dat laatste krijg ik niet onder bedwang, het steekt te pas en te onpas de kop op. Waarom mag ik dit niet delen met anderen? Ik vrees dat mensen mij niet langer zullen zien als Ben, groot blad en sfeermaker, maar als *die man met hiv*.

Ik voel geen wrok. Ik ben niet kwaad op de persoon van wie ik het heb gekregen. Ik ben kwaad op mezelf, ik voel me zo schuldig. Mijn vrouw voelt zich ook schuldig. Ik probeer haar dat uit het hoofd te praten. We hadden ons eerder moeten laten helpen, besef ik nu. Enkele maanden geleden was ik helemaal de kluts kwijt. Ik had mijn verhaal aan iemand verteld, heel emotioneel. Diezelfde dag had ik een etentje met mijn vroegere collega's, en moest ik heel snel de klik maken naar de zotskap die ze kenden. Normaal zit mijn hiv-verhaal opgesloten in mijn hoofd, ik alleen ken de unieke code. Maar die dag was ik de code kwijt, het bleef door mijn hoofd spoken. Ik voelde me wegglijden, ik sliep niet meer. Ik ben uiteindelijk op de psychiatrische afdeling van het ziekenhuis beland.

Het gaat met ups en downs. Vaak voelde ik me een vod, vandaag heb ik weer zelfvertrouwen, wil ik me opnieuw bewijzen op het werk. Te veel wellicht, ik draai al maanden op noodbatterijen. Ik besef heel goed dat het rode lampje knippert, dit verhaal heeft nog altijd zijn plaats niet gekregen. Toch ben ik fier op waar ik nu sta. Dat had ik nooit durven dromen. Ik sta ook terug op het podium en ik geniet ervan, ook al is het schizofreen. Terwijl ik acteer, flitst die hiv door mijn hoofd. *Wat als de mensen in de zaal het wisten?* Ik heb de regisseur in vertrouwen genomen. Stel dat ik straks een tegenspeler moet zoenen, dan moet ik het toch vertellen. Mijn vrouw laat zich vaak testen uit vrees voor infectie, ook al kan dat niet: we leven voorlopig gewoon naast elkaar. De angst om anderen te besmetten, speelt voortdurend. Op een ochtend had een van de kinderen een joekel van een bloedneus. Ik was verlamd en durfde geen vinger uit te steken, ook al had ik zelf geen schrammetje. Het is een continu gevecht, het zuigt me leeg.

Uitgesloten

Sinds de diagnose heb ik voelsprieten. Wat er ook verschijnt over hiv, ik heb het gehoord en gezien. Vaak erger ik me aan de sensatiezucht van de media. Het enige wat hen interesseert, is hoe je besmet bent geraakt. Vanwaar dat voyeurisme? Er wordt ook nagenoeg uitsluitend ingezoomd op de homowereld. Ik voel me een paria, uitgesloten binnen een groep van uitgestotenen. Alsof ik er niet mag bijhoren. Kwaad en moedeloos word ik ervan. Anderhalf jaar geleden zag ik een tv-reportage naar aanleiding van Wereldaidsdag. Er werd gefilmd in een homodancing, zo stereotiep. Je sorteert er alleen maar een averechts effect mee. Het houdt vooroordelen in stand, zoals bij mijn apothekeres, die verbouwereerd reageerde toen uit een toevallig gesprek bleek dat ik geen homo was. Je moet juist aantonen dat dit iedereen kan overkomen, dat niemand dit heeft gewild. Wie van ons heeft nog nooit zijn autogordel vergeten? We zijn maar mensen, niemand is perfect. Ik was op zoek naar seks en ik kwam thuis met een vreselijke ziekte.

Ik zou de mensen zo graag wakker schudden. Het kan niet, omwille van mijn dierbaren. Ik mag er niet aan denken dat mijn kinderen in de school worden nageroepen. Waarom zijn mensen zo hard voor elkaar? Wekelijks heb ik een afspraak met een psychotherapeute, dat is bevrijdend. Het blijft moeilijk tussen mijn vrouw en mij, ook al praten we veel. Ik realiseer me dat ik mezelf de voorbije twee jaar centraal heb gesteld. Voor haar is het minstens even zwaar. Soms ben ik beschaamd, ik heb zo'n respect voor haar, met die diabetes erbovenop. Waarom kan daarover heel open worden gepraat en niet over mijn hiv? We gaan samen door een langdurig rouwproces. Toen mijn vader plots stierf, was dat een zware klap. We hadden geen afscheid kunnen nemen. Voor dat rouwproces had iedereen begrip, we konden ons verdriet delen. Nu staan we er alleen voor. Hiv blijft een levensgroot taboe, en dan doet Léonard er nog een schep bovenop. Ik wil nooit nog in een kerk komen.

Vandaag maak ik het lichamelijk goed, buiten de vertrouwde nevenwerkingen. Ik kamp nog altijd met diarree en vermoeidheid.

Ik slaap erg slecht. Dat kan niet blijven duren, ik heb sterkere middelen nodig. De angst om te hervallen in de situatie van twee jaar geleden verdwijnt nooit helemaal. Natuurlijk stel ik me vragen over de toekomst. Ik hiv, mijn schat diabetes, hoe gaan we straks verder leven? De dokter zegt dat ik intenser van elke dag moet genieten. Dat lukt me niet, het zit nog veel te diep. Voor de medische wereld is hiv vandaag een chronische ziekte die perfect onder controle is. Lichamelijk klopt dat. Maar mensen onderschatten het geestelijke monster. Ik ben achter in de veertig. Soms droom ik van een groot feest voor mijn vijftigste verjaardag. Zou dat geen mooi moment zijn om het iedereen te vertellen?

HOOFDSTUK 2

GEZONDHEID

'**IK NEEM DAGELIJKS EEN TIENTAL PILLEN.** *Mijn medicatie nemen is voor mij zoals tandenpoetsen. Als ik mijn pijnstillers niet neem, dan staan mijn benen in brand. En als ik mijn aidsremmers niet neem, dan denk ik dat ik binnen een paar maanden mijn begrafenis mag regelen. Het klinkt cru, maar die pilletjes houden me echt in leven. Ik ben een betere klant bij de apotheek dan bij de bakker.*'

Een gezond mens heeft duizend wensen, een ziek mens maar één. Dertig jaar na het uitbreken van hiv is de aandoening geëvolueerd tot een chronische ziekte. De klemtoon ligt niet langer op onomkeerbaarheid en genadeloze aftakeling, maar op controleerbaarheid en onderdrukking. In sommige gevallen duurt het jaren voor iemand met hiv aan medicatie toe is. Wie zoals Frankie de pech heeft om laattijdig te worden gediagnosticeerd, moet onmiddellijk van start gaan met zware medicatie. De ziekte verkeerde bij hem in een vergevorderd stadium. Recht evenredig daarmee moesten de dokters voor zijn medische therapie de grote middelen inzetten. Frankie is voor de rest van zijn leven gebonden aan die medicatie. Hiv heeft een verregaande impact op zijn gezondheid en zijn leven, ook al is hij na enkele maanden van aangepaste medicatie uit het aidsstadium geraakt. De pillen redden zijn leven, maar hebben ook allerlei vervelende nevenwerkingen en pijnlijke complicaties. Het maakt er de verwerking van het trauma niet makkelijker op.

De antiretrovirale hiv-medicatie is een zegen, dat is de evidentie zelf. Ze betekent voor veel mensen met hiv echter ook een last. Een cruciaal aspect van de medicatie is immers de medicatietrouw. De meeste pillen moeten volgens precieze voorschriften worden ingenomen. Een vast tijdstip, al dan niet op een nuchtere maag, voor of na het eten... Het is niet altijd vanzelfsprekend om pillen te slikken op welbepaalde momenten van de dag. Soms wil je niet geconfronteerd worden met de argwaan en de vragen van collega's, familieleden of buitenstaanders. De omstandigheden zijn niet altijd geschikt: je bent aan het werk, je bezoekt een museum, je bent uitgenodigd op een etentje, je zit op de trein. Mensen met hiv moeten er altijd aan denken hun voorzorgen te treffen voor het nemen van hun medicatie. Pillen kunnen te groot of te zwaar zijn. En zijn ze dat niet, dan nog kunnen ze psychologische weerstand oproepen. Ook al voel je je niet ziek, de pillen drukken je elke dag met de neus op de feiten.

Er spelen nog andere aspecten, zoals de medische kosten. Frankie legt bij een normaal bezoek aan de apotheek veertien voorschriften voor. Hij staaft de boutade dat je een aidspatiënt niet aan zijn uiterlijk herkent, maar aan het formaat van zijn apotheekkast. Hij verlaat de zaak met een winkelmand vol medicamenten. Die voorraad is goed voor drie maanden. Gelukkig worden in onze Belgische verzorgingsstaat nagenoeg alle medicamenten grotendeels terugbetaald door het ziekenfonds. Dat is maar best, want zonder die vergoeding zou Frankie zijn medicatie onmogelijk kunnen betalen. De aidsremmers alleen al zouden per jaar twaalfduizend euro kosten. Nu zijn ze gratis. Voor de overige pillen zou hij zonder tussenkomst van het ziekenfonds op jaarbasis nog eens hetzelfde bedrag moeten ophoesten. Dat is meer dan een flinke hap uit ieders huishoudbudget. Nu hoeft hij alleen het remgeld te betalen.

Op een normale dag neemt Frankie tien pillen. 'Dat is al minder dan in het begin, maar toen was ik er ook erg aan toe. Het virus wordt van drie kanten aangevallen met drie verschillende soorten medicatie. Gelukkig bestaan er nu geneesmiddelen die diverse werkingen combineren. Vroeger waren dat allemaal aparte pillen. Ik moet mijn medicatie constant blijven nemen. Dat is niet voor iedereen zo. De meeste mensen die met medicatie starten, moeten enkel de aidsremmers nemen, soms aangevuld met een slaapmiddel of een antidepressivum. Mensen die zich op tijd laten testen en op tijd worden behandeld, kunnen met medicatie perfect blijven functioneren in de maatschappij. Mensen zoals ik, die reeds in een vergevorderd stadium zitten en andere complicaties hebben – dat zijn vooral mensen die besmet zijn in de jaren negentig – zijn er erger aan toe. Ik kan niet meer werken en leef van een invaliditeitsuitkering. Gelukkig is die aan de hoge kant, want ik had vroeger een goed loon. Er komen zo veel kosten bij mijn ziekte kijken. Ofschoon hiv een chronische ziekte is, krijg ik van het ziekenfonds geen extra forfait voor chronische ziektes. Bovendien ben je als seropositieve vatbaarder voor allerlei infecties. Die voorkom je het best met preventieve medicatie, maar die moet je zelf betalen. Ik heb wratjes op mijn voeten en onder mijn tong gehad. Regelmatig moet ik wratjes in mijn endeldarm laten behandelen, allemaal nevenverschijnselen door mijn lage immuniteit. Dat kost veel geld en ik krijg er niets van terug. Heel wat mensen kunnen dat niet betalen.'

Frankies grote vrees is dat hij er door de interactie van al die medicamenten een andere ziekte bovenop krijgt. 'Stel dat ik naast hiv nog eens diabetes krijg, dan zou ik pas echt in de problemen zitten. Ik kijk ook met gemengde gevoelens uit naar later. Wat gebeurt er als ik oud word? Er zijn nu nog maar weinig mensen boven de vijftig die hiv-positief zijn. Binnen tien jaar ben ik zestig en krijg ik de normale ouderdomsziektes. Wat gaat dat met zich meebrengen? Al die hiv-medicatie, in combinatie met de medicatie die oudere mensen gebruikelijk nemen voor hun cholesterol of hun bloeddruk. De toekomst zal nog verrassingen brengen.'

Ook al is het de toekomst die Frankie zorgen baart, zijn lichaam heeft momenteel een hele boterham aan de verwerking van al die chemische substanties. Op dat vlak wachten hem geen verrassingen meer. Hij heeft het hele scala van nevenwerkingen aan den lijve ondervonden. 'De nevenwerkingen zijn vaak de grote spelbrekers. Zodra je voor jezelf accepteert dat je seropositief bent, neem je je medicatie. Maar als mensen dan nevenwerkingen krijgen en zich lichamelijk slechter gaan voelen, stoppen ze soms met het consequent nemen van hun pillen. Sommigen weigeren om hun levenswijze aan te passen. Ik besef dat ik mijn pillen stipt moet nemen, ook al ondervind ik serieuze nevenwerkingen van de aidsremmers. Het gaat vooral om mijn darmen. Ik heb chronische constipatie, afgewisseld met diarree. Daarnaast heb ik een extreme vorm van distale polyneuropathie, dat is een aantasting van de hoofdzenuwen in beide benen en voeten. Dit is geen nevenwerking maar een gevolg van mijn vergevorderd aidsstadium, waarvoor ik weer andere medicatie en zware vitaminesupplementen moet slikken. Voor deze aandoening bestaat geen echt sluitende behandeling. Door dagelijkse fitness probeer ik de progressie ervan onder controle te houden.'

Neuropathie krijgt weinig media-aandacht, terwijl de aandoening zich voordoet bij ongeveer dertig procent van alle mensen met hiv, meestal in niet al te ernstige mate. Ze varieert van tintelingen of verlies van gevoel in tenen, voeten, kuiten of armen tot ernstige pijn in alle ledematen en uiteindelijk zelfs invaliditeit. Voor Frankie betekent ze een extra probleem met een vervelend en pijnlijk effect, én extra behandelingen. 'Ik neem dus aidsremmers, medicatie om de neveneffecten van die aidsremmers te behandelen en medicatie om de ziektes te behandelen die ik door mijn hiv heb gekregen. Twee keer was ik het spuugzat en heb ik al die pillen tegen het raam gekeild. Niet toevallig telkens nadat ik was afgewezen door een partner vanwege mijn seropositieve status. Dat hoor ik ook van anderen. Medisch is het allemaal onder controle te houden, hoeveel pillen je ook moet slikken. Psychologisch is het echter zwaar. Ik heb er voor mezelf een punt van moeten maken dat die pillen me in leven houden. Ik heb gezien wat de ziekte kan aanrichten met iemand die geen pillen neemt.'

Aidsstadium

Therapietrouw is een van de zaken waar Frankie angstvallig bij zweert om zijn ziekte te beheersen. Hij bezoekt zijn dokter en zijn tandarts even nauwgezet als hij zijn pillen neemt. Hij heeft om de paar dagen contact met zijn behandelende arts. Om de drie maanden ondergaat hij een uitgebreid onderzoek. Zijn dokter heeft Frankies situatie in vier jaar tijd dramatisch zien kantelen. 'Frankie zat al in een aidsstadium op het moment van zijn diagnose. Hij was twintig kilo vermagerd, zijn spieren waren weggeslonken, hij was moe en futloos. Hij had last van tintelingen in zijn voeten en hij kon moeilijk stappen. Zijn CD4-cellen, een belangrijke indicator van de immuniteit, schommelden rond 125. Dat was een zeer onveilige situatie. Dankzij de medicatie is hij al na drie maanden uit die ziektefase gekomen. Het resultaat was spectaculair. Toch heeft hij aan zijn aidsperiode een aantal chronische klachten overgehouden. Zijn darmen, zijn geheugen, huidletsels ook, waarvoor we behandelingen moeten voorschrijven. Frankie krijgt op dit moment al meer dan vier jaar antiretrovirale therapie. Zijn CD4-cellen liggen nu rond 615, wat wil zeggen: binnen het normale bereik van 500 tot 1000. Zijn afweersysteem werkt dus adequaat, hij heeft voldoende vlagjes om problemen of indringers in zijn systeem te signaleren.'

Frankie is zo goed hersteld dat het virus in zijn bloed op dit moment ondetecteerbaar is. 'Zijn zogenaamde virale lading is inderdaad ondetecteerbaar, wat niet wil zeggen dat hij het hiv-virus niet meer kan overdragen. Er zijn gevallen bekend van hiv-transmissie bij mensen met een ondetecteerbare virale lading. Theoretisch kan hij nog steeds iemand besmetten. Ook al is het risico sterk gedaald, onbeschermde seks is beslist geen optie. Gezien Frankies stabiele waarden op het vlak van CD4-cellen en virale lading ziet het er voor hem op dit moment heel goed uit. We hebben natuurlijk geen glazen bol, maar we gaan ervan uit dat de levensprognose van de meeste hiv-patiënten met chronische medicatie zeer lang is, bijna vergelijkbaar met iemand die seronegatief is. Een aangepaste manier van leven is daarbij niet onbelangrijk. Regelmatig leven, sport, gezond eten, niet te veel drinken, niet roken.'

Een goede tandhygiëne vindt Frankie eveneens essentieel. 'Veel bacteriën komen het lichaam binnen via de mond. Als je seropositief bent, is mondzorg heel belangrijk. Ik poets mijn tanden drie keer per dag en ik ga zeer vaak naar de tandarts.' Dit laatste klinkt meer vanzelfsprekend dan het is. Het is niet uitzonderlijk dat mensen met hiv door hun tandarts worden weggestuurd. Geen wonder dat ze niet meer geneigd zijn om te vertellen dat ze seropositief zijn. En dat sorteert precies het averechtse effect, vindt Frankies tandarts. 'Als ik Frankie niet langer zou willen behandelen, zou hij een andere tandarts bellen en wordt het probleem gewoon verschoven. Ik vind het niet ethisch om een patiënt in de steek te laten vanwege een besmettelijke aandoening. De routine die ik bij Frankie hanteer, verschilt trouwens nauwelijks van de routine bij andere patiënten. Ik zal misschien iets voorzichtiger zijn met de naald, maar in principe ben ik dat altijd. Je moet ervan uitgaan dat elke patiënt een potentieel besmettingsgevaar kan vormen. De kans dat er in mijn patiëntenbestand nog andere seropositieven of mensen met hepatitis zitten, is reëel. Het is altijd beter dat ze dat laten weten. Ze moeten niet vergeten dat tandartsen gebonden zijn aan hun beroepsgeheim. Voor mijn andere patiënten is het besmettingsgevaar trouwens nihil.'

Frankie vindt het doodnormaal dat zijn tandarts bij wijze van voorzorgsmaatregel een bril, een mondmasker en handschoenen draagt. 'Hij doet dat niet alleen bij mij, maar ook bij andere patiënten. Als seropositieve word je natuurlijk vaak geconfronteerd met dergelijke zaken. Sommigen ervaren al een eerste negatieve reactie bij de huisarts na een positieve test. Al wat ze te horen krijgen, wijst op discriminatie en stigmatisering. Mensen gaan anders doen, gedragen zich plots raar. Eigenlijk zou er geen reden mogen zijn om het niet te vertellen, maar in de praktijk blijkt dat hiv nog altijd een taboe is voor veel dokters, tandartsen en verplegers. Huisartsen weten er vaak te weinig van af. Ik was de eerste hiv-patiënt van mijn dokter in Oostende. Hij durfde zelfs mijn wrat niet met zijn hand aan te raken. Het gebeurt nu nog. Een kennis van me was erg ziek. Ik herkende de symptomen. Het kwam niet bij zijn huisarts op om hem te testen. Ik heb hem meegenomen naar het ziekenhuis, hij bleek positief. Terwijl je weet: hoe vroeger je start met medicatie, hoe minder complicaties.'

Een betere conditie

Kan een ziekte een mens gezonder maken? Het lijkt een contradictie. Het antwoord lijkt even vanzelfsprekend 'neen' als het antwoord op de vraag of een alchemist goud kan maken. Thierry heeft het nochtans ondervonden. Hij is er niet in geslaagd een goudklomp te produceren, maar hij bracht zijn lichaam sinds de diagnose van hiv in een betere conditie dan ooit voorheen. Hiv heeft zijn leven grondig door elkaar geschud. Sinds hij de stukken weer heeft opgeraapt en zijn nieuwe weg heeft uitgestippeld, staat hij sterker in het leven, ook lichamelijk. De aandoening, die in essentie zo'n verstrekkende gevolgen kan hebben, heeft een geringe impact op zijn dagelijkse leefomstandigheden.

'Het is niet altijd zo geweest. Ik ben met de therapie begonnen op 28 januari 2004, enkele weken na mijn diagnose. Ik wist niet dat het voor de rest van mijn leven zou zijn. Ik kreeg van de dokter de keuze. Ik was twaalf kilo afgevallen, ik voelde me doodziek en ik heb een groot geloof in de wetenschap. De keuze was snel gemaakt. Er werd toen nog uitgegaan van de filosofie van *hit hard and hit early*. Door snel medicatie toe te dienen, hoopte men het virus zodanig te onderdrukken dat ik na een half jaar therapie een hele poos zonder zou kunnen. Je mag die pillen niet onderschatten, dat is puur vergif. Een uurtje na de inname voelde ik me bijna dronken. Ik liep te wankelen in mijn appartement. Ik heb me een hele periode opgesloten en troost gezocht in muziek. Ik moest de pillen uiteindelijk blijven nemen, maar ze sloegen wel aan. Na vier weken was mijn virale lading al ondetecteerbaar. En dan komt de routine. Op dit moment neem ik slechts twee pillen per dag, één om tien uur 's ochtends en één om tien uur 's avonds. Ik hoor dat sommigen het psychologisch heel lastig hebben om die pillen dagelijks in te nemen, omdat ze telkens worden geconfronteerd met hun status. Bij mij is dat totaal niet het geval. Ik ben blij dat ik ze kan nemen. Die pillen houden mij in leven. Daarom neem ik ze klokvast. In het begin dacht ik dat ik gigantische pillencocktails in mijn strot zou moeten wringen, maar dat beeld is achterhaald. We zijn toe aan de vierde generatie aidsremmers. Ik ben mijn pillen in die zeven jaar nog niet één keer vergeten. Ik stel voor alle zekerheid vaak het alarm van mijn gsm in. Dat is een hulpmiddeltje in ongewone of stresssituaties. Als ik een uurtje te laat ben, kan dat geen kwaad. Maar ik moet er geen uren mee wachten. Niet dat ik dan plots instort, maar het vergroot de kans dat ik resistent word tegen de medicatie. Dan moet ik overschakelen op een andere medicatie. Dat duurt weer een tijd, maar het kan niet oneindig doorgaan. Die regelmaat is dus extreem belangrijk. Ik reageer ook heel goed op mijn medicatie. Ik voel er niets van en heb geen bijwerkingen. Ik hoop dat ik mijn pillen zo lang mogelijk kan blijven pakken. Ik besef dat ik geluk heb, want ik ken andere mensen die er serieus van afzien.'

De pillen houden Thierry naar eigen zeggen in leven. Ze doen nog veel meer dan dat. Ze onderdrukken het virus met al zijn grillen en nukken in die mate dat hij een normaal, actief leven kan leiden. Thierry is geen uniek geval. Samen met hem genieten vandaag veel andere hiv'ers van een leven zonder fysieke ongemakken of verwikkelingen. Dat mag allemaal op het conto worden geschreven van de antiretrovirale medicatie, die voor het eerst haar opwachting maakte in 1996-1997. Met die combinatietherapie of zogenaamde HAART-therapie (Hoog Actieve Anti-Retrovirale Therapie) werden spectaculaire resultaten bereikt. Ze kan het virus niet vernietigen, maar ze onderdrukt de activiteit ervan in aanzienlijke mate. Combinatietherapie geneest niet, maar zorgt ervoor dat de concentratie van CD4-cellen opnieuw toeneemt en dat de virale lading wordt beperkt tot een ondetecteerbaar niveau. De naam spreekt voor zich. Bij deze therapie worden combinaties van geneesmiddelen uit drie verschillende klassen toegediend. Wanneer slechts één medicament wordt gebruikt, bestaat immers de kans dat er snel resistentie optreedt en dat de medicatie niet langer werkzaam is. Het ontstaan van resistentie tegen drie klassen van geneesmiddelen tegelijkertijd is onwaarschijnlijk.

Thierry's geloof in de wetenschap sterkt hem in zijn medicatietrouw. Hij is ervan overtuigd dat hij zijn hiv onder de duim kan houden. 'Ik hoop dat ik het virus op een dag helemaal uit mijn lijf krijg. Ik praat uit hoofde van mijn job veel met artsen. Ik hoor meer optimistische geluiden dan pessimistische. Het zal niet voor volgend jaar zijn en waarschijnlijk niet voor binnen tien jaar. Maar misschien nog wel tijdens mijn leven. Eén ding staat vast, ik ben momenteel gezonder en in betere conditie dan voor mijn infectie. Daar ben ik van overtuigd. Onrechtstreeks heeft dat met hiv te maken, omdat ik besef dat ik elke minuut die ik nu heb, te danken heb aan de medicatie en mijn gezonde levensstijl.'

Het bewijs van zijn verbeterde fysieke paraatheid levert Thierry door haast elke ochtend te gaan zwemmen. Daarnaast begon hij te joggen met het oog op een deelname aan de Hiv-Run tijdens de Antwerp 10 Miles in de lente van 2010. 'Door deel te nemen aan de Hiv-Run wilde ik laten zien dat mensen met hiv gewoon kunnen functioneren zoals anderen, ook als het om sport gaat. Ik heb echt leren genieten van dat sporten. Als ik een uur kan lopen op de band of door het park, maak ik mijn hoofd leeg. Het gaat dus niet alleen om fysieke, maar ook om mentale gezondheid. Ik hou van sport, ik voel me er beter door. Je verengt je focus. Alles wordt lopen of alles wordt zwemmen. Ik vind dat heel bevrijdend, heel therapeutisch, hoewel ik het niet in de eerste plaats doe om me beter te wapenen tegen dat virus in mijn lijf. Ik doe het vooral om me goed te voelen, met of zonder hiv. Ik heb dit niet nodig om te bewijzen dat ik perfect kan leven met hiv.'

Lopen om je goed te voelen, is één ding. Deelnemen aan een loopwedstrijd van zestien kilometer is nog iets anders. Is zoiets wel aan te raden voor iemand met hiv? 'Waarom zou dat niet kunnen? Zoiets bouw je op, zoals elke atleet dat doet. Ik train bovendien onder professionele begeleiding.' Een inspanningstest in het UZ Antwerpen lijkt Thierry's inschatting te staven. Zijn conditie is voortreffelijk. De arts beaamt dat Thierry zonder enig probleem lange afstanden kan afleggen. 'Zolang hij niet ziek is, kan hij een inspanning leveren. Als gevolg van zijn seropositiviteit en zijn antivirale therapie zal hij wat sneller cardiovasculaire risicofactoren ontwikkelen en problemen krijgen met zijn cholesterol en zijn suikerspiegel. Daarbuiten is hij een normale loper. Hij kan evenveel inspanningen leveren en even diep in het rood gaan als elke andere atleet. Op voorwaarde natuurlijk dat hij een gestage trainingsopbouw in acht neemt. Maar dat geldt voor elke sportman. Uit studies is gebleken dat een normale trainingsopbouw een gunstig effect heeft op de evolutie van hiv.'

Therapietrouw

Aangepaste medicatie kan alleen maar wonderen doen wanneer ze volgens de regels wordt ingenomen: de juiste hoeveelheid op het juiste moment op de juiste manier. Dat noemt men medicatietrouw of therapietrouw. Te hoge dosissen kunnen de nevenwerkingen intensiveren, te lage dosissen kunnen resistentie in de hand werken. Therapietrouw gaat echter veel breder dan het louter innemen van medicamenten. Het kan worden omschreven als de mate waarin het gedrag van de patiënt samenvalt met de medische adviezen: correcte inname van medicamenten, gepast dieet, gezonde levensstijl.

Kenny neemt al bijna even lang medicatie als Thierry. Ook hij houdt zich angstvallig aan de voorschriften, al heeft hij zijn momenten van pillenmoeheid gekend. Dat die niet heilzaam zijn, mocht hij tot zijn scha en schande ondervinden. 'Op een bepaald moment was ik de pillen beu. Ik neem aan dat alle hiv'ers dat gevoel kennen. Je beseft nochtans dat die pillen je een normaal leven garanderen. Niet dat ik meteen doodziek zou zijn als ik ermee stopte, maar mijn immuniteit zou langzaam afnemen. En dan moet er maar een verkoudheid of een infectie passeren en je hebt het zitten. Ik heb het meegemaakt. De eerste vier jaar van mijn medicatie had ik nauwelijks nevenwerkingen, maar na verloop van tijd kreeg ik last van buikkrampen, draaistoornissen en diarree. Daardoor ben ik wat lakser geworden met mijn pillen, in de hoop die ongemakken te beperken. Het effect was meteen zichtbaar, want uiteraard deden mijn pillen niet meer wat ze moesten doen. Dan besef je plots dat je met je gezondheid aan het spelen bent. Sindsdien is mijn cocktail veranderd. De nieuwe medicatie slaat goed aan. Ik heb geen last van bijwerkingen, ik kan perfect een hele dag gaan werken en 's avonds nog een keer een terrasje doen. Ik voel me nu goed, en ik heb me voorgenomen om dat zo te houden.'

Therapietrouw wil ook zeggen dat je voorbereid moet zijn op onvoorziene omstandigheden. Kenny heeft zijn medicatie altijd bij zich. 'Stel dat je weggaat in het weekend en onverwacht ergens blijft overnachten. Of je staat in de file. Je moet altijd aan je pillen denken, waar je ook bent. Heel wat mensen hebben het daar moeilijk mee. Ze stoppen zich weg als ze hun medicatie moeten nemen, bijvoorbeeld op het toilet. Ze hebben schrik dat mensen meteen vragen gaan stellen. Ik heb daar geen probleem mee.'

De medicatie vormt voor Kenny al vijf jaar een dagelijks ritueel. Bij de diagnose had de dokter verteld dat hij vele jaren zonder zou kunnen. Na twee jaar was het al zover. 'Dat was een klap, ja. Maar het moest: mijn witte bloedcellen stonden dramatisch laag en mijn virale lading was te hoog. Er zijn inmiddels al twee pillen weggevallen. Ik neem er dagelijks nog vier. Dat doe ik in één keer, met een flinke slok water. Voor sommige mensen is dat lastig, maar niet voor mij. Er zijn nochtans joekels van pillen bij, het formaat van M&M's met pinda's. Duur zijn ze ook. Mijn medicatie komt gemiddeld per maand op 1000 à 1500 euro, dat is zowat een maandloon. Gelukkig betaalt het ziekenfonds alles grotendeels terug. Op dit moment voel ik me kiplekker. De medicatie slaat goed aan en ik vermoed dat ze nog lang niet van mij af zijn. Het is erg om op je eenentwintigste te vernemen dat je hiv hebt. Maar als ik niet naar de dokter was gegaan en vijf jaar had gewacht, was ik op dit moment misschien zwaar ziek geweest.'

Helens keuze

Voor Helen waren de opties na haar diagnose minder vanzelfsprekend. Ze stond voor een verscheurende keuze. Wilde ze overleven door middel van de juiste behandeling en de aangepaste medicatie, dan moest ze in België blijven. Dat betekende dat ze vijf jaar gescheiden moest leven van haar achtjarige zoon in Oeganda. Haar dilemma was even wrang als ironisch. Ze moest haar kind in de steek laten om er langer voor te kunnen zorgen. Op die manier ontwrichtte hiv haar leven voor ze goed en wel bekomen was van de schok van de diagnose.

'De dokter stelde me gerust. Het was niet omdat ik seropositief was, dat ik snel zou overlijden. Met de juiste medicatie zou ik mijn kleinkinderen zien opgroeien. Ik heb er diep over nagedacht. In Oeganda was medicatie duur en niet altijd verkrijgbaar. Ik had een goed leven en een goed loon, maar de medicatie zou onbetaalbaar zijn. Bovendien had ik een kind om voor te zorgen. Er was het risico op allerlei andere infecties, zoals malaria. Ik vroeg raad aan mijn vriendin, die arts is in Oeganda. Zij adviseerde me om in België te blijven. De beschikbaarheid van medicatie was voor haar doorslaggevend. In Afrika wordt gewerkt met wachtlijsten voor medicatie. Miljoenen seropositieve Afrikanen die onmiddellijk medicatie nodig hebben, komen op een wachtlijst terecht. Zelfs als je op een bepaald moment toegang krijgt tot medicatie, ben je nog niet zeker dat dat blijvend het geval is. Die continuïteit is cruciaal voor de effectiviteit van de therapie. Ik zou volgens mijn vriendin misschien niet lang te leven hebben als ik zou teruggaan. Toen heb ik beslist om in België te blijven.'

Het bleek de juiste keuze. Helens behandeling sloeg aan. Ze is nooit ziek geweest en heeft nooit lichamelijke ongemakken gekend vanwege de therapie, ook al was ze op het moment van de diagnose bijna een aidspatiënt. 'In het begin was ik doodongelukkig. Ik zat voortdurend aan mijn zoon te denken. Ik vreesde dat ik zou sterven voor ik hem zou terugzien. Gaandeweg is die angst verminderd. Ik kon zelf ervaren dat de medicatie werkte. Ik heb jarenlang negen pillen geslikt. Momenteel neem ik nog twee pillen, één 's ochtends en één 's avonds. Mijn virale lading is ondetecteerbaar. Ik ben blij dat ik nooit last heb gehad, maar ik denk dat dat ook te maken heeft met mijn therapietrouw. Ik wijk nooit af van mijn behandeling, ik rook niet, ik drink niet, ik slaap goed en ik probeer gezond te eten, veel groenten en fruit. Dat is niet altijd makkelijk met mijn budget. Maar ik eet veel rijst, met een pak kom ik maanden toe. En ik drink veel water. Ik probeer ook wat te vermageren en ben naar een diëtist geweest. Ik heb alles om gelukkig te zijn. Ik weet dat mijn zoon in goede handen is wanneer hij niet bij mij is, en ik heb mijn medicatie. Het enige wat ik mis, is een goede job. Zodat ik een toekomst kan opbouwen voor mezelf en mijn zoon. Ik voel me waardeloos als ik geen werk heb, mijn werkloosheid doet me meer pijn dan mijn hiv-status.'

Medisch wonder

De medische wetenschap vermag veel. Het gezicht van hiv is op twintig jaar dramatisch veranderd. Dat mag letterlijk worden genomen, want de hiv'er van vandaag valt in het straatbeeld niet te onderscheiden van zijn niet-geïnfecteerde medeburgers. Maar artsen kunnen niet alles. Hoewel de curve van het aantal aidsdoden in de laatste jaren ontegensprekelijk een neerwaartse knik vertoont, sterven er in heel de wereld dagelijks nog altijd vijfduizend mensen aan aids, ook in onze westerse wereld. In dat licht mag het een wonder heten dat Liesbeth nog in ons midden is. Een medisch wonder, zoals ze het zelf omschrijft. Je zou haar enigszins oneerbiedig een levend medisch handboek kunnen noemen, gezien alle ziektes en infecties die ze heeft doorgemaakt. Ze maakt zich ervan af met een bewonderenswaardig relativeringsvermogen. Ze gaat regelmatig op controle, maar stress voor de uitslag van de tests heeft ze al lang niet meer. Onderzoeken zijn al meer dan twintig jaar een routine. Ze was een van de eerste hiv-patiënten in het UZ.

'De lijst is lang. Naast hiv heb ik onder meer tuberculose gehad, enkele longontstekingen en hepatitis C, wellicht als gevolg van mijn verslaving. Ik denk niet dat ik ooit echt aids heb gehad, daar heb ik geluk in gehad. Ik heb het allemaal gezien, ook de medicatie. In het begin, eind jaren tachtig, was er maar één middel, AZT. Ik ben nooit ziek geweest van de hiv, maar wel van de medicatie. Begin jaren negentig slikten we tussen de twintig en de dertig pillen per dag, met enorm veel bijwerkingen. In die tijd had ik het zeer lastig. Ik nam ook TBC-medicatie en ik had hepatitis. Bovendien heb ik maar één nier. Ik kreeg enorm veel nierstenen door de medicatie. Daardoor heb ik veel afgezien. Vandaag wordt er gewerkt met combinatietherapie en neem ik nog maar zes pillen per dag. Ze hebben het nadeel dat ik langdurig last heb van diarree. Je moet ook eten samen met die pillen, anders ben je er misselijk van. Maar ik heb bijna nooit honger, ik kan alleen 's avonds goed eten. Dus neem ik er één 's morgens en vijf 's avonds. Ik was het ooit zo beu dat ik een jaar volledig ben gestopt. Mijn CD4-cellen gingen dramatisch omlaag. Ik ben opnieuw met de pillen begonnen, maar de afkeer blijft. Het is nog steeds elke avond een inspanning.'

Het is een wrede paradox. Het is niet door de bedreigende infectie dat ze zich ziek voelt, het is de medicatie waarmee ze de indringer bestrijdt die haar overlast bezorgt. Die medicatie genereert vetverplaatsing in haar lichaam. Haar gezicht is ingevallen, de omvang van borsten en buik is toegenomen. Haar achterwerk is platter en haar benen zijn dun. Het is een fenomeen waar mensen met hiv het niet altijd makkelijk mee hebben. Door de diarree is Liesbeth in de voorbije maanden kilo's vermagerd, alweer. 'Toch is hiv geen rem op mijn leven. Puur medisch heb ik geen klachten, behalve die chronische diarree. Ik heb al veertien jaar diarree. Je bent er niet doodziek van, maar het is erg vervelend. Je kunt geen kilo's blijven verliezen. Ik ben niet naïef. Ik moet in de loop der jaren tonnen medicatie hebben geslikt. Ik ben vijfentwintig jaar hiv-positief. Dat moet gewoon consequenties hebben voor mijn lichaam. Psychologisch is het belangrijk dat je daar niet de hele dag mee bezig bent. Ik ga mijn mooie momenten niet verpesten door me in te beelden hoe het zou zijn als ik ziek werd.'

Liesbeths gezondheid is blijvend belast met een zware hypotheek. Toch heeft de medische aanpak van de ziekte de laatste jaren een enorme vlucht gekend. Het blijft onvoorstelbaar dat iemand met haar verleden opnieuw een immuniteit heeft opgebouwd gelijkwaardig aan die van iemand die niet geïnfecteerd is. Haar grote probleem is de resistentie. Het virus heeft zich in de loop der jaren steeds kunnen aanpassen aan de medicatie en is resistent geworden. In 1997 is Liesbeth begonnen met volwaardige cocktails, maar diverse producten werken voor haar niet meer. Anderzijds heeft het virus al vijf jaar de status van ondetecteerbaar. Het krijgt niet langer de kans zich verder te ontwikkelen. Liesbeth kan nog een tijd verder, ook in de wetenschap dat er alsmaar betere aidsremmers op de markt komen.

Na al die jaren moet ze nog altijd keuzes maken. Ze kampt met een besmetting die in wezen kwalijker is dan haar hiv. De combinatie van beide vormt een loodzware bedreiging. Hepatitis C is een ontsteking van de lever, veroorzaakt door een virus. Het virus wordt hoofdzakelijk doorgegeven via bloed-bloedcontact, bijvoorbeeld door het delen van injectienaalden bij druggebruik, maar ook via anaal seksueel verkeer. In België zijn honderdduizend mensen drager van het virus. Meer dan de helft van hen weet niet dat ze geïnfecteerd zijn. Twintig procent geneest spontaan, tachtig procent wordt chronisch drager van het virus. Zij kunnen evolueren naar levercirrose en hebben een verhoogd risico op het ontwikkelen van leverkanker. Bij mensen met een lagere immuniteit, zoals hiv'ers, verloopt de ontwikkeling sneller. Hepatitis C is de laatste tijd aan een stevige opmars bezig, vooral bij hiv-positieve homomannen. 'Mijn dokter heeft me een nieuw medicijn aangeraden voor mijn hepatitis, Interferon. Ik zou er langer mee kunnen leven, maar het heeft als nadeel dat het straffe bijwerkingen heeft. Ik heb de boot afgehouden, omdat ik me momenteel goed in mijn vel voel. Ik heb me ermee verzoend dat ik niet lang ga leven. Liever wat korter en comfortabeler leven. Alles is sowieso een bonus. Ze hadden gezegd dat ik het maar tot 2000 zou trekken.'

CD4-CELLEN

Elke mens heeft twee soorten afweersystemen, een aangeboren systeem (bijvoorbeeld de huid, slijmvliezen, lichaamstemperatuur...) en een zogenaamd verworven systeem. Dit laatste is in staat om indringers te herkennen en te elimineren. Dit gebeurt door de vorming van antistoffen of door de vernietiging van de indringer via een cel. Het verworven afweersysteem bestaat uit verschillende soorten cellen, waaronder de CD4-cel, een van de belangrijkste cellen in het systeem. Soms wordt in dit verband een militair jargon gehanteerd: de CD4-cellen zijn paracommando's die indringers detecteren en te lijf gaan. Ze geven een signaal aan de andere witte bloedcellen, die worden opgetrommeld om de bacterie of het virus dat wil binnendringen mee te komen belagen. Het hiv-virus richt zich precies op die CD4-cellen, die er als gastheer voor fungeren. Het virus heeft die cellen nodig om te overleven en gaat ze massaal bestoken. Hun aantal daalt, zodat het afweersysteem verzwakt. De persoon in kwestie wordt heel vatbaar voor allerlei ziektes en infecties. Een gezond mens heeft tussen 500 en 1000 CD4-cellen per ml in zijn bloed. Als de waarde onder die drempel daalt, begint het systeem te haperen en krijgen ziektekiemen, bacteriën, parasieten en microben vrij spel. Als iemand onder de drempel van 200 belandt, wordt dat aids genoemd. Dit is in die mate ondermijnend dat men eraan sterft wanneer men niet medisch wordt opgevolgd.

VIRALE LADING

De virale lading is de maatstaf voor de hoeveelheid hiv in het bloed. Dit wordt uitgedrukt in het aantal viruskopieën per milliliter. De virale lading vormt samen met de CD4-cellen de belangrijkste parameter om de evolutie van de besmetting op te volgen.

Via een bloedtest wordt het aantal virusdeeltjes per milliliter bloed gemeten. De virale lading bij een seronegatieve patiënt is nul. Bij iemand die geen hiv-medicatie neemt, kan ze tussen 5000 en 10.000 schommelen, maar ze kan oplopen tot 100.000 of zelfs een miljoen virusdeeltjes in één druppel bloed (ter illustratie: Frankies virale waarde bedroeg op het moment van de diagnose 262.000 kopieën per ml). Een virale lading is ondetecteerbaar wanneer er minder hiv per ml bloed aanwezig is dan men met de test kan vaststellen. De gevoeligste tests zijn zo gedetailleerd dat ze tot een minimumdrempel van 20 viruskopieën per ml bloed kunnen meten. Met antivirale therapie wordt geprobeerd die virale lading omlaag te krijgen, en wel tot die ondetecteerbare waarde. Dat betekent niet dat het virus weg is. Als je stopt met de medicatie, neemt het virus snel zijn oorspronkelijke vorm aan en gaat het opnieuw woekeren.

De virale lading wordt gemeten om te bepalen of de patiënt met therapie moet starten. Gewoonlijk wordt er met medicatie gestart vanaf een virale lading boven 30.000 of 55.000 (afhankelijk van de gehanteerde testtechniek). Op dezelfde manier kunnen dokters via de virale lading nagaan of de medicatie al dan niet werkzaam is. In principe zou de virale lading na een half jaar therapie onder de drempel van 50 viruskopieën per ml bloed moeten zakken.

VAN HIV NAAR AIDS EN WEER TERUG

Hiv is een geniepige ziekte. Wie geïnfecteerd is met het hiv-virus, ontwikkelt in eerste instantie geen duidelijk herkenbare symptomen, buiten vage, griepachtige verschijnselen. Dat hoeft zelfs niet altijd het geval te zijn. Het maakt het virus des te gevaarlijker, want de virale lading is extreem hoog wanneer men pas geïnfecteerd is, en bijgevolg is ook het risico om anderen te besmetten extreem groot. Een hiv-positief persoon evolueert pas na verloop van tijd naar een aidsstadium, als er geen opvolging door een arts is, als er geen bloedcontroles zijn en als er geen medicatie wordt opgestart. Niet iedereen die besmet is, start onmiddellijk met medicatie, maar het is onvermijdelijk dat dat vroeg of laat moet gebeuren. Een waarde van minder dan 200 CD4-cellen wordt aids genoemd. Mensen met een dergelijk lage waarde worden vatbaar voor zogenaamde opportunistische infecties. Dit zijn zware, vaak levensbedreigende infecties die voorkomen bij mensen met aids, bijvoorbeeld tuberculose, longontsteking en toxoplasmose, naast bepaalde tumoren. Die mensen kunnen overlijden aan de gevolgen ervan. Omgekeerd kan iemand dankzij medicatie vanuit het aidsstadium terugkeren naar het hiv-stadium, met een normale waarde van CD4-cellen en met een ondetecteerbare virale lading.

De beschikbare antiretrovirale middelen zijn hoofdzakelijk onder te brengen in vijf verschillende klassen:

- 1) Reverse-transcriptase
- - Nucleoside reverse transcriptaseremmers (NRTI's)
- - Niet-nucleoside reverse transcriptaseremmers (NNRTI's)
- 2) Proteaseremmers (PI's)
- 3) Fusie-inhibitoren (medicatie die werkzaam is buiten de cel en voorkomt dat het hiv-virus erin kan dringen)
- 4) Entry-inhibitoren
- 5) Integrase-inhibitoren

De gecombineerde aanpak van deze middelen wordt combinatietherapie of cocktail genoemd.

Heb je een reëel risico gelopen, bijvoorbeeld na een condoomongeluk, dan kun je de kans op hiv-infectie heel sterk verminderen met een PEP-therapie van vier weken. PEP bestaat uit een combinatie van verschillende hiv-remmers. Je begint het best zo snel mogelijk met de behandeling, liefst binnen enkele uren, want hiv nestelt zich ongeveer tweeënzeventig uur na de infectie in je lichaam. Hoe eerder je start met PEP, hoe kleiner de kans op infectie.

Start je met medicatie en voel je je onzeker, angstig of bezorgd? Praat er dan over met een professionele hulpverlener (arts, psycholoog, sociaal verpleegkundige...). Heb je behoefte aan een gesprek hierover, neem dan contact op met Sensoa Positief via 078/15 11 00 of via positief@sensoa.be.

HET VERHAAL VAN

MARIANNE

MENSEN MOETEN WETEN dat wij gewone mannen en vrouwen zijn, met gewone gevoelens en noden. Er is geen enkele reden om ons met de vinger te wijzen. Mensen raken echt niet besmet door ons de hand te schudden. Ik ben altijd voorzichtig, ik tref mijn voorzorgen, dat is een gewoonte. Wie astma heeft, haalt geen kat in huis.

Ik was achttien en studente, het leven lachte me toe. Hij heeft me besmet en hij moet het geweten hebben. Ik heb er na de diagnose al mijn bedpartners mee geconfronteerd. Hij was de enige die geen test wilde doen. Ik heb dat eerste jaar moeten dubbleren. De man in kwestie is al lang gestorven, voor mij was hij een moordenaar.

Het begon met vermoeidheid, de hele tijd, en gezwollen klieren in mijn hals. Uiteindelijk belandde ik in het ziekenhuis. Ik wist niets over hiv, het was 1985. Mijn moeder zat naast me in de wachtzaal, de dokter riep me alleen binnen. Ik zag de bui al hangen. Stel dat het aids is. Ik heb mijn moeder meteen binnengeroepen, ze moest het weten. Ik heb altijd een supersterke relatie gehad met mijn beide ouders. Het was onmogelijk dat ze het niet zouden weten. Zij hebben heel sterk gereageerd. *We zullen ertegen vechten*. Mijn moeder is een sterke vrouw, ze heeft nadien zelf borstkanker overwonnen. Mijn ouders zijn me blijven aanvaarden, ze zijn nog steeds mijn houvast. Als zij me hadden afgewezen, zat ik hier niet meer, zeker weten. Omgeving is ontzettend belangrijk.

Aids was toen een groot taboe. Mijn arts raadde me aan om erover te zwijgen, ik zou door iedereen worden uitgestoten. Dat begon al tijdens die paar weken in het ziekenhuis. Ik herinner me dat enkele stagiairs mijn kamer binnenkwamen, van top tot teen ingepakt, als ruimtevaarders. Ik dacht dat er een epidemie was. Ze kwamen gewoon bloed afnemen. Ik heb het advies van de dokter opgevolgd, ik vertelde het alleen als ik een relatie wou beginnen. De ander moest altijd weten waaraan hij zou beginnen. Hij kreeg de keuze, dat was mijn standpunt. Was het neen, dan had ik daar geen probleem mee. Iemands vrees kun je toch niet wegnemen. Ik voelde me geen slachtoffer, maar ik was minder veeleisend en kieskeurig geworden. Ik liet de anderen beslissen of het kon of niet.

In 1985 was hiv nog een doodvonnis. Ik heb me meteen voorgenomen om er niet aan te sterven. Ik geloof heel erg in geesteskracht, in de heilzame effecten van een positieve ingesteldheid. Misschien heb ik die vechtlust van mijn mama geërfd. In 1998 was ik door toxoplasmose zo ver heen, dat de dokter mijn ouders aanraadde om afscheid te nemen. Hij vroeg zich nadien af hoe ik er was uitgeraakt. Ik zei dat ik mentaal moe was geweest en de stekker een poos had willen uittrekken. Ik was deels verlamd, had abcessen op mijn hersenen en mijn ruggenmerg, kon niet praten, niet eten. Een maand later was ik al thuis, omdat ik dat wilde.

Ik heb de eerste dertien jaar zonder medicatie kunnen leven, dat heeft me enorm geholpen. Mijn virale lading was onzichtbaar, ik was niet ziek. Ik heb mijn studie afgemaakt, ging aan het werk, wisselde van jobs zoals elke gewone, gezonde mens. Niemand wist van mijn hiv. Ondanks het barslechte contact dat ik had met de dokter van de diagnose, ben ik hem dankbaar voor zijn advies. Het heeft me al die jaren beschermd, het heeft me ook anders doen denken over mezelf. Ik zag eruit als een gezond iemand, dus moest ik me ook zo gedragen. Dat heeft me mentaal geholpen. Ik aanvaard mijn toestand vandaag nog altijd niet, want aanvaarding is toelating, overgave.

Aids

Na die lange periode zonder medicatie ging het plots heel slecht. In 1998 stonden mijn CD4-cellen op zeven, ik had officieel aids. Voordien was ik nooit regelmatig opgevolgd, waarom zou het? Ik voelde me niet moe, ik kon alles. Opeens moest ik vijftien pillen per dag slikken, ik die altijd antimedicatie was geweest. Het was afschuwelijk: ik was doodmoe, misselijk, had diarree, hoofdpijn. Elke dag opnieuw die confrontatie, waardoor ik me nog zieker ging voelen. Dat waren ook geen pilletjes, dat waren echte kastanjes. Ik moest twee keer overgeven voor ik ze binnenkreeg. Er was geen alternatief. Tegen wil en dank ben ik ze vier jaar blijven nemen, dan ben ik gestopt. Spuugzat was ik het. Twee jaar later zat ik opnieuw in het aidsstadium, mijn eigen schuld.

Vandaag neem ik nog maar drie pillen per dag, net voor het slapen. Het blijft een dagelijkse uitdaging. De relatie met mijn nieuwe arts is uitstekend, ook al ben ik vaak met hem in de clinch gegaan. Hij zei: *U bent ziek*. Ik vond van niet. Hij wou een lumbaalpunctie, ik niet. Gelukkig heeft hij voldoende psychologisch inzicht om mij te aanvaarden zoals ik ben. Daarom accepteer ik nu mijn medicatie. Als alles goed blijft gaan, zijn het straks misschien maar twee pillen meer. Mijn nieuwe partner gaat altijd mee naar het ziekenhuis, hij werd door mijn arts uitstekend geïnformeerd over alle risico's. Die zijn sowieso beperkt, blijkbaar geef ik het virus niet door. Ik was meer dan vijftien jaar samen met mijn ex-man, alleen de eerste zes maanden hebben we met condoom gevreeën. Mijn nieuwe partner en ik hebben het condoom na drie maanden achterwege gelaten. Mijn arts zegt dat het besmettingsgevaar vooral bestaat als we zonder condoom zouden vrijen tijdens de menstruatie en bij anaal contact. Die risico's zoeken we niet op. Het vrijen zonder condoom neemt veel druk van de relatie weg. Mijn partner beweert altijd dat mijn ziekte hem niet zal tegenhouden om me graag te zien. Ik ben blij dat het zo kan, dat alles heel stabiel blijft. Eerst werd hij om de drie maanden gecontroleerd, nu om het half jaar, en hij heeft een recordaantal CD4-cellen. Bij mij is het alweer negen maanden geleden, mijn cellen blijven stijgen. Ik heb het geluk dat ik tweemaal abrupt ben gestopt met mijn medicatie. Daardoor heb ik geen resistentie opgebouwd, wat kan gebeuren als je slordig bent met je pillen.

Vivons cachés

Uiteraard heb ik mijn partner ingelicht toen ik voelde aankomen dat het iets kon worden. Ik vertelde het hem vlakaf, hij zei dat hij zoiets had vermoed. Ik viel van mijn stoel: was het dan aan mij te zien? Zelfs mijn beste vrienden wisten het niet. Hij legde uit dat hij mensen sterk aanvoelt, dat hij aan mij zag dat er iets ergs was. We hebben veel gepraat, hij wist redelijk veel over hiv. Buiten hem en mijn ouders is er haast niemand die het weet. Ik kan ze op één hand tellen: mijn dokter, mijn tandarts, mijn gynaecologe, mijn ex, die enkele relaties van vroeger voor mijn huwelijk. Er is een Frans spreekwoord. *Pour vivre heureux, vivons cachés.* Mijn schoonouders weten het niet, mijn beste vriendinnen weten het niet. Ik zie dat niet als bedrog: ik wil niemand opzadelen met extra kopzorgen. Mensen hebben al genoeg aan hun hoofd. Iedereen heeft een geheim tuintje nodig, dit is het onze. Natuurlijk speelt de maatschappelijke afwijzing hierin een rol. Mensen kunnen hard reageren, ik heb het vroeger ondervonden. Toen ik net mijn diagnose had gekregen, heb ik het verteld aan mijn beste vriendin op school. Zij reageerde heel begrijpend, maar haar partner niet. Hij verbood haar elk contact met mij, zodat we allebei gestraft werden. Had ik het niet verteld, dan was zij nog altijd mijn vriendin. Ik neem dat risico niet meer: een slechte reactie kan me een terugslag bezorgen.

De maatschappij is er niet klaar voor, je hoort nog zo veel lelijke uitspraken over aids. Een keer moest ik op mijn tanden bijten in mijn eigen familie. We waren op een familiefeest met mijn ex-schoonzus, een lerares met vier kinderen. *Haar kinderen zouden nooit aids kunnen krijgen, want ze waren geen homo's en geen junkies.* Ik heb me ingehouden, ben opgestaan en weggegaan. Die grenzeloze domheid: dit kan iedereen overkomen. De vroegere voorzitster van de CD&V deed ooit een mooie uitspraak naar aanleiding van haar borstkanker. Ze stelde zich niet de vraag *Waarom ik?*, maar *Waarom ik niet?*

Kinderen

Mijn kinderwens is nooit in vervulling gegaan. Ik had ooit een buitenbaarmoederlijke zwangerschap, het kind was niet leefbaar.

Met mijn ex-man wou ik liever geen kinderen, nu wel. Mijn arts heeft me moeten pushen, want ik had schrik om de baby te infecteren. Aangezien ik geen kind kan krijgen op natuurlijke wijze wegens een misvorming van de baarmoeder, hebben we het geprobeerd met ivf, maar we ondervonden tegenkanting van mijn gynaecologe. De behandeling wordt door het ziekenfonds terugbetaald tot de leeftijd van drieënveertig jaar. Zo oud ben ik nu. Begin vorig jaar maakten we onze wens kenbaar, ruim voor mijn verjaardag. Pas na verloop van tijd kwam ze voor de dag met een verplichte inenting tegen rodehond, waarna je drie maanden niet zwanger mag worden. Op die manier kwam ik niet langer in aanmerking voor terugbetaling. Ze had het ons veel vroeger kunnen melden. Ik weet niet waarom ze dat niet heeft gedaan. Ze kon toch vermoeden dat een vrouw van mijn leeftijd niet is ingeënt tegen rodehond? Ik probeer het spiritueel op te vatten, ik beschouw het als een teken dat het gewoon niet mag zijn. Op dat vlak ben ik eerder fatalistisch.

Alles zit volgens mij tussen de twee oren. Met een positieve ingesteldheid geef je de ziekte geen kans om de bovenhand te krijgen. Voor mij is het glas altijd halfvol. Ik leid door mijn werk een ongeregeld leven, ik eet niet altijd gezond, ik rook. Ik heb toxoplasmose, maar ik heb twee katten in huis. Het zou allemaal niet mogen, ik doe het toch. Anderzijds probeer ik meer en meer te letten op mijn gezondheid. Ik grijp sneller naar groenten en heb me voorgenomen om dit jaar te stoppen met roken. Ik raak er steeds meer van overtuigd dat ik mezelf kan genezen door de juiste ingesteldheid. Flauwekul? Ik geloof erin, het helpt me. De dokter zei me onlangs dat ik geen patiënt ben. Ik ga nog altijd vooruit, ik voel me niet ziek.

Onderschatting

Mensen die ziek zijn, hebben daar niet zelf om gevraagd. Dat mag nooit een reden zijn om hen te stigmatiseren. Nu hiv een chronische ziekte is geworden, loert het gevaar van onderschatting. Mensen denken dat het perfect beheersbaar is. In zekere zin is dat zo, maar de ene mens is de andere niet, niet iedereen gaat hier op dezelfde manier mee om. Je mag mensen niet aanzetten om alle voorzorgen overboord te gooien. Ik heb me nooit laten tegenhouden door de ziekte, maar het is ook voor mij geen lachertje. Vandaag heb ik niet langer veel last van de pillen, af en toe een misselijk gevoel. Ik heb ook aan kracht ingeboet en ik ben vermagerd. Dat zijn enkele neveneffecten, verlies van spiermassa en vetverplaatsing. Het belemmert me nauwelijks in mijn job. Ik maak lange dagen, maar kom met de glimlach thuis. Ik heb alleen wat meer tijd nodig om te recupereren. Dat gaat me niet elke dag even gemakkelijk af, iedereen heeft weleens een dipje.

Een van de dingen waar ik het moeilijk mee heb, is de vrees om iemand anders te besmetten. Ik wil niet de oorzaak van een ander zijn ellende zijn, dat zou ik mezelf nooit kunnen vergeven. In mijn portefeuille zit een briefje met de melding dat ik hiv heb, voor als er iets gebeurt. Als ik ooit een ongeval heb, kan ik alleen maar hopen dat ik bij bewustzijn ben. Schrik om mijn partner te besmetten heb ik niet, hoe raar het ook klinkt. Misschien laten we te veel aan het toeval over, het is een kwestie van overtuiging. Volgens mij zal ik hem nooit besmetten, omdat ik hem veel te graag zie.

Ik heb nu vijfentwintig jaar hiv, en al met al leid ik een gewoon leven. Tussen mijn oren ben ik gezond, alleen mijn bloed is een beetje raar. Eigenlijk is mijn leven in positieve zin veranderd, mijn geesteskracht is nog sterker geworden. Ik heb mijn ziekte altijd als een voordeel willen zien. Positief zijn maakt het leven zoveel aangenamer. Een medische oorzaak kun je niet wegnemen, maar je kunt wel de manier bepalen waarop je ermee omgaat. Ik geloof sterk dat ik zelf verantwoordelijk ben voor mijn leven. Je moet je toekomst in eigen handen nemen, blijven piekeren over het verleden lost niets op. Ik ben erg spiritueel, ik geloof dat je aantrekt wat je denkt. Ik vind veel steun in boeken als *The Secret* van Rhonda Byrne, dat is mijn therapie. En natuurlijk ben ik gezegend met de steun van mijn ouders en mijn partner.

Er zullen altijd domme mensen zijn. Misschien komt er een tijd waarin mensen zoals ik openlijk over hun ziekte kunnen praten. We hebben nog een lange weg te gaan. Mensen aanvaarden zo moeilijk dat bepaalde mensen anders zijn. Als je ziet hoe sommigen nog over homo's denken... Dat is nog een voordeel van mijn ziekte: ik aanvaard mensen makkelijker. Ik oordeel minder snel en probeer me te verplaatsen in anderen.

De poort naar de eeuwigheid, dat is nog zo'n boek. Het heeft me geholpen in verband met de dood. Nadat ik het las, had ik een droom waarin alles wit was, opbollende lakens en zo. Volgens het boek wil dat zeggen dat ik in het reine ben met de dood. Zo voel ik het ook, ik heb het allemaal een plaats gegeven. Na een superboeiend leven ga ik sterven rond mijn vijfentachtigste met mijn man naast mij. Ik zal eerst reizen, creëren, dingen realiseren en mensen ontmoeten. Zo zie ik het leven. Niet omdat ik hiv heb: iedereen zou zo moeten leven.

HOOFDSTUK 3

FAMILIE

'**DAAR LAG IK IN DAT ZIEKENHUISBED.** *Ik was opgenomen voor een kleine operatie aan de amandelen. Routine, was me verteld. Maar mijn leven zou nooit nog routineus worden. De dokter had me net verteld dat ik hiv had. Ik was totaal verdoofd, hoewel de anesthesist zijn werk nog niet had gedaan. Ik had mijn vrienden op het hart gedrukt dat ze me niet moesten komen bezoeken. Het was de moeite niet. Het was maar voor een dag. Hoe had ik kunnen weten dat het voor de rest van mijn leven zou zijn? Maar mijn moeder ging komen en ik wou het haar niet vertellen, nog niet. Zo naïef was ik. Dat was het eerste wat ik de dokter vroeg.* Zeg het niet tegen mijn mama.'

Hoe vertel je je naasten dat je hiv hebt? Wanneer breng je het nieuws aan je ouders? Op welke manier formuleer je het voor je kinderen? Er zijn geen gebruiksklare handleidingen om te vertellen dat je seropositief bent. Er zijn evenveel ervaringen als er mensen en karakters zijn. Wanneer het verdict hiv luidt, worden normale reacties uitvergroot. Wie het hart op de tong heeft, zoals Thierry, zal sneller gevolg geven aan zijn impulsen. Wie gewoon is alles op te kroppen, zal nog meer die neiging voelen. Eén ding staat vast: de morele steun van familieleden en vrienden valt moeilijk te overschatten.

Seropositiviteit is een van de laatste taboes in onze maatschappij, waarin verder zowat alles bespreekbaar en aanvaardbaar is geworden. Hiv is bekend, maar blijft in grote mate onbekend. Ondanks alle informatievoorziening en media-aandacht is hiv voor velen van ons wat een zonsverduistering voor middeleeuwers moet zijn geweest. Er wordt over gepraat en geoordeeld, maar niemand weet er het fijne van. Het is een thema dat tegelijkertijd aantrekt en afstoot, zoals alles wat met liefde en dood te maken heeft. We weten dat het bestaat, maar eigenlijk willen we het niet weten. Het is ver van ons bed, voor en na. Het komt alleen bij homo's voor. Het zijn allemaal marginalen en druggebruikers. Het is een probleem van prostituees. Het doet zich niet voor in ons milieu. Net als die middeleeuwers zijn we ziende blind, en draaien we onszelf een rad voor de ogen. Als je weet dat naar schatting vijftienduizend Belgen hiv hebben, betekent dit dat één op zevenhonderd landgenoten erdoor is getroffen. Dat zijn wel degelijk gewone mensen met heel normale levens. Belangrijker is dat hiv hun leven niet noodzakelijk minder normaal hoeft te maken. Ook dat is een wijdverspreid misverstand. In de publieke opinie wordt niet altijd het onderscheid gemaakt tussen aids en hiv. Er heerst veel onwetendheid, onder meer over het feit dat mensen die geïnfecteerd zijn met hiv geen enkel risico vormen in de normale werk- en levenssfeer. We kunnen niet genoeg herhalen dat hiv enkel wordt overgedragen door onveilig seksueel verkeer, door bloed-bloedcontact of van moeder op kind. Hardnekkige vooroordelen blijken moeilijk uit te bannen. In onze gemediatiseerde maatschappij, waar seks nooit verder dan een muisklik weg is, blijken veel jongeren nog steeds onthutsend slecht voorgelicht op seksueel vlak. Hoe zou het dan anders zijn met hiv?

Het is bijgevolg niet verwonderlijk dat mensen ertegenop zien om te vertellen dat ze hiv hebben. Ze worden overspoeld door een dubbele dijkbreuk. Eerst moeten ze het nieuws zelf verwerken, dan moeten ze de confrontatie met hun omgeving aangaan. Schaamte en beschuldigende vingers zijn hun deel, naast de angst voor afwijzing, onuitgesproken veroordeling, sociale uitstoting, discriminatie op het werk, soms zelfs onverholen afkeer. Je moet sterk in je schoenen staan, wil je deze storm trotseren. Of je moet zoals Thierry kunnen terugvallen op begripvolle familieleden.

'Om zes uur 's avonds kwam mijn mama binnen, stipt bij het begin van het bezoekuur. Ik had me manmoedig voorgenomen om in alle talen te zwijgen. Ze had nog geen twee stappen in mijn kamer gezet, of ik flapte het eruit. *Mama, ik heb hiv*. En ik begon te huilen. Mijn keel zat helemaal dicht, niet van die operatie, maar van emotie. Mijn mama heeft mijn hand vastgepakt en is beginnen te huilen. Ze heeft niet veel gezegd, maar het feit dat ze er gewoonweg was, betekende ontzettend veel voor mij. Mijn intuïtie had me niet bedrogen. Het meteen vertellen was het beste wat ik had kunnen doen. Ik kon alle steun gebruiken, de diagnose is zo hard. Je kunt je niet voorstellen hoe het is om dat te horen zeggen. Ik dacht dat ik ging sterven. Ik was niet op de hoogte. Ik wist wel wat veilig vrijen was. Ik wist dat ik voorzichtig moest zijn omdat ik tot een risicogroep behoorde. Ik heb inmiddels wel geleerd dat hiv niet kijkt naar seksuele geaardheid, kleur of geslacht. Hiv kijkt naar niets. Maar als je homo bent, heb je statistisch meer kans om in aanraking te komen met hiv. Op dat moment wisten mijn mama en ik volstrekt niet wat er zou gebeuren. We hadden ooit samen naar *Philadelphia* gekeken. Ik vind het een knappe film die het tijdsbeeld heel treffend weet te schetsen, maar ik vreesde dat mij hetzelfde te wachten stond. Aftakelen en sterven. Mijn mama was er ook van overtuigd. Een van de eerste dingen die ze me vroeg, was wat ik nog graag wilde doen. Hoe ze me gelukkig kon maken. Ik wilde nog eens samen op reis gaan. Anderhalve maand later zaten we al in Amsterdam. Die avond in het ziekenhuis dacht ik dat mijn wereld instortte, letterlijk. Ik had een kamer op de vijfde verdieping, maar toen de dokter me inlichtte, was het alsof ik plots op de begane grond lag. Ik wist niet wat mij overkwam. Ik bleef ogenschijnlijk heel kalm, maar vanbinnen stortte ik in elkaar. Er ging van alles door mijn hoofd. Aan zelfmoord heb ik nooit gedacht, maar euthanasie kwam als een van de eerste dingen in me op. Ik gaf mezelf nog twee jaar. Mijn mama dacht het ook die avond, dat ze mij zou moeten afgeven. Maar ze was daar, en dat betekende op dat moment de wereld voor mij.'

Thierry was Thierry

Op het moeilijkste moment in zijn leven kon Thierry terugvallen op zijn moeder. Thierry's relatie met zijn mama is altijd warm en openhartig geweest. Die hechte band is ongetwijfeld richtinggevend geweest in zijn leven. Thierry voelde zich gewaardeerd en gesteund in alles wat hij ondernam. Familie blijkt ontzettend belangrijk voor hem.

'Ik ben opgegroeid in een heel warme omgeving, en ik heb voor mezelf eigenlijk ook zo'n omgeving gecreëerd. Ik heb wel geen broers of zussen, maar ik beschouw mijn beste vrienden en vriendinnen als familie. Ik heb ook een petekind met een heel fijne familie. Ja, dat familiegevoel is essentieel voor mij, ook al was ik enig kind. Of misschien net daarom. Mijn moeder is een heel belangrijke figuur in mijn leven. Wij zijn heel veel samen geweest en ik heb altijd een enorm goed contact met haar gehad. Met mijn vader kan ik het wel vinden, maar wij zijn niet zo close. Mijn ouders zijn gescheiden toen ik veertien was. Gelukkig gescheiden, zou je kunnen zeggen, zonder trauma's of wat dan ook. Ik bleef dus alleen met mijn moeder. Ik heb altijd het gevoel gehad dat zij mij heel goed begreep. Dat is nog steeds zo. Ik kan nagenoeg alles tegen haar zeggen. Ze heeft mij ook altijd genomen voor wie ik ben. Ze gaf uiteraard haar mening, maar ze liet me vrij. Thierry was Thierry. Dus ik mocht veel, ook van mijn vader trouwens. Ik kan zeggen dat ik een heel goede kindertijd heb gehad. Ik ben heel open opgevoed met heel veel ruimte voor dialoog. Ik kreeg altijd alle steun van mijn ouders.'

Het zit in onze genen dat we bijzondere momenten in ons leven willen beleven met vrienden en familieleden. Goed nieuws lijkt nog beter te worden als we het kunnen delen met anderen. Sterke emoties lijken nog intenser te worden. Een romantisch huwelijksaanzoek, de geboorte van het eerste kleinkind, een onverhoopt goed schoolrapport, een sportieve overwinning... Ook moeilijke, aangrijpende gebeurtenissen willen we met anderen doormaken. Gedeelde smart is halve smart, wil het gezegde. Het is een ritueel dat sinds mensenheugenis bestaat. Niet toevallig, want het wapent ons tegen een te sterk verdriet. Het verhindert dat we onze last alleen moeten dragen en daaraan ten onder gaan. Wie op moeilijke momenten terechtkan bij zijn familie, staat een stuk sterker in het leven. Zoals Thierry meermaals mocht ondervinden, onder meer toen hij zich outte als homo.

'Ik merkte al vrij vroeg dat ik anders was. Je kunt dat als kind niet benoemen, maar vanaf de puberteit ben je daar toch meer mee bezig. Het was verwarrend, ik ben toen een paar keer heel verliefd geweest op meisjes. Op mijn veertiende had ik zelfs een echt vriendinnetje. Ik was verliefd tot over mijn oren. Het was voor ons allebei een ontdekkingsreis. Zij had nog nooit iemand gehad en ik ook niet. We leerden elkaar zoetjesaan kennen op geestelijk en lichamelijk vlak. Ik had zoiets van: *Yes, ik ben geen homo*. Want ik worstelde daar voortdurend mee. Ik dacht veel aan jongens, maar dat kon toch niet, dat was fout. Dat meisje bracht dus even soelaas, maar het was al snel weer gedaan. Ik bleef in de knoop liggen met mijn gevoelens tot mijn negentiende. Toen ben ik in mijn eentje naar Parijs getrokken. Ik leerde er een Amerikaan kennen en hij werd mijn eerste vriend. Plots was alles duidelijker. Dit was wat ik wou. Toch heeft het nog twee jaar geduurd voor ik er helemaal in het reine mee was. Wat me enorm heeft geholpen, was de reactie van mijn directe omgeving. Mijn ouders waren gewoonweg geweldig. Ik herinner mij nog levendig het moment waarop ik het mijn moeder vertelde. Dat was natuurlijk niet simpel voor haar, maar ze zei meteen dat ze het al langer had geweten. Kijk, dat kenmerkt mijn leven helemaal. Ik ben nu tweeenveertig en ik heb altijd dat gevoel van acceptatie gehad. Erkenning van wie ik ben. *Kom er maar bij, Thierry, wij nemen je zoals je bent*.'

Thierry's mama herinnert zich het moment als de dag van gisteren. 'Ik had al heel vroeg gezien dat Thierry anders was. Laat ik het zo zeggen: ik kreeg hem niet aan het voetballen. Sport heeft hem nooit geïnteresseerd. Ik wou het voor mezelf niet bekennen, maar ik voelde dat er iets was. Toen met dat meisje dacht ik dat ik het verkeerd had gezien, maar dat bleek dus niet zo te zijn. Thierry vermoedde op een bepaald moment dat ik het wist, en daarom heeft hij het op een heel directe manier verteld. Het was er ineens uit. Ik moest toch wel even slikken, want je staat voor een voldongen feit. Ik besefte dat hij misschien geen gemakkelijk leven zou hebben. Hij zou geen kinderen krijgen, zou hij wel werk vinden? Vandaag is het natuurlijk anders, maar twintig jaar geleden... Ik vreesde dat hij zou afzien, ik wist dat hij gekwetst zou worden, ik bezwoer hem voorzichtig te zijn. Nu ja, er was toch niets aan te doen. Het was onomkeerbaar en dus moesten we er het beste van maken, vond ik. Tot hiertoe zijn we er nog altijd het beste van aan het maken.'

De outing van haar zoon was niets vergeleken met de klap die ze vijftien jaar later moest incasseren. Het moment waarop ze te horen kreeg dat haar zoon was geïnfecteerd met het hiv-virus. 'Ik wist wel van aids en hiv, maar ik stond er niet bij stil. Het gebeurt boven en beneden, het gebeurt links en rechts, maar het gebeurt niet bij mij. Zo gaat dat toch? De dingen overkomen altijd iemand anders. Niet dus. Het was begonnen met die keelontsteking. Dat komt bij ons in de familie wel meer voor. Het bleef maar duren en toen moesten zijn amandelen eruit. Maar daar gingen we toch geen drama van maken. Tot ik die avond op bezoek kwam en dat nieuws te horen kreeg. Tja, het was alsof het dak van dat ziekenhuis op mijn hoofd terechtkwam. Ik werd totaal koud vanbinnen. Ik wist niet wat ik moest zeggen. Ik dacht dat ik mijn kind zou moeten begraven, en dat is iets wat je als moeder gewoonweg niet kunt accepteren. Maar daar lag mijn eigen jongen met al zijn ellende. Op zo'n moment laat je je eigen problemen achterwege en doe je wat je kunt.'

Familiale afwijzing

Niet iedereen kan op evenveel begrip rekenen in zijn naaste omgeving. Velen krijgen te maken met ondubbelzinnige afwijzing of zien hun vertrouwen misbruikt, ook door hun eigen ouders. Frankie kon na de diagnose alle steun gebruiken. Tegen beter weten in nam hij het initiatief om over zijn status te praten met zijn ouders, ondanks een bijzonder negatieve ervaring twintig jaar eerder.

'Ik zie niemand meer van mijn familie, en dat is de tweede keer in mijn leven. Ik ben teleurgesteld in mijn ouders. Ik ben teleurgesteld in mijn hele familie, trouwens. Ik wou het op mijn eigen ritme aan bepaalde mensen laten weten. Ik heb toen in vertrouwen aan mijn ouders verteld dat ik seropositief was, en nog geen week later hadden ze dat doorverteld aan alle broers, zussen, neven en nichten. Een neef kwam me zelfs als een heuse ramptoerist bekijken in de winkel. Dat was er voor mij te veel aan. Ik had echt gedacht dat ik dit in het volste vertrouwen kwijt kon aan mijn ouders. Niet dat andere mensen het niet mochten weten, maar ik wou het zelf kunnen meedelen. Ik heb het ook pas later aan mijn dochter verteld. Ik wou er helemaal klaar voor zijn, ik wou eerst en vooral weten hoe mijn medische situatie in elkaar zat. Ik wist niet veel over hiv en ik wou er echt mee wachten. Maar ik vreesde dat mijn ouders het nieuws aan mijn dochter zouden brengen als ik het niet gauw zou doen. Ze hadden het tenslotte al verteld aan mijn broers en zussen. Ik wou absoluut dat mijn dochter het van mijzelf hoorde, en ik heb haar toen gebeld om langs te komen. Ik voelde me echt onder druk gezet door mijn ouders. Uitkomen voor mijn seropositiviteit was een trauma op zich, maar al die problemen met de familie erbovenop, dat was er te veel aan. Ik voelde alleen maar onmacht. Ik had geen energie meer om alle discussies te voeren en mezelf te verdedigen. Ik heb toen voor mezelf uitgemaakt: ik ben Frankie en ik heb hiv. Zo ben ik en zo blijf ik. Ik heb me nadien dikwijls afgevraagd hoe het in godsnaam mogelijk is om je kinderen zo te behandelen. Ik had evengoed darmkanker kunnen hebben of een andere levensbedreigende ziekte. Zou mijn moeder me dan ook hebben laten vallen? Ik had steun nodig, en in plaats van steun kreeg ik het ene probleem na het andere. Ik probeerde mijn ziekte te aanvaarden, en ik kreeg parallel daaraan zoveel andere dingen die op me afkwamen. Ik moest proberen mijn sociale status in orde te maken, ik moest naar een kleinere woning verhuizen, ik moest vennootschappen stilleggen. Ik kon er echt niet nog eens de problemen met de familie bijnemen.'

Twintig jaar eerder had Frankie het al eens meegemaakt toen hij zich outte als homo. Zijn openheid tegenover zijn ouders kwam als een boemerang terug in zijn gezicht. 'Ik was in die tijd nog gehuwd en ik had al een tijdje een relatie met iemand in het buitenland. Toen die relatie was afgesprongen, heb ik een jongen in België leren kennen. Op dat moment is de klik er bij mij gekomen. *Met die jongen wil ik samen zijn.* Ik heb het toen aan mijn ouders verteld, en die reageerden door mij meteen naar de huisdokter en een psychiater te sturen. Die zouden mij wel genezen. Ik had het geluk bij een psychiater terecht te komen die mij op het hart drukte dat er niets mis was met mij. Ze zei bij wijze van boutade dat ik beter mijn ouders bij haar langs zou sturen. Ik had het misschien beter gedaan, want de periode nadien is zeer traumatisch geweest. De outing zelf was niet het moeilijkste, want er vielen tonnen gewicht van mijn schouders. De ijskoude reactie van mijn ouders was er te veel aan. Een paar dagen later belde mijn moeder mij om te zeggen dat ik het best niet meer thuiskwam, want mijn vader en mijn broer konden daar niet mee om. Lees: met mijn homoseksualiteit. Dat zinnetje is mij mijn hele leven bijgebleven. Tot op vandaag. Sinds mijn hiv-diagnose is dat allemaal weer op de voorgrond getreden. Tegen beter weten in heb ik me opnieuw open en kwetsbaar opgesteld. Het was alsof ik twintig jaar terug in de tijd werd gekatapulteerd. En dat kon ik echt niet meer aan. Niet nog een keer.'

Wie Frankies ervaringen hoort, begrijpt waarom velen aarzelen om anderen in vertrouwen te nemen. De vrees voor afwijzing is diepgeworteld. Als mensen ook nog eens toegeven aan schaamtegevoelens en gebukt gaan onder een negatief zelfbeeld, kruipen ze helemaal in hun schulp. 'Ik wil met mijn verhaal duidelijk maken dat jongens die homoseksueel zijn en seropositief worden twee keer een trauma beleven. Voor de tweede keer moet je dat moeilijke proces doormaken, krijg je te maken met een loodzwaar geheim dat op je hart drukt en dat je helemaal dreigt te versmachten. Die tweede keer is vaak de keer te veel.'

Voor die mensen is vertellen niet langer een optie. Niet ten onrechte, want ze worden niet allemaal even begripvol opgevangen als Thierry. Toch blijft de nood om hun hart te luchten even groot. Hiv is een last die je niet alleen kunt dragen. Heel wat mensen blijven na de diagnose langdurig schipperen tussen vertellen en niet vertellen. Er zijn zo veel redenen te vinden om het niet te doen. De ene wil geen maatschappelijke paria worden, de ander heeft angst om zijn dierbaren pijn te doen. Die vrees was de reden waarom Liesbeth het nieuws van haar infectie zo laat vertelde aan haar familie.

'Ik was niet bang om te zeggen dat ik besmet was, maar ik had schrik dat zij zich zeer slecht zouden voelen. Ik ken mijn ouders en mijn zus. Ik dacht dat de wereld op hun hoofd zou vallen als ik zou vertellen dat ik aids had. In die tijd bood de diagnose nog niks van hoop of perspectief. Hoe kun je dan zoiets vertellen? Ik heb er erg lang mee gewacht. Toen ik het uiteindelijk toch deed, werd mijn vrees bewaarheid. Ze werden er enorm verdrietig van. Mijn vader is gewoon dichtgeklapt. We hebben er nadien nooit meer over gesproken. Met mijn moeder en mijn zus deed ik dat wel. Maar zij vonden het allemaal eigenlijk nog veel erger dan ikzelf. En dat vond ik dan op mijn beurt weer zo erg.'

Liesbeth kan heel goed begrijpen waarom sommige mensen uiteindelijk besluiten om hun status voor zich te houden. 'Gewoon omdat ze niemand pijn willen doen. Ik ken verschillende mensen die het nooit aan hun familie hebben verteld. Ik snap dat wel. Waarom moet je het vertellen aan ouders die er zelf aan ten onder zouden gaan? Als ik daarvan overtuigd was geweest, had ik het ook niet gedaan. Er is een verschil tussen niet willen en niet durven. En je moet ook het onderscheid maken tussen mensen die het wel en niet hoeven te weten. Ik ga ook niet bij de bakker roepen: *Hallo, ik heb aids!* Als het niet nodig is, dan zeg je het ook niet. Binnen een vriendschappelijke of familiale vertrouwensrelatie vind ik dat mensen het moeten weten. Al was het alleen al vanwege het besmettingsgevaar. Maar misschien heb ik het wel te gemakkelijk gehad. Ik heb over het algemeen weinig moeite gehad om me te outen, buiten die lange aarzeling met mijn ouders.'

Terug naar Oeganda

Ook het dilemma van de Belgisch-Oegandese Helen was in dat verband typerend. De drang om het te vertellen streed negen jaar lang met haar vrees om haar ouders pijn te doen. In haar thuisland houden hiv en aids naast de bekende maatschappelijke vooroordelen ook een onafwendbare fataliteit in. Het hiv-virus heeft er in de voorbije twee decennia een ravage aangericht, zoals in de meeste landen van zwart Afrika, waar de levensverwachting soms is teruggevallen tot het niveau van het einde van de negentiende eeuw. Volgens cijfers van UNAIDS voor 2009 waren er in Oeganda 1,2 miljoen mensen besmet met het virus en waren er evenveel aidswezen. Hiv-remmers zijn minder beschikbaar dan bij ons en zijn vaak te duur. Het maakte Helens gewetensnood alleen maar erger.

'In Afrika is hiv een doodstraf. Ik vreesde dat mijn ouders een hartinfarct zouden krijgen als ik het zou vertellen. Mijn ouders zijn fantastische mensen, maar ze wonen in een klein dorp. Ze zijn niet hooggeschoold. Mijn moeder is lerares van opleiding, maar ze heeft dat beroep nooit uitgeoefend. Mijn vader heeft slechts het derde jaar van de basisschool afgemaakt. In Afrika worden aids en hiv met andere ogen bekeken, letterlijk. Zeker negen jaar geleden, toen ik mijn diagnose kreeg. Als iemand in België er ziekjes of erg mager uitziet, stelt niemand zich vragen. In Oeganda wordt er meteen gedacht aan malaria of hiv. De kansen om aan aids te overlijden zijn er zoveel groter dan hier. Bijna iedere familie kent wel een overlijden dat aan aids toe te schrijven is. Mensen denken dus meteen het ergste. Ze vragen zich onmiddellijk af wat er gaat gebeuren met de kinderen of met de partner. Ze zien hiv als iets onherroepelijks. De situatie is vandaag beter dan vroeger, maar in dorpen waar mensen moeilijk aan medicatie raken, gaat het nog steeds zo. In die context wordt mijn aarzeling wellicht begrijpelijker.'

Helen heeft negen jaar gewacht om haar ouders op de hoogte te brengen van haar toestand. Voor iemand die op zo veel andere terreinen recht door zee gaat, lijkt dat onmogelijk lang. Maar Helen weet zich perfect te verantwoorden. 'Ik vind dat het hier niet gaat over al dan niet eerlijk zijn. Ik heb het bijvoorbeeld wel meteen laten weten aan mijn broers en zussen. Samen met hen heb ik beslist om mijn ouders in het ongewisse te laten. Volgens onze evaluatie was dat de beste optie. Wij houden van onze ouders en zij houden immens veel van ons. Het nieuws zou hen kapot hebben gemaakt. Ik heb hen dus verteld dat ik wegens de problemen met mijn voet in België ben gebleven. Ze weten dat ik in dit land een toekomst wil opbouwen.'

De ommekeer kwam er in de slipstream van het televisieprogramma *HIV+*. In het kader van Helens deelname waren er opnames gepland in haar thuisland. Dit was voor haar het sein om ook haar ouders eindelijk in te lichten. 'Ik besefte dat de hele wereld straks zou weten dat ik seropositief was, maar mijn ouders niet. Dat kon niet. Ik heb mijn vader gebeld met de boodschap dat ik iets persoonlijks moest zeggen. Dat de Belgische televisie een documentaire draaide over mijn levensverhaal. Hij wilde weten waar het dan precies over zou gaan. Ik zei eerst dat het over integratie ging en hoe het is om je in te burgeren in een ander land. Toen heb ik het eruit gesmeten. *Ok, ik ben seropositief.* Daar volgde meteen een pak vragen op: wanneer, wat, waar? Zoals iedere ouder zou reageren. Ik heb alles verteld. Hij vroeg natuurlijk waarom ik het nooit eerder had verteld. *Wij zijn toch je ouders?* Ook dat heb ik uitgelegd. Ik heb hem duidelijk gemaakt dat ik in België de beste behandeling krijg. Dat ik lang zal leven, als ik mijn medicatie neem.'

Helen is uiteindelijk zeer opgelucht dat ze het heeft verteld. De reactie van haar ouders deed haar deugd. Ze werd met open armen ontvangen en er was volstrekt geen veroordeling. Dat had ze ook niet verwacht. Haar vrees dat haar ouders het nieuws niet zouden aankunnen, bleek onterecht. Ze had hun veerkracht onderschat. De ouders vinden het vooral belangrijk dat ze de gepaste medische verzorging krijgt. In Oeganda is medicatie vaak duur en moeilijk verkrijgbaar. Haar vader heeft veel vertrouwen in Helens nieuwe thuisland.

'Ik denk dat ze voorgoed in België zal blijven. Ze zegt dat ze er al veel vrienden heeft. Toen ik een keer op bezoek was, kon ik zelf zien hoe goed de ziekenhuizen er zijn. De behandeling van hiv is er optimaal. Hier is dat niet mogelijk. Het is beter dat ze hier niet blijft. Hier zijn veel hiv- en aidsgevallen. Ze zeggen dat er in Oeganda anderhalf miljoen zijn. Ik heb een familielid aan aids verloren. Ik heb vrienden die hun kinderen, hun vrouwen verloren. Er zijn al zo veel mensen gestorven die ik ken. Wij hebben twee grote kwalen hier, malaria en hiv. Ze zeggen dat er geen goede medicamenten zijn. Wat kun je dan doen? Afwachten. Als de banden van je auto kapot zijn en je hebt geen reservewiel, moet je wachten. Daarom ben ik zo blij dat mijn dochter in België is.'

Helen sluit zich daarbij aan. Hoe emotioneel en deugddoend het weerzien met haar familie ook was, haar toekomst ligt in België. Niet alleen vanwege haar positieve status en de betere verzorging. 'Ik heb een leven opgebouwd in België. Dit is nu mijn land. Hier wil ik mijn toekomst opbouwen. Mijn zus zei me dat ik zo veel had opgegeven door uit Oeganda weg te gaan. Mijn werk, mijn kind, mijn familie. Maar ik vind dat ik niets heb opgegeven. Hoelang had ik in Oeganda kunnen blijven zonder de zekerheid van permanent beschikbare medicatie? Het is voor mij echt een keuze tussen overleven of kort leven met mijn ouders, mijn zussen en de mensen met wie ik ben opgegroeid.'

Een nieuwe familie

Johan Cruijff, de beroemde Nederlandse ex-voetballer, verkondigde ooit dat elk nadeel zijn voordeel heeft. Dat mocht ook Kenny ondervinden, toen hij na de keiharde diagnose moest terugvallen op zijn familie. Een familie die al lang uiteen was gevallen.

'Mijn ouders zijn redelijk snel uit elkaar gegaan, eigenlijk kort nadat mijn broer en ik zijn geboren. Ik ben in mijn kindertijd heel vaak opgevangen door mijn grootouders. Er waren regelmatig wrijvingen in de familie. Laat ik het zo zeggen: niet alle familieleden konden even goed met elkaar overweg. Ik ben tot mijn zeventiende bij mijn moeder blijven wonen. Na een ruzie ben ik ingetrokken bij mijn grootouders. Ik heb toen een hele periode geen contact meer gehad met mijn moeder. En ook nadien waren er maar zeer sporadisch contacten. Met mijn vader en mijn stiefmoeder heb ik altijd een goede band gehouden. Vandaag is de relatie met mijn moeder gelukkig weer beter.'

Toen Kenny op eenentwintigjarige leeftijd te horen kreeg dat hij hiv had, woonde hij bij zijn grootouders. Het was voor hem de logica zelve dat hij het nieuws eerst aan zijn grootmoeder zou vertellen. 'Ik ben in de auto gestapt en op weg naar mijn grootouders heb ik slechts even een traan gelaten. Ik besefte het allemaal nog niet goed. Thuis zag mijn grootmoeder meteen dat er iets was. Ze wist dat ik al enkele onderzoeken had ondergaan. Ik heb haar gevraagd om te gaan zitten en heb haar gezegd dat ik seropositief was. *Ik heb een virus in mij dat aids veroorzaakt, ik weet niet of je er al over gehoord hebt*. Want mijn oma is van een heel andere generatie. Ik heb haar meteen op het hart gedrukt dat er goede medicatie bestond. Ze geloofde me maar half. Ze dacht dat ik haar op een of andere manier wilde geruststellen. Mijn dokter had me verzekerd dat ik altijd een afspraak mocht maken met mensen die nood hadden aan een gesprek. Ik ben dan met mijn oma naar hem toe gegaan, zodat ze het echt uit zijn mond kon horen. Dat is heel positief geweest voor haar en mij. Mijn grootmoeder heeft me altijd genomen zoals ik ben. Ze zei letterlijk: *Jij bent mijn kleinzoon, ik ga je nu niet laten vallen.* Ik heb het jammer genoeg niet kunnen vertellen aan mijn grootvader. Hij was hartpatiënt en hij is niet lang nadien overleden. Enerzijds heb ik er wel spijt van dat hij het nooit heeft geweten, anderzijds hebben we het nog heel fijn gehad in de tijd die ons samen nog restte.'

Zo ontroerend de reactie van zijn oma was, zo meedogenloos was de houding van sommige andere familieleden. Een deel van de familie mijdt Kenny tot de dag van vandaag. De slechtste reactie kwam van zijn eigen moeder, die er niets mee te maken wilde hebben. Kenny was er zwaar door geschokt, maar vond zich later tot zijn verbazing opgenomen in de schoot van een nieuwe familie.

'Ik was toen nog maar kort samen met mijn nieuwe partner en we moesten op een avond gaan eten bij haar broer. Bleek dat zowat haar hele familie daar was. Ze wisten van haar al dat ik kon goochelen en optrad als clown. De kinderen vonden dat te gek. Enfin: het was allemaal heel gezellig, en in die sfeer hebben we het spontaan verteld. Die mensen waren geweldig. Ze waren heel geïnteresseerd en ze wilden er van alles over weten. Ze hebben mij gewoon aanvaard alsof het niets was.'

Alsof het niets was. Kenny laat het heel natuurlijk en gewoon klinken. Maar gewoon is het nooit. 'Ik had het niet zo moeilijk met het vertellen op zich: ik vond het erger dat sommige mensen zoiets niet aanvaarden. In mijn directe omgeving viel dat mee, bij mijn grootmoeder en vrienden en kennissen die op dat moment heel dicht bij mij stonden. Maar ik ken ook lotgenoten die plots niet meer binnen mochten bij hun ouders. Vriendschappen van jaren die plots werden verbroken.'

We hebben allemaal weleens een nachtmerrie gehad waarin we met een barslecht schoolrapport naar huis moesten. Lood in de schoenen, brandend maagzuur, tromgeroffel voor een circusact in je borstkas. Doe dat gevoel maal honderd, en je komt in de buurt van de beklemming die iemand met hiv moet voelen. Het mag geen verwondering wekken dat sommigen er nooit toe komen zich te outen. Of dat velen de kat uit de boom kijken. Wie openhartig is, ziet zijn vertrouwen vaak beschaamd. Getuigen vertellen dat mensen in een eerste reactie soms begripvol reageren. Gaandeweg zoeken ze steeds minder contact, en uiteindelijk worden alle banden verbroken. Mede om die redenen moet hiv uit het maatschappelijke verdomhoekje worden gehaald en bespreekbaarder worden. Om de onwetendheid, de discriminatie en de ongegronde angst weg te nemen. Om psychologische en praktische noden te lenigen. Zodat seropositieve mensen makkelijker kunnen terugvallen op de steun van partners en ex-partners, ouders, kinderen, familieleden, vrienden en collega's.

VERTELLEN OF NIET? ENKELE TIPS

Ga eerst na aan wie je wilt vertellen dat je hiv hebt: partners, ouders, familie, vrienden, collega's, baas, huisarts, tandarts, buren... Waarom wil je precies dat zij het weten? Probeer in te schatten wat dit zal betekenen voor je relatie met hen.

Begin met iemand die je volledig kunt vertrouwen, iemand op wiens steun en stilzwijgen je kunt rekenen. Dit zal je het nodige zelfvertrouwen geven om het nadien aan anderen te laten weten. Vraag om discretie als je het nieuws persoonlijk wilt brengen aan de mensen rondom jou.

Neem je tijd en kies een geschikt moment. Dit is niet iets wat je zomaar even tussendoor kunt doen. Het is belangrijk om gunstige omstandigheden te creëren voor het gesprek. Gun jezelf en je toehoorders de tijd. Bedenk dat ook zij een schok te verwerken krijgen.

Bereid je goed voor. Denk op voorhand na over wat je gaat zeggen en hoe je het gaat zeggen. Stel de mensen gerust, maak duidelijk dat hiv niet meer hetzelfde betekent als twintig of dertig jaar geleden. Vraag desnoods aan je behandelende arts om uitleg te geven als je toehoorders met vragen zitten.

Probeer begrip te tonen voor de eerste emotionele reacties. Een impulsieve reactie kan ontroerend en recht in de roos zijn, maar ook pijnlijk afwijzend. Vergeet niet dat zulke eerste reacties nadien soms worden bijgestuurd, wanneer het verstand weer de overhand heeft gekregen. Geef het wat tijd.

HOE REAGEREN?

Wanneer je als partner/vriend/familielid/vertrouweling te horen krijgt dat iemand positief is, is een eerste reactie van verdriet, onbegrip, angst en/of woede heel normaal. Gun jezelf de tijd om het een plaats te geven, meestal zal je tweede reactie een stuk rustiger en meer bezonnen zijn. Neem gerust het initiatief om opnieuw contact op te nemen met je gesprekspartner.

VERPLICHT VERTELLEN OF NIET?

Wettelijk ben je niet verplicht om te vertellen dat je hiv-positief bent. Niet bij het solliciteren, niet op je werk, zelfs niet tegen je huisarts of je tandarts. Het is echter verstandig en in je eigen voordeel om je huisarts, je tandarts of de medische staf op je werk in te lichten. Vrees je voor discriminerende reacties in je omgeving of bij collega's? Bedenk dan dat artsen gebonden zijn door hun beroepsgeheim.

VERTELLEN, MAAR JE WEET NIET HOE?

Je komt er maar niet toe om anderen op de hoogte te brengen, omdat je de juiste woorden niet vindt. Omdat je vreest dat je emoties het van je verstand zullen overnemen. Omdat je niet weet hoe je de angst en de vooroordelen van de anderen moet counteren.

In dat geval kun je je voordeel doen met de ervaringen van mensen die het allemaal al eens hebben meegemaakt. Sensoa Positief kan je in contact brengen met een lotgenoot wanneer je nood hebt aan ondersteuning. Bijvoorbeeld wanneer je net je diagnose hebt gekregen, of bij de start van een nieuwe relatie. Je kunt je verhaal en je vragen bij Sensoa kwijt op het telefoonnummer 078/15 11 00, van maandag tot en met donderdag van 13.00 tot 16.00 uur, of via een e-mail naar positief@sensoa.be.

HET VERHAAL VAN

KIM

IK WAS VERSCHRIKKELIJK KWAAD, maar je kunt niet kwaad blijven. Het eerste jaar leefde ik op automatische piloot, nadien ging het stilaan beter. Goedkeuren zal ik het nooit. Hij had het moeten zeggen, of minstens zijn verantwoordelijkheid moeten nemen. Maar ik was er zelf ook bij, je bent altijd met twee. Dat vind ik zo hypocriet aan het hele taboe: iedereen heeft seks, het kan iedereen overkomen.

Ik kreeg mijn diagnose in 1996. Ik was al enkele maanden zwanger, een accidentje. De gynaecoloog adviseerde een hiv-test. Bij mijn tweede bezoek gebeurde er iets vreemds: de gynaecoloog had een telefoontje gekregen van een vrouw die beweerde dat mijn vriend seropositief was. Tot vandaag weet ik niet wie die vrouw was. Ik had geen idee wat er aan de hand was, maar kwam er wel achter dat mijn vriend me had bedrogen met andere vrouwen. De gynaecoloog ging met de huisarts bellen voor de uitslag van de test, ik hoorde zijn stem in de kamer ernaast. *Positief dus.* Ik zat daar, aan mijn stoel genageld. Er volgde een tweede test in het ziekenhuis. Mijn vader stond me buiten op te wachten, ik heb het hem meteen verteld. Het was verschrikkelijk: ik wist dat ik ging doodgaan, hiv was toen nog iets anders dan nu.

Er zijn stukken weg uit die tijd, dingen die ik me niet meer herinner. Ik ben thuisgekomen en heb mijn beste vriendin gebeld, we zaten met z'n tweeën te wenen. In de dagen erna heb ik een andere vriendin ingelicht, die het meteen heeft doorverteld. Ik begrijp dat wel, het is zwaar om een geheim alleen te dragen. Mijn vader heeft ook de rest van de familie verwittigd, ik kan hem dat niet kwalijk nemen. Hij is een stille man die zich niet makkelijk kan uiten, en ook hij heeft veel geweend. Hij was razend op mijn vriend. Die wist het en hij heeft het nooit gezegd. Hij ontkende het tegen iedereen. *Ik zou hier toch niet staan als ik hiv had?* Hij kon erg goed liegen, de mensen geloofden hem. In het ziekenhuis kenden ze hem, ze vroegen me zelfs of ik hem kon overtuigen om zich te laten behandelen. Dat wilde hij niet, hij wou gewoonweg niet weten dat hij hiv had. Aan mij heeft hij het wel toegegeven. Hij had het verzwegen uit schrik dat ik niet bij hem zou blijven. Ik zei hem dat ik die keuze liever zelf had gemaakt. Het ergste is dat hij liet uitschijnen dat hij me opzettelijk heeft besmet. *Ik heb je iets gegeven waardoor je de rest van je leven elke dag aan mij zult denken.* Ik was niet de enige, later is gebleken dat hij veel relaties had. Tien jaar geleden heeft hij zelfmoord gepleegd, een overdosis. Wellicht zag hij geen uitweg meer.

Abortus

Mijn zwangerschap werd beëindigd. Ik koos voor een abortus omdat het risico op besmetting van het kind te groot was. Dat deed mij enorm veel verdriet, maar ik zag geen andere uitweg. Soms heb ik het er nog lastig mee. Het is niet eenvoudig om te beschrijven welke gevoelens ik toen had, er was van alles tegelijk. Als ik sliep, had ik rust. Als ik wakker was, leefde ik in een nachtmerrie. Er was te veel gebeurd: een maand voor de diagnose was mijn moeder gestorven. Alles kwam samen, ik heb een jaar geleefd als een zombie. Ik functioneerde, maar ik was er niet bij.

In het begin moest ik het kwijt, ik heb verschillende mensen op de hoogte gebracht. Achteraf bleek dat velen het gingen doorvertellen, er werd geroddeld op de plaatsen waar ik uitging. Ik stond machteloos, mijn wantrouwen werd groter. Gaandeweg ben ik het veel minder vaak gaan vertellen. Ik denk twee keer na: eens gezegd, kun je niet meer terug. Er zijn bijvoorbeeld twee fijne collega's op het werk, en het lag al ettelijke keren op mijn tong, maar ik blijf aarzelen. Je moet je altijd anders voordoen dan je eigenlijk bent, dat vind ik het lastigste aan de ziekte. Als het in een gesprek over relaties gaat, lach ik dat ik geen man moet hebben, maar vanbinnen doet dat pijn. Achteraf begrijp ik een beetje waarom mijn vriend het niet heeft willen zeggen, al zal ik nooit doen wat hij heeft gedaan.

Na mijn diagnose ben ik weer thuis gaan wonen, kort nadien leerde ik iemand kennen. We zijn vijf jaar getrouwd geweest. Het is spaak gelopen, ik ben alweer zeven jaar alleen. Mijn ex-man wist vooraf dat ik hiv had, hij zat er niet mee. Achteraf denk ik dat het toch van invloed is geweest. Als je verliefd bent, accepteer je veel meer. Als ik nu iemand leer kennen, wacht ik af. Ik wil eerst zien hoe het gaat. Waneer zeg je het? Er is nooit een goed moment. Doe je het te snel, dan kunnen ze afhaken; wacht je te lang, dan krijg je verwijten. Mijn vriendin vindt dat ik er altijd te snel mee kom. Daarom wilde ik een keer wat langer wachten: hij kreeg het te horen van iemand anders en was teleurgesteld. Ik vind niet dat ik het sowieso moet zeggen voor we aan seks toe zijn, ik neem altijd mijn voorzorgen.

Zus

Mensen maken zelden rechtstreekse opmerkingen, het gebeurt meer achter je rug. In de familie is dat niet het geval: daar wordt er nauwelijks over gesproken, het onderwerp wordt gemeden. Ze vragen altijd naar mijn werk, nooit naar mijn hiv. Met mijn zus heb ik een uitstekend contact, onze band is nog sterker geworden na mijn diagnose en de dood van mijn moeder. Meestal probeer ik een neerslachtige bui alleen te verwerken. Af en toe lukt dat niet, en dan kan ik terecht bij haar en bij mijn beste vriendin. Soms ontmoet ik lotgenoten in het hiv-café van Sensoa. Daar ben ik vrij snel na de diagnose voor het eerst naartoe gegaan. Het deed deugd om te weten dat ik niet alleen was. Soms kom ik er een hele tijd niet, het gaat op en af. Ik wil niet voortdurend klagen, ik weet dat mijn zus het zich heel erg aantrekt. Er zijn nog andere dingen buiten hiv.

In het begin was dat anders. Het leek of mijn hersenen er een extra stuk bij hadden gekregen, hiv zat constant in mijn hoofd. Na een jaar viel het al eens voor dat ik er een hele dag niet aan dacht. Vandaag is hiv gewoon een deel van mezelf, ik heb ermee leren leven. Het moeilijkste is het leven met een geheim. Ik kan nooit vertellen over mijn leven, over wie ik echt ben, het voelt als een identiteitscrisis. Over alle andere ziektes kan worden gesproken, over hiv niet. Dat zorgt ervoor dat veel mensen het ook stilhouden voor hun partners. Ik wou liever dat ik het niet had. Ik heb geleerd het een plaats te geven, maar het helemaal accepteren doe ik niet.

Medicatie

Sinds 1996 is de medicatie sterk veranderd, de mentaliteit van de mensen nog niet. Ik heb altijd geloofd dat ik het jaar 2000 niet zou halen, het virusgehalte in mijn bloed was te snel gestegen. In die tijd was er nog geen sprake van de levensverwachting die vandaag geldt, je wist alleen dat de pillen je leven konden rekken. Met de eeuwwisseling kwam het besef dat ik toch zou blijven leven. Ik had me ingesteld op een vroegtijdige dood en ik moest de knop weer omdraaien, mijn leven opnieuw invullen.

Twee jaar na mijn diagnose ben ik gestart met medicatie. Mijn CD4-cellen waren nooit gedaald, maar mijn virale lading was te hoog. Na twee maanden pillen slikken was het virus al ondetecteerbaar. Het slechte nieuws was dat ik last had van nevenwerkingen, elke dag diarree en vooral veel vetverplaatsing. Dat werd echt erg: ik voelde me ellendig en mensen begonnen commentaar te geven, ze dachten dat ik een eetstoornis had. *Nu mag je niet meer vermageren.* Al die tijd kon ik niets zeggen, vreselijk. Als ik iemand zag naderen op straat verstopte ik me, ik voelde me een freak. In die dagen heb ik alles verwenst: de pillen, mijn hiv. Vandaag is het gebeterd, al is het nog niet helemaal in orde. Soms heb ik last van pijnlijke benen.

Ik neem drie pillen 's ochtends en drie 's avonds. Dat ging steeds makkelijker: ik moet er zelfs niet bij drinken. Het is op het werk nog niemand opgevallen, elders doe ik het snel in het toilet. Binnenkort zijn het nog maar drie pillen per dag. Ik moet er dan wel bij eten, wat niet mag op het werk. Ik moet nog uitvissen hoe ik dat ga oplossen.

Relatie

Ik heb geen vaste relatie, en ik ben er niet naar op zoek. Ik wil alleen een partner als ik er gelukkiger van word, ik heb genoeg slechte ervaringen gehad. Vroeg of laat komt hiv toch tussen jou en je partner in te staan. Ze hebben niet zozeer schrik om besmet te raken, ze zijn eerder beducht voor de reacties van de maatschappij. Sommige mannen willen iets met mij, maar het moet stiekem, niemand mag het weten. Dat wil ik niet, ik wil niet worden weggestopt.

Een relatie met iemand die zelf seropositief is, zou op alle gebieden makkelijker zijn. Je begrijpt elkaar zoveel beter en, vooral, dat delicate vertellen is anders. Ik heb zo vaak mannen leren kennen die mijn hiv ogenschijnlijk niet erg vonden, maar even later kwamen ze met een smoes, dan waren ze er toch niet klaar voor. Na de zoveelste keer ging ik uithuilen bij mijn zus, en mijn schoonbroer was wat verwonderd: ik kende die man toch nog niet lang? Het ging mij echter niet om de man zelf, maar om het principe. Het gevoel dat je telkens maar tot een bepaald punt mag meespelen. Het maakt mijn drempel om het te vertellen alleen maar hoger.

Soms voel ik me eenzaam, vooral in de winter, dat is nooit mijn seizoen geweest. Ik sluit me dan af van alles en iedereen, ik ben niet de leukste persoon om mee om te gaan op die momenten. In de zomer zul je me zelden thuis aantreffen, dan ga ik op stap met vrienden of mijn zus. Ik wil niets liever dan dat mensen mij normaal behandelen.

Kinderen

Toen ik nog getrouwd was, droomde ik van kinderen. We hebben het even geprobeerd, maar mijn man zag het niet echt zitten, dat merk je snel. Nadien heb ik overwogen om het alleen te doen, maar ik kon de beslissing niet nemen. Ik worstelde voortdurend met *ja* en *neen*. Het risico op besmetting is extreem laag, toch speelde het ook mee in die aarzeling. Ik ben dan gaan praten met mijn sociaal verpleegkundige, en uiteindelijk overheerste het neen. Werd ik toevallig zwanger, dan zou het veel makkelijker zijn, al is een partner ook geen garantie. De tijd begint te dringen, ik ben al zevenendertig.

Het dochtertje van mijn zus weet het nu ook. Ik ben haar lievelingstante, ze logeert hier vaak. Daar zat ik echt mee: wanneer moest ik het haar vertellen? Er zou misschien iets veranderen tussen ons. Dat is helemaal niet het geval, ze is oud genoeg om het te begrijpen en jong genoeg om er niet te zwaar aan te tillen. Ze gaat er heel normaal mee om, dat doet me veel deugd. We hebben haar wel gevraagd om het voor zich te houden, je weet hoe hard kinderen voor elkaar kunnen zijn.

Vroeger had ik veel angst om anderen te besmetten. Als ik in mijn vinger had gesneden, was ik in paniek. Vandaag niet meer: mijn virale lading is ondetecteerbaar, ik voel me niet langer besmettelijk. Toch ga ik het straks aan mijn nieuwe tandarts vertellen. Bij de vorige had ik de eerste keer gezegd dat ik geen medicatie nam, omdat daarnaar werd gevraagd in een volle wachtzaal. Dat heb ik nadien nooit meer durven rechtzetten. Mijn apotheek is hier om de hoek, daar heb ik geen probleem mee. Ik hoor soms dat anderen helemaal naar een andere stad rijden voor hun pillen.

Op het werk zal ik het nooit vertellen, dat zou niet goed vallen. Mijn naaste collega draaide helemaal door toen ze hoorde dat een meisje op het werk tbc had. Ik houd mijn situatie angstvallig geheim. We moeten jaarlijks op controle bij de arbeidsgeneesheer. De eerste jaren wou ik zelfs niet in een potje plassen, uit schrik dat ze zouden zien welke medicatie ik neem. Zo ver ga je daarin, het is een soort ingebouwd alarm.

Ik heb iets meegemaakt en het heeft een invloed op de rest van mijn leven. Ik probeer het goed te doen, ik heb geen keuze. Elke dag in de put zitten zal me niet helpen, ik probeer altijd weer recht te krabbelen. Ik heb heel veel aan mijn zus, onze band is veel inniger, en daar heeft hiv zeker iets mee te maken. Ik kan er meer van genieten om bij de mensen te zijn bij wie ik me goed voel. Aan de mensen die ik graag zie regelmatig te laten zien dat ik hen graag zie: dat is zo belangrijk in het leven, nu nog veel meer. Ik heb ook toffe mensen leren kennen die ik anders niet zou hebben gekend. Ergens blijf ik met schuldgevoelens kampen om wat ik andere mensen heb aangedaan. Ik heb mijn vader en mijn zus veel verdriet bezorgd. Dat is een ander schuldgevoel dan wat mensen bedoelen wanneer ze zeggen dat het je eigen schuld is. Dat is zo kortzichtig: niemand heeft dit gezocht, niemand wil dit hebben.

Wat het leven straks brengt, weet ik niet. Ik hoop iemand tegen te komen. Gebeurt het niet, het zij zo. Aan later denk ik niet veel. Ik heb weet van mogelijke effecten van de medicatie, tumoren en zo. Dat zien we dan wel. Als je dit hebt meegemaakt, leer je van dag tot dag te leven en te genieten. Je staat vaker stil bij dingen die echt tellen. Je weet nooit wat er allemaal kan gebeuren, dat heb ik zelf ondervonden. Net voor ik mijn diagnose kreeg, kon ik gaan solliciteren voor een job die ik doodgraag had willen doen. Het was een unieke kans, maar het lot heeft er anders over beslist. Zonder hiv had mijn leven er anders uitgezien, dat staat vast, maar het is vandaag zeker niet allemaal slechter.

HOOFDSTUK 4

KINDEREN

'IK HEB SPIJT VAN DE JAREN MET MIJN ZOON *die ik heb verloren, de jaren dat ik niet bij hem was. Hij was echt jong. Ik vrees dat hij nooit zal begrijpen waarom zijn enige ouder hem achterliet. Dat is mijn enige spijt, de tijd die ik nooit kan terugkrijgen. Spijt, en toch weer niet, omdat ik denk dat ik de juiste beslissing heb genomen. Hij was in goede handen en vandaag ben ik gezond. Ik heb medicatie en ik weet gewoon dat ik lang zal leven.'*

Hiv is een beproeving. Ook al is het virus vandaag in het keurslijf van een chronische aandoening gedwongen, dat neemt niet weg dat mensen met hiv elke dag opnieuw lichamelijk en geestelijk met hun status worden geconfronteerd. Wie daarbovenop de verantwoordelijkheid draagt voor kinderen, heeft het extra lastig. Kinderen zijn een zegen, daarover zijn de meeste ouders het eens. Maar ze weten evengoed dat de opvoeding van hun kroost handenvol tijd en geld kost, naast ontelbare inspanningen. De blauwdruk voor een normale opvoeding, zeg maar. Een goede ouder is een duizendpoot. Kinderen vragen gedurig aandacht, ze eisen op tijd hun natje en hun droogje, ze moeten worden geholpen met het huiswerk, ze willen hun hart uitstorten. Ouderschap is als leven in twee parallelle universa. Je oefent voortdurend twee functies naast elkaar uit, je eigen leven en de zorg voor je kinderen. Dat is vaak meer slopend dan we zelf beseffen. Wie hiv heeft, mag daar gerust een derde universum aan toevoegen.

Hoe valt die verantwoordelijkheid te rijmen met een leven waarin de schaduw van hiv voortdurend met je meereist naar de crèche, de school, de muziekles, een verjaardagsfeestje? Een leven waarin je vaak moet optornen tegen vermoeidheid en de bijwerkingen van je medicatie. Een leven waarin je niet genoeg tijd lijkt te hebben voor jezelf en je eigen problemen. Hoe kun je je kinderen in die omstandigheden de nodige aandacht en steun geven? Welk toekomstperspectief kun je hen bieden in het licht van de onzekerheid van je chronische ziekte? Zul je er altijd honderd procent voor hen zijn?

Elke dag slagen vele naamloze heldinnen en helden erin die dubbelrol te vervullen. Ze verdienen niets dan onze bewondering, maar ze gaan zonder erkenning door het leven. Ze passeren ons elke dag in de straat zonder dat we het beseffen. Misschien wisselen ze aan de schoolpoort met ons onschuldige anekdotes uit over hun belhamels, verhalen die ze kunnen delen. Hun echte zorgen kunnen ze niet aan ons kwijt. De moeite die het hen elke dag kost om de normaliteit intact te houden, hun bezorgdheid om de toekomst, hun angst om hun eigen kinderen te besmetten. Daar komt nog een levensgrote vraag bij: hoe moet je je kinderen vertellen dat je hiv hebt? Hoe hard de boodschap ook is voor een partner, ouders, broers of zussen, de impact op je bloedeigen kinderen is nog van een andere orde. Kunnen ze dat aan? Kun jij dat aan? Hoe zullen ze reageren? Ook hier speelt het maatschappelijke stigma. Dat mensen met hiv zelf kunnen worden gediscrimineerd is één ding, dat hun kinderen het slachtoffer zouden worden van pestgedrag moet een ondraaglijke gedachte zijn.

Het leven van hiv'ers met kinderen gaat niet over rozen. Desondanks krijgen we vaak inspirerende verhalen te horen. Hiv maakt veel kapot, maar tegen ouderliefde vermag het virus niets. De levenskroniek van Helen bewijst dat de relatie tussen ouders en hun kinderen immuun blijft voor de zwaarste beproevingen. Het lot heeft haar niet gespaard. De ultieme mokerslag was dat ze haar zoon tijdelijk moest opgeven, wilde ze overleven. Een verscheurende keuze die achteraf de juiste is gebleken, maar die radicaal inging tegen haar moederhart. Niet voor niets geeft ze haar zoon Benjamin de koosnaam *Tumkundé*, wat Oegandees is voor *laten we hem graag zien*. Ze was de eerste om die wens waar te maken.

'Tumkundé is nu zestien. Toen ik in 2001 mijn diagnose kreeg, was hij acht. Het was een verschrikkelijke tijd, ik was hier in België. Ik dacht dat ze de aanslepende problemen met mijn voet zouden kunnen verhelpen, maar in de plaats daarvan kreeg ik te horen dat ik hiv had. Ik heb er toen voor gekozen om me hier te laten verzorgen, maar dat betekende dat ik Tumkundé lange tijd niet zou zien. Ik had op dat moment geen flauw idee dat het vijf jaar zou duren. Natuurlijk heb ik hem niet aan zijn lot overgelaten. In Afrika wordt gezegd: *It takes a village to raise a child*. Iedereen is er betrokken bij de opvoeding. In België heb je sociale voorzieningen, in Afrika neemt de familie die rol over. Tumkundé was in goede handen bij mijn ouders.'

Vijf jaar lang leefde Helen gescheiden van haar zoon. Toen hij dertien was, mocht hij naar België komen, niets te vroeg. 'Die vijf jaren waren verschrikkelijk. In het begin had ik zelfs geen geld om hem te bellen, nadien gelukkig wel. Ik miste hem zo, ik dacht voortdurend aan hem. Dat ging zo ver dat ik het traject tussen Antwerpen en Brussel ging haten. Op de trein zag ik gelukkige gezinnetjes, een kind dat zijn armpjes om zijn mama sloeg. Ik moest me telkens opnieuw in het hoofd prenten dat ik een goede reden had om hem in Oeganda te houden. Ik vreesde dat hij te jong was om te begrijpen waarom zijn mama was verdwenen. Iedereen had ouders, hij had geen papa en toen ging zijn mama ook weg. Ik heb het nog altijd moeilijk met de gedachte dat hij me dat verwijt. Hoe kan een moeder haar kind achterlaten?'

Toen Tumkundé in België arriveerde, had Helen een nieuwe verrassing voor hem. 'Mijn zoon wist al die jaren niet dat ik hiv had. Ik had hem altijd gezegd dat ik weg moest om een belangrijke reden die ik hem pas in België zou kunnen vertellen. Toen hij in de luchthaven aankwam, vroeg hij meteen wat het was. Ik heb het nog enkele maanden uitgesteld. Hij heeft er goed op gereageerd, hij zei dat hij alles begreep.' De jongen ging in België naar school. Alles ging goed tot Helen een nieuwe, zware operatie aan haar voet moest ondergaan. 'Ik zou er zes maanden niet op kunnen steunen. Je kunt niet verwachten dat een jongen van zestien zo lang voor zijn mama gaat zorgen. Daarom stuurde ik hem naar een internaat in Oeganda. Hij logeert er bij mijn zus, zij voedt hem op als haar eigen zoon. Ik weet dat mijn zus mijn waarden deelt, het zijn ook de waarden van onze ouders. Dat maakt het makkelijker. Ze heeft zelf twee zonen, vanaf dat moment had ze er drie.'

Helens zus beaamt dat ze haar van meet af aan wilde helpen. 'Toen ik Helens e-mail met het nieuws van haar hiv ontving, was dat een klap. Ik had zelf een vriend zien sterven aan aids: het is het eerste waar je aan denkt. Vrij snel maakte ik de klik en bedacht ik alleen maar hoe ik haar het beste kon ondersteunen. Piekeren heeft nog nooit een probleem opgelost, je moet er het beste van maken. Ik raadde haar aan zich te concentreren op goede dingen. Niet gemakkelijk, ik geef het toe, want ze had al zo veel te verduren gekregen. Het tragische overlijden van haar man, de problemen met haar voet, en nu die hiv. Ik wees haar op haar vele kwaliteiten: die waren toch niet verdwenen met haar hiv? Ze heeft altijd hard gestudeerd, gewerkt, gezorgd voor haar kind. Ik bewonder haar, ze is een sterke vrouw. En een goede moeder, niet alleen voor haar eigen zoon, ook voor mijn kinderen.'

Trotse moeder

Tumkundé studeert nu in Oeganda, tijdens de vakantie keert hij terug naar zijn mama in België. 'Hij is Belg, met een Belgisch paspoort. Hij studeert gewoon drie jaar in Oeganda, daarna keert hij terug voor zijn hogere studies. Op een dag zal hij mij verlaten, dat weet ik, een kind moet zijn vleugels uitslaan. Misschien gaat hij wel studeren aan een buitenlandse universiteit. Afstand speelt niet, hij zal altijd mijn zoon zijn. Ik ben toch ook de dochter van mijn ouders in Oeganda. Natuurlijk mis ik hem, dat spreekt voor zich. Ik woon alleen, ik eet alleen. Ik probeer zo veel mogelijk te bellen en te mailen. Ik denk dat mijn winkelbudget kleiner is dan mijn telefoonrekening. Maar het is voor de goede zaak, zijn toekomst is belangrijk. Weten dat je kind het straks goed zal hebben, een inkomen, een huis, een goede positie binnen de maatschappij... Dan kan ik een trotse moeder zijn. Ik denk dat elke moeder wil horen dat haar kind haar de beste vindt. In mijn situatie is dat niet gemakkelijk: werkloos, immigrante, alleenstaande moeder, seropositief. Ik vraag me elke seconde af of ik echt een goede ouder voor mijn kind ben.'

Helens zoon twijfelt geen seconde aan dat laatste. 'Ik hou van mijn moeder en ik geloof in haar. Ik heb heel veel respect voor haar, ze heeft zo veel meegemaakt. Ik denk dat er niets in de wereld is wat zij niet aankan. Mocht ze eraan twijfelen, ik heb de beste jeugd gehad. Ik heb altijd alles gehad wat ik wou en mijn moeder belde me elke dag. Ze wil keihard werken om mij een beter leven te geven, ik kan me geen betere moeder wensen.' Uit niets blijkt dat hij Helen haar gedwongen afwezigheid kwalijk neemt. 'In het begin snapte ik het niet, tot ze me alles heeft uitgelegd. Ze had gezegd dat ze iets moest bezorgen aan mijn oom Julius in Europa, maar ze kwam niet terug. Ze denkt nog steeds dat ik het haar kwalijk neem, maar het maakt echt niets meer uit voor mij. In de zomer van 2006 heb ik alles ingepakt en ben ik naar België gekomen.'

In zijn nieuwe thuisland kreeg de verloren zoon te horen dat zijn mama seropositief was. 'Ze heeft het me gewoon verteld. Ik wou vragen of ik het ook had, maar ze was me voor, ze zei dat ik gezond was. Ik begreep het, maar ik was ook boos. Ik had mijn mama vijf jaar niet gezien en nu ging ze dood. Ze legde me uit dat ze naar het ziekenhuis was geweest en langer zou leven. Dat volstond, we hebben er niet verder over gepraat. Soms ben ik bang. Ze is net zoals mijn grootmoeder: als die ziek is, wil ze nog altijd werken. Elke keer denk ik dat er iets zal gebeuren. Ze is de enige ouder die ik heb, ik ben altijd bezorgd. Ik heb er veel verdriet over, maar ik kan haar dat niet zeggen, ze moet al zo veel meemaken. Als ik haar belast met mijn problemen, denk ik dat het te veel voor haar wordt. Ze is zo bezorgd om mij, ze beschermt mij altijd en ze heeft schrik om mij te besmetten. We gebruiken dezelfde badkamer en dan zegt ze altijd dat ik haar scheermes niet mag aanraken. Ik neem het niet echt serieus dat ik besmet kan worden door haar, ze is echt voorzichtig. Schrik om haar te verliezen heb ik wel. Ik heb haar al een keer verloren, die vijf jaar. Mijn moeder was mijn hele wereld. Op een bepaalde manier was ze er toen nog, ze belde elke dag. Ik kon haar alleen niet zien. Zij moet veel verdriet hebben gehad, dat wil ik niet. Ik haat het om mijn moeder te zien huilen.'

Vaderfiguur

Frankie was ooit vier jaar getrouwd voor hij uit de kast kwam. Hij heeft een dochter van vijfentwintig uit die relatie. Hij ging het huis uit toen ze nog klein was. Het contact met zijn dochter verliep wisselend: soms zag hij haar om de twee weken, soms ging er een maand over. Frankie verwende zijn dochter wanneer hij de kans had. Ze gingen naar Disneyland, hij kocht haar een levensgroot Barbiehuis. Ze keken uit naar elkaars gezelschap, hij was altijd meer een vriend dan een vaderfiguur. Ondanks een relatie op afstand en met onderbrekingen hadden ze een sterke band. In de periode na de diagnose wilde hij het haar absoluut zelf vertellen, maar hij worstelde met de vraag wanneer en hoe. Ze hielden er allebei een zeer positieve ervaring aan over. Zijn dochter is sinds zijn ziekte het enige familielid met wie hij nog contact onderhoudt. Hiv heeft hen nog dichter bij elkaar gebracht.

'Ik had het geleidelijk tegen enkele mensen gezegd, ook aan mijn ouders. Maar je eigen kind, dat is nog veel moeilijker. Ik moest eerst met mezelf in het reine komen. Ik had verschillende scenario's in mijn hoofd, uiteindelijk heb ik gewoon de waarheid verteld. Het verzwijgen was geen optie. Ik heb indertijd jaren geleefd als verdoken homoseksueel, dat wou ik niet opnieuw beleven. Het duurde een tijd voor ik klaar was om haar in te lichten. Ik wou eerst en vooral weten hoe mijn medische situatie in elkaar zat, ik wist niet veel over hiv. Dan heb ik gebeld naar mijn dochter, ze kwam langs. *Ik ben seropositief*. Op dat ogenblik zat ik in het aidsstadium, er waren complicaties. Ik wist totaal niet hoe mijn leven verder zou evolueren. Ik had voor mezelf uitgemaakt dat het best was om gewoon de waarheid te vertellen. Ze kreeg lectuur mee en de adressen van een aantal goede websites met correcte informatie, samen met de waarschuwing dat er ook veel onzin over hiv te vinden was. Ze mocht niet alles geloven wat ze las. Vragen mocht ze me altijd stellen. Geleidelijk zijn die vragen gekomen, en ik heb altijd de waarheid verteld.'

Uit de mond van een geliefde persoon vernemen dat hij of zij hiv heeft, is hard. Bij Frankie speelde bovendien nog dat hij er erg aan toe was. Hij had aids, er waren verwikkelingen, nevenwerkingen van zijn medicatie, de latente dreiging van een ziekenhuisopname. Hij bezwoer zijn dochter dat de dokters er alles aan deden om hem uit dat kritieke stadium te krijgen. 'Ook al was de boodschap hard, ik was opgelucht dat ik haar had ingelicht. Ik kreeg weer gemoedsrust. Ik kan het elke seropositieve vader aanraden. Natuurlijk, mijn dochter was twintig. Een kind moet een leeftijd hebben waarop het de link kan leggen tussen hiv en seksualiteit. Vanaf het moment waarop het de essentie begrijpt, kan ik het alleen maar aanbevelen. Niets is zwaarder dan te leven met een geheim.'

Frankies dochter sluit zich aan bij het advies van haar vader. 'Het drong allemaal niet meteen door, ik heb enkele dagen nodig gehad om alles te verwerken. Ik vond het wel positief dat mijn papa mij onmiddellijk veel informatie heeft gegeven. Ik heb de dingen gelezen die hij me meegaf. Hij heeft me ook heel mooi uitgelegd in welk stadium hij zat en wat de risico's waren. Na een paar dagen is het verdriet gekomen, samen met het besef en de schrik om mijn vader te verliezen. Hij zat in een vergevorderd stadium, daar heeft hij geen doekjes om gewonden. Ik wist dat het fout kon aflopen, ik heb in die tijd veel geweend. Toen de papa van een vriendin plots stierf, bracht dat veel angst bij me naar boven. Ik heb er met mijn papa over kunnen praten, hij heeft me gerustgesteld. Hij heeft me letterlijk gezegd welke praktische regelingen ik moest treffen als er iets met hem zou gebeuren.'

Het liep niet zo dramatisch. Frankie vocht zich een weg uit het aidsstadium, inmiddels is zijn virale lading ondetecteerbaar. De angst dat ze haar vader zou verliezen, is sterk verminderd. 'Toch blijft het altijd in mijn achterhoofd zitten, ja. Soms komt het bovendrijven. *Als hij er nog maar is wanneer ik ga trouwen, wanneer ik kinderen krijg*. Hij stelt mij gerust, maar het is iets wat nooit helemaal weggaat. Als hij een zware longontsteking krijgt, wordt het heel moeilijk voor hem om daartegen te vechten, ook al heeft hij een heel sterk karakter. Ik kijk echt naar hem op. Als ik zie hoe hij hier is doorgekomen, zijn leven weer in eigen handen heeft genomen... Ik denk dat veel mensen zouden vluchten in drank of drugs, hij doet het omgekeerde: hij eet supergezond en gaat elke dag fitnessen. Er kan zelfs worden gelachen, bijvoorbeeld als mijn papa vertelt over zijn knappe dokters. Hij heeft de kwaliteit om vele dingen een positieve twist te geven.'

Ondanks het maatschappelijke stempel op mensen met hiv heeft ze er geen probleem mee om anderen te vertellen over haar vader. 'Mijn vrienden weten het, ik heb het nooit verborgen gehouden. Ik heb veel gehad aan mijn vrienden, heb altijd goede reacties gekregen. Soms vragen mensen of ik niet bang ben om via hem besmet te raken. Ik sta daar niet bij stil, ik heb gewoon vertrouwen. Mijn papa zou het niet toelaten. Ik herinner me dat mijn grootmoeder me in de tijd na de diagnose waarschuwde om de wc-bril schoon te maken voor gebruik. Ik had iets van: sorry, als dat gevaar zou inhouden, zou mijn papa mij toch niet naar het toilet laten gaan. Neen, ik denk dat het gewoon een kwestie van vertrouwen is. Ik probeer net als mijn papa positief om te gaan met de hele situatie. Ik ben dankbaar dat we nog meer naar elkaar zijn toegegroeid. Mocht er straks iets gebeuren, dan kan ik met een goed gevoel terugkijken. *No regrets*, zoals dat heet.'

Kinderwens

Kenny heeft geen kinderen aan wie hij zou moeten vertellen dat hij seropositief is. Niets sluit uit dat die dag ooit aanbreekt, hij en zijn partner denken aan kinderen. Dat is niet lichtzinnig of onrealistisch, want de nieuwste medische ontwikkelingen hebben geïnfecteerde mensen met een kinderwens weer perspectieven gegeven. Een van de grote vraagstukken is het besmettingsgevaar voor de seronegatieve partner als de man hiv heeft. De oplossing schuilt in een techniek waarmee het geïnfecteerde sperma wordt gewassen.

'Ik dacht altijd: kinderen, dat is niets voor mensen met hiv. Nu weet ik dat die mogelijkheid bestaat. Het was een van de eerste vragen van mijn vriendin, of ze kinderen met mij kon krijgen. Haar biologische klok tikte. Ik heb haar alles uitgelegd over spermawassing. Dat was een verrassing voor haar, veel mensen verwachten niet dat het kan. Ook in haar familie was dat een van de eerste vragen. De kans op besmetting is nagenoeg nihil, het wordt niet honderd procent gegarandeerd, maar wel 99 procent.

In al die jaren dat ze de behandeling toepassen, is er nog nooit een geval van besmetting geweest. Waarom zouden we dan twijfelen?'

Bij een bezoek aan het fertiliteitcentrum krijgt Kenny meer duiding van een arts. 'Wij kunnen de vruchtbaarheidsbehandeling pas starten als er groen licht is vanwege het aidsreferentiecentrum. We moeten weten dat er aantoonbaar geen virus aanwezig is in het bloed. Dit veronderstelt dat de mensen geschikte medicatie nemen en blijk geven van therapietrouw. Wie daaraan niet voldoet, wordt niet naar ons doorverwezen. In eerste instantie gaan we de kwaliteit van het sperma controleren. Dat is belangrijk met het oog op een behandeling via inseminatie of ivf. Voor de behandeling wordt het sperma gewassen. Het virus zit in de vloeistof rond de zaadcellen. Mocht er ondanks de ondetecteerbare virale lading toch nog virus in het sperma aanwezig zijn, dan wordt dat nu weggewassen. Het sperma wordt voordien en nadien getest. We vinden meestal geen sporen van het virus terug.'

Het wassen van het sperma verloopt volgens een speciale laboprocedure. Het wordt gemengd met bepaalde vloeistoffen en gaat door een centrifugeproces. 'De bedoeling is de beste zaadcellen te selecteren en het eventueel resterende virus te verwijderen. Die extra bewerking tast de kwaliteit van de zaadcellen aan, er gaan veel zaadcellen mee verloren. Daarom wordt de kwaliteit van het sperma zo strikt gecontroleerd: het dient te voldoen aan kwalitatieve minimumcriteria.'

Wie kinderen wil, gaat niet over één nacht ijs. Eenmaal de knoop doorgehakt, kan het niet snel genoeg gaan. Als je dan een beroep doet op de techniek van spermawassen, moet je geduld oefenen. De procedure neemt al snel vele maanden in beslag. Controleren, testen, wassen, insemineren. 'Meestal zijn er verschillende inseminaties nodig. Het is geen procedure die mensen maanden en maanden kunnen volhouden. Het weegt op een koppel, zoals elke vruchtbaarheidsbehandeling dat doet. Hier komt nog wat extra's bij kijken, verloopt alles nog wat moeizamer. We voorzien altijd in een psychologische screening voor we met de behandeling starten. We willen nagaan hoe de mensen omgaan met hun ziekte en met de risico's op besmetting, of ze beseffen dat ze voor een belastende procedure staan.'

De vrees dat de behandeling onbetaalbaar zou blijken, wordt niet bewaarheid. Kenny is gerustgesteld. 'Als de kwaliteit van het sperma goed is, kan er worden gewerkt met inseminatie. Dat is een ander kostenplaatje dan ivf. Alle consultaties, tests, echo's en behandelingen meegerekend, zal de behandeling ons maximaal enkele honderden euro's kosten. De inseminatie zelf wordt terugbetaald door het ziekenfonds, wat vroeger niet het geval was. Een ivf-behandeling kost een tienvoud daarvan, hoewel ook daar het grootste deel wordt vergoed door het ziekenfonds.'

Kenny beseft uiteraard dat het infectiegevaar niet is geweken als er zoveel maanden na een flinke wasbeurt een ukje ter wereld komt. 'De angst om je eigen kinderen te besmetten, zal wellicht altijd aanwezig zijn. Flesje geven, luiers verversen, ik zie niet in wat er kan gebeuren. Een kind heeft al eens wondjes van het spelen. Zolang je zelf geen open wonden hebt, kan er niets gebeuren. Bovendien is het besmettingsgevaar heel gering als je goed wordt behandeld. Laat de kinderen maar komen.'

Ouderwens

De kinderen komen, ze worden groot, ze gaan de deur uit. Je hoopt dat je als ouder je rol hebt vervuld, dat je kinderen sterk in het leven staan. Je staat op de drempel van een oude dag in peis en vree, het leven eindelijk bedwongen, tot blijkt dat je kind hiv heeft. Het is een aanfluiting van de natuurlijke levensloop. Het is alsof het verhaal van je ouder-kindrelatie werd herschreven door een gestoorde scenarist. Geen enkele ouder wenst het mee te maken. Wie oud genoeg is, zoals Thierry's mama, weet dat het leven ons niet altijd op onze wenken bedient. Ze mocht ondervinden dat de bezorgdheid om een kind nooit weg is.

'Thierry was een heel braaf kind, ik heb nooit last met hem gehad. Hij was heel nieuwsgierig, ging graag op reis en stond altijd klaar om anderen te helpen. Hier kwamen doorlopend kameraden over de vloer. Onze relatie was altijd heel open. Toen bleek dat hij hiv had, was dat een enorme klap, maar onze band is er nog sterker door geworden. Is dat het moederinstinct dat spreekt? Ik weet het niet, maar als je je jongen daar ziet liggen, weet je dat je alle bezwaren achterwege moet laten. Je moet gewoon doen wat je kunt, zoals je dat vroeger altijd hebt gedaan. Ik ben blij dat ik veel vrienden en vriendinnen had die mij op hun beurt konden opvangen. Ik heb ook veel gehad aan mijn huisdokter. Je vreest dat je je kind zult moeten begraven, dat is iets wat je niet kunt aannemen.'

Vandaag gaat alles goed met haar zoon. Dat betekent niet dat de bezorgdheid is verdwenen met het ziekbed. 'Als je sommige reportages over hiv ziet of leest, zou je de indruk krijgen dat het over is met een pilletje. Dat is het dus niet. Daar zouden ze over moeten nadenken. Als ik denk aan de bijwerkingen van zijn medicatie in het begin... Hij kreeg nachtmerries, sliep bijna niet meer. Pas toen zijn medicatie op peil was, ging het geleidelijk weer bergop. Gelukkig kan hij afstand nemen van zijn ziekte. Ik zou het niet kunnen, ik zou zoiets mee naar huis nemen. Kwaad ben ik niet, op wie zou ik kwaad zijn? Seks heeft niets met verstand te maken, dat is genoeg bewezen. Opstandig ben ik wel. *Waarom mijn zoon?* Daar leer je op den duur mee leven. Dat eerste jaar is verschrikkelijk geweest, vijf jaar later heb ik het er soms nog moeilijk mee. Maar we zijn erdoor gekomen. Hij is gezond en zijn resultaten zijn goed. Het zal wel in orde komen, hoop ik altijd. We zijn elkaars hele familie, hij en ik.'

De moeder van Liesbeth bracht een eeneiige tweeling ter wereld, twee meisjes. Het was alsof die in hun jeugd ook voor tweemaal zoveel problemen zorgden. Vandaag heeft ze naar eigen zeggen meer aan haar dochters dan vroeger. 'Nochtans deden ze niets dan lachen toen ze klein waren. Dat veranderde in hun puberteit, ze waren erg lastig. Dat hebben ze later dubbel en dik ingehaald. Nu heb ik een goede band met hen. Ik zeg altijd dat ik schatten van dochters heb. Met Liesbeth heb ik veel meegemaakt: drugs, politie aan de deur. Ik denk dat je dat ergens wegstopt en niet meer tevoorschijn wilt halen. Toen ze was afgekickt, kwam ze toch naar huis, dat was heerlijk. Toen bleek dat ze aids had. Daar had ik het heel erg moeilijk mee. Ze had al zo veel moeten doorstaan. Ik ben gelovig, maar toen heb ik echt gedacht: *God, als ze dan toch is teruggekomen en ze moet weer weg, waarom dan?* Als ouder vraag je je altijd af wat je verkeerd hebt gedaan. Ik heb me getroost met een mooie brief van haar, toen ze in Frankrijk vrijwilligerswerk deed in een centrum voor ex-verslaafden. Ze had een meisje moeten fouilleren en drugs gevonden. Ze schreef hoeveel moeite het haar had gekost om die te verbranden, dat ze bijna was weggelopen, maar dat de gedachte aan ons haar had doen volhouden. Toen dacht ik: het is toch allemaal niet voor niets geweest.'

Liesbeths mama heeft geleerd niet te veel achterom te kijken. 'Als je zo veel verdriet hebt meegemaakt, kun je de uren van geluk beter waarderen. Je kinderen in de gevangenis bezoeken, is niet waar je van droomt als je kinderen op de wereld zet. Ik heb geleerd het uit mijn hoofd te zetten, het is allemaal voorbij. Met haar ziekte doet Liesbeth hetzelfde, dat vind ik zo knap van haar. Ze zei dat ze niet ging zitten ziek zijn en treuren, dat ze voor andere patiënten zou zorgen zolang ze kon. Dat maakt me ongelooflijk trots op haar. Mijn moederhart klopt tot het blijft stilstaan. Natuurlijk had ik het liever anders gewild. Ik heb de harde les moeten leren dat ouders zich illusies maken over hun kinderen, en dat beter niet zouden doen. Je moet ze begeleiden, zichzelf laten zijn en zien wat eruit groeit. Meer kun je niet doen.'

In de wetenschap dat het hiv-virus kan worden overgedragen van moeder op kind – de zogenaamde verticale transmissie – lijkt het krijgen van kinderen voor mensen met hiv helemaal uit den boze. Niets is minder waar. Jonge mensen die geïnfecteerd zijn met hiv en van kinderen dromen, hoeven niet te wanhopen. Sinds de komst van de hiv-medicatie kunnen zij net als andere ouders in spe grasduinen in catalogi met babykleertjes en prettig nerveus worden voor de organisatie van een babyborrel. De medische begeleiding door een hiv-arts is daarbij essentieel.

Als de man seropositief is en de vrouw niet, kan men een beroep doen op de eerder beschreven techniek van het spermawassen. Is de vrouw seropositief, dan kan het risico op overdracht tussen moeder en kind vandaag tot een minimum worden beperkt door uitsluitend flessenvoeding te geven. Het risico op overdracht tijdens de zwangerschap en de bevalling neemt af:

- als de moeder wordt opgevolgd door een hiv-arts,
- als de moeder antiretrovirale medicatie neemt tijdens de zwangerschap,
- als het kind na de geboorte tijdelijk antiretrovirale medicatie krijgt toegediend,
- als er geen vruchtwaterpunctie wordt uitgevoerd,
- als er een keizersnede gebeurt.

Al deze maatregelen kunnen het risico op transmissie doen dalen tot 1 à 5 procent.

SEROPOSITIEF KIND

Men kan pas na de geboorte nagaan of het kind al dan niet seropositief is. Dit gebeurt via een bloedtest die gedurende drie maanden wordt herhaald. De test speurt naar het virus zelf, niet naar antistoffen, want die heeft het kind meegekregen via de moeder en die blijven in zijn lichaam tot het twaalf tot achttien maanden oud is.

AFWEGING

Wanneer mensen aan kinderen denken, is het belangrijk dat ze stilstaan bij allerlei zaken. Een kind verandert de balans in hun leven, en dat begint al bij de zwangerschap. Dit geldt voor alle koppels. Voor mensen met hiv geldt het nog meer. Zij moeten rekening houden met besmettingsgevaar voor partner en kind, met de gevolgen van een zwangerschap voor de lichamelijke conditie van de geïnfecteerde moeder, met de potentieel afwijzende reacties van hun omgeving. Uitgebreide en correcte informatie moet steeds de basisvoorwaarde zijn voor je deze belangrijke stap overweegt. Het ideale aanspreekpunt in dit verband is het aidsreferentiecentrum.

HET VERHAAL VAN

MAYA

IK ZOU IEDEREEN WAKKER WILLEN SCHUDDEN. Als dat incident in mijn vorige school niet had plaatsgevonden, zou ik er openlijk over kunnen praten. Dan zou ik hardop kunnen roepen dat er ook mensen zijn die met hiv worden geboren. Ik voel me over het hoofd gezien in al de media-aandacht, dat frustreert me superhard. Ik ben oprecht blij dat er rond Wereldaidsdag zoveel geld wordt opgehaald voor allerlei projecten in Afrika, maar een beetje aandacht voor ons zou ook fijn zijn. Mensen hebben alleen maar vooroordelen, over andere ziektes weten ze veel meer. Waarom moet ik me een buitenstaander voelen? Ik ben een heel normaal meisje.

Mijn ouders hebben in Afrika gewoond: mijn mama werkte in een weeshuis, mijn papa gaf jongeren les in mechanica. Ze hebben zich over me ontfermd toen ik een paar maanden oud was. Mijn natuurlijke moeder had me achtergelaten in een vluchtelingenkamp en had mijn mama gevraagd om voor me te zorgen. Toen de oorlog tussen Ethiopië en Eritrea uitbrak, moesten alle westerlingen het land uit. Mijn ouders namen me mee en hebben me geadopteerd, samen met nog drie weeskinderen. Vandaag ben ik twintig, ik woon al achttien jaar in België. Vorig jaar heb ik mijn diploma behaald.

Sinds enkele weken werk ik in een rusthuis op vijf minuutjes van thuis. Het is hard werken, ik klop vroege en late diensten. Ik ben daar niet dol op, ik ben liever op een vast uur thuis. Beginnen te werken is een hele aanpassing, en eerlijk gezegd doe ik mijn job ook niet zo graag. Ik had ook voor kinderzorg kunnen kiezen, maar met kinderen heb je niet alleen een A- en een B-plan nodig, maar ook een C-plan. Je moet ze altijd kunnen bezighouden. Daarom is het bejaardenzorg geworden. Ik ben heel sociaal, maar het blijkt niets voor mij, dat had ik al ontdekt tijdens mijn studie. Ik ga dit dan ook niet blijven doen, ik heb andere ambities.

Ondervoed

Mijn ziekte werd ontdekt in het kader van mijn adoptie. Voor ik het land uit mocht namen de dokters naast een pak andere tests een verplichte hiv-test af. Ik bleek positief, ik was amper drie jaar. Dat was een schok voor mijn ouders, die al die tijd voor me hadden gezorgd. Anderzijds begrepen ze nu waarom ik zo ziek was geweest. Ik was verzwakt en ondervoed toen ze me voor het eerst zagen, de dokters hadden me al opgegeven. Mijn natuurlijke moeder had aids. Ik had ook een tweelingbroertje, dat als baby is gestorven. Ik heb mijn natuurlijke moeder nooit meer gezien of gehoord. Het schijnt dat ze een keer is langsgekomen in het weeshuis, toen ze wist dat ik veilig was. We vermoeden dat ze is gestorven. Toch blijft ze op een of andere manier deel uitmaken van mijn leven. Ze heeft me een betere toekomst willen geven, en daarvoor zal ik haar altijd dankbaar zijn. Toen ik in het derde leerjaar zat, zijn we met het hele gezin naar Afrika teruggekeerd. We wilden het graf van mijn broertje bezoeken, maar we hebben het niet gevonden. We vonden ook geen spoor van mijn natuurlijke moeder. Vrienden die er nog werkten, hadden niets meer van haar vernomen. Het is beter om het af te sluiten, dat heb ik al lang gedaan. Ik heb een foto, maar heb haar nooit in levenden lijve gezien. Ik ken haar gewoon niet, ook al blijft ze sowieso mijn echte moeder.

Daar zaten mijn ouders dan met vier adoptiekinderen, van wie er eentje hiv had. Bovendien had mijn oudste broer een operatie nodig: waar konden ze beter zijn dan in België? Ik was er zelf intussen bovenop, ik moest zelfs geen medicatie nemen, alleen vitamines. Het was gek, als baby was ik zo ziek geweest, maar als peuter en als kind had ik zelden iets. Ik herinner me nog wel dat ik altijd moe was: ik moest veel slapen, ook 's middags. Ik heb vaak deelgenomen aan buitenschoolse activiteiten, zoals atletiek, turnen of jazzballet, maar mijn ouders letten extra op mijn gezondheid. Achteraf besef ik dat ik dat toch wel nodig had. Een verkoudheid bleef ook langer duren: anderen waren drie dagen thuis, ik een week. Ik moest altijd voldoende kracht opbouwen. Zowat maandelijks moest ik op controle: dat was niet tof, de dokter nam telkens bloed af. Het heeft lang geduurd voor ik met therapie moest starten, tot mijn zestiende. Ik was verbazend genoeg de enige van het hele ziekenhuis die daar zo lang mee heeft kunnen wachten. Toen kon het niet anders, ik was heel ziek geworden. Het begon met die stomme blaasjes in mijn mond, een virale mondinfectie die zich doorzette naar mijn longen en mijn slokdarm. Ik kreeg geen hap meer binnen, de kilo's vlogen eraf, het was de ziekste periode uit mijn leven. Later op school was ik moe na twee uren les, zo verzwakt was ik. Zonder therapie had ik nooit kunnen herstellen. Nu slik ik vier pillen, twee in de ochtend en twee 's avonds. Last heb ik er niet van, alleen het vaste tijdstip is vervelend: het moet tussen zeven en kwart over zeven. Dat begint me te irriteren, altijd denken aan die pillen, zeker nu ik werk. Gelukkig ondervind ik geen nevenwerkingen: het zijn geen al te zware pillen, denk ik.

De medicatie heeft nog andere consequenties. Ik was onlangs een hele tijd in het buitenland voor een zogenaamde 'discipelschapstraining' van een christelijke organisatie. Het is een opleiding van zes maanden. In de eerste drie maanden krijg je theorie en leer je onder meer hoe je jezelf kunt opbouwen. Daarna ga je drie maanden op *outreach*, zoals ze dat noemen. Daar breng je in de praktijk wat je hebt geleerd, onder meer kinderen begeleiden, een preek geven, praten met mensen, je angsten overwinnen. Daar heb ik veel van opgestoken, want ik ben eigenlijk heel verlegen. Het probleem was dat ik er mijn pillen moest nemen om één uur 's nachts. Dat betekende telkens na enkele uren slaap uit mijn bed komen. Ik leefde voortdurend met twee horloges, één met de Belgische tijd en één met de lokale tijd.

Los van het vaste tijdstip heb ik geluk met mijn medicatie: ze slaat goed aan en ik heb er geen last van. Mijn CD4-cellen zijn prima, om de drie maanden ga ik op controle. Ik let niet speciaal op mijn gezondheid, maar ik probeer niet te veel vette dingen te eten, frieten en zo. Ik vermijd alcohol en ik probeer op tijd te gaan slapen. Soms ging ik tijdens mijn discipelschapstraining niet naar de les omdat ik moest slapen. Ik hou er altijd rekening mee dat ik voldoende moet recupereren, dat was vroeger niet anders.

School

Heel wat mensen weten van mijn hiv: de hele vriendenkring van mijn ouders, de familie, de kerkgemeenschap. Ze hebben het allemaal goed opgenomen. Toen ik naar de lagere school moest, stelden mijn ouders zich de vraag of ze het zouden melden. Wettelijk waren ze niet verplicht. Als kind ga je natuurlijk ravotten met kameraadjes, je valt regelmatig, je hebt al eens een wondje. Daarom besloten ze het te vertellen, en daar werd uitstekend op gereageerd. Er werden gespreksavonden georganiseerd met andere ouders, waar informatie werd verstrekt in het bijzijn van een dokter en een psycholoog. Er zijn nooit problemen geweest. Mijn mama kwam zelfs over hiv vertellen aan de kinderen in onze school. Ze deed dat aan de hand van tekeningen: het virus was een draakje, de witte bloedcellen dappere ridders. Op die manier werd het heel aanschouwelijk voor de kinderen. Dat was heel tof, ze kwam ook in mijn klas. Mijn klasgenootjes hebben me nooit als speciaal gezien. Als je het niet aan iemand ziet, is het makkelijker. Mijn lagereschooltijd was een fijne tijd, ik voelde mij heel normaal.

In het middelbaar werd het anders, het gebeurde in mijn tweede jaar. Ik zat eerst op een andere school, maar de richting lag me niet. In de herfst ben ik van school veranderd: de directie en de leerkrachten waren op de hoogte van mijn hiv. Een meisje uit mijn klas heeft toevallig een link gelegd en ontdekt dat ik hiv had, ze vertelde het 's avonds aan haar moeder. Die heeft meteen alle ouders gebeld. De paniek was enorm, ze waren boos omdat we het hadden verzwegen. De directie belegde een bijeenkomst met alle ouders, waarop mijn mama samen met de arts en de psycholoog uitleg gaf. Het mocht niet baten: de volgende dag op school proefde ik het verschil superhard. Mijn medeleerlingen gingen op een totaal andere manier met me om. Een meisje streste omdat ik van dezelfde vork had gegeten, ik had haar Aiki-noedels geproefd. Een ander omdat ik van hetzelfde colaflesje had gedronken. Vanaf toen was het niet meer leuk, ik was een buitenstaander geworden.

Ik heb het jaar afgemaakt en ben dan van school veranderd. We hebben het nooit meer verteld, ook niet aan de directeur of de leerkrachten. Er is toen bij mij echt iets gebroken. Je kunt mensen niet vertrouwen, hoe jammer dat ook is. Die klik heb ik toen gemaakt, hij is er nog altijd. De reactie van die mensen was totaal overtrokken, het was duidelijk dat ze er niets van af wisten. Het gevaar op besmetting was echt onbestaande, en bovendien let ik daar extreem op. Ik ben veel voorzichtiger dan nodig is, ik zal bijvoorbeeld nooit van iemands appel bijten. Het is belachelijk, maar ik wil geen enkel risico nemen. Die reacties hebben me een schok bezorgd waarvan ik nog niet hersteld ben.

De regel is nu dat ik het niet zeg. Alleen wie mijn vertrouwen waard is, mag het weten. Ik moet voelen dat mensen op zoek zijn naar echte vriendschap. Ze mogen er vooral geen lompe grappen over maken, zoals velen doen. Mensen die ik nooit meer zal zien, hebben er ook geen zaken mee: het is privé. Uiteindelijk weten zo'n twintig vrienden het, voor hen ben ik nog steeds dezelfde Maya van voor het nieuws.

Etiket

Ik ben blij met mijn vrienden: als je het nooit kwijt kunt, is dat ook niet goed. Ik word er zo ziek van dat mensen meteen een etiket op je kleven. Ze gaan er altijd van uit dat je hiv hebt omdat je met iemand hebt geslapen, maar dat is niet voor iedereen zo. Als mensen kanker hebben, kan daarover worden gepraat, over hiv niet. Mensen hebben zo'n fout beeld van hiv. Net zoals ze nog altijd spontaan Engels of Frans tegen me beginnen te praten, omdat ze ervan uitgaan dat ik een buitenlandse ben. Dat gevoel dat je in een hokje wordt gestopt.

In mijn omgeving ken ik niemand anders die het ook heeft. Naar Sensoa stappen ligt me niet, het accent ligt er te veel op homo's en seks. Ze doen nuttig werk, maar het is niets voor mij. Ik krijg er het gevoel door dat ik nog eens in een apart vakje zit binnen die aparte groep van mensen met hiv. Je hoort zo weinig over mensen die met hiv zijn geboren. Ik wil er graag over vertellen, maar het blijft moeilijk. Ik heb bijvoorbeeld vier goede vrienden van op school, ze hebben in de keuken nog een verrassingsact gedaan toen ik thuiskwam van Cambodja. We zijn heel close en ze weten veel van me, maar niet dat ik hiv heb. Het is niet omdat ik hen al lang ken, dat ik hen zomaar zal vertrouwen. Dat blijft voor mij een drempel. Ik vrees dat enkelen van hen mij anders zullen bekijken.

Andere mensen niet inlichten is één ding, liegen is een brug te ver. Toen we met de school naar Londen gingen, zagen ze mij mijn pillen innemen. Ik heb gewoon gezegd dat ik een slecht immuunsysteem heb, dat is de waarheid. Op mijn werk heb ik het niet verteld, ik weet dat ik daartoe niet verplicht ben. Ik heb er ook geen behoefte aan, ik ben heel alert voor risico's. Binnenkort moet ik naar de bedrijfsarts. Als het erop aankomt, zal ik het daar vertellen. Het moet wel in een sfeer van vertrouwen gebeuren. Ooit moesten we met de klas naar het CLB voor een spuitje. Ik ging samen met mijn leerkracht, die op de hoogte was. De arts vroeg meteen waarom ik als laatste kwam, bij haar had ik geen goed gevoel, beroepsgeheim of niet. De schrik om met de vinger te worden gewezen zit er goed in. Stel dat ik straks op mijn werk langere tijd ziek zou zijn, dan komen er vragen en moet je van alles verzinnen, daar hou ik niet van.

Mensen reageren heel streng. Wie hiv heeft, heeft het aan zichzelf te danken, door onveilige seks of drugs. Ik ben er gewoon mee geboren, daar kan ik toch niets aan doen? Niemand lijkt aandacht te hebben voor mijn situatie. Ook bij jongeren doet zo veel onzin de ronde. *Hiv is iets van mensen uit Afrika.* Ik zag in een reportage op de Nederlandse tv ooit een meisje dat geen winkel binnen wou gaan als er een zwarte aanwezig was. Ze dacht dat die allemaal aids hadden. Als ik sommige ouders hoor praten, is het niet verwonderlijk dat hun kinderen zo over hiv denken. Ik ken een meisje dat niet mag omgaan met iemand die verkouden is. Die mentaliteit geef je door aan je eigen kinderen, zo komen we natuurlijk nergens. De eenzijdige berichtgeving in de media zit me ook hoog. Als het in het nieuws over hiv gaat, ligt het accent altijd op homo's. Waarom eens niet iemand opvoeren die is besmet via een bloedtransfusie?

Partner

Ik heb nog nooit een vriendje gehad, misschien wordt het weleens tijd. Tot dusver heb ik het altijd makkelijker aan meisjes kunnen vertellen dan aan jongens. Daar werk ik nu aan, ik wil het ook aan hen kwijt kunnen, zonder bijbedoelingen. Wanneer ik iemand in vertrouwen neem, maak ik altijd duidelijk dat dat voor mij een grote stap is. Dat ik hen supergraag zie, anders zou ik het nooit vertellen. Er zijn al jongens die het weten. Als ik ooit een partner zou hebben, zou het zo iemand moeten zijn, iemand die het al op voorhand weet. Je kunt niet met dit nieuws komen aanzetten nadat je hebt ontdekt dat je elkaar leuk vindt. Mijn toekomstige partner moet ook beseffen dat ik heel voorzichtig zal zijn. Als ik op mijn tong heb gebeten, zal ik niet kussen. Ik denk niet aan mezelf, maar aan de andere.

Later zou ik heel graag kinderen willen. Dat kan met de medicatie van vandaag, het risico op besmetting is miniem. Omdat ik zelf op die manier ben geïnfecteerd, ben ik daar natuurlijk mee bezig. Ik wil alles goed afwegen, ik wil voor mijn eigen kind niet wat ik heb. Anderzijds zou ik wel kinderen willen adopteren. Ach, ik heb me nog niet goed geïnformeerd, het is nog niet voor morgen. Ik moet er gewoon zeker van zijn dat mijn kind geen hiv zal hebben. Je staat daar trouwens niet alleen in, je hebt ook een partner.

Hoe mijn gezondheid zal evolueren, weet ik niet. Ik wil in elk geval geen saai leven. *Had ik maar dit gedaan.* Mijn hiv zal me niet tegenhouden. Ik vertrek binnen enkele maanden voor twee jaar naar het buitenland om te werken voor diezelfde christelijke organisatie. Jongeren begeleiden, coachen, stimuleren, over God praten, hen uit hun comfortzone halen. Hiv mag geen hinderpaal zijn. Medicatie, arts en behandeling, dat valt allemaal te regelen. Je ziet zo veel mensen die bij de pakken blijven zitten. Ik vind dat je moet durven leven, je kunt morgen worden aangereden door een auto. Ik heb mijn dromen, dit is een van de dromen die ik ga verwezenlijken. Daarna: op naar de volgende droom.

Mijn geloof speelt een grote rol in mijn leven, het heeft me zeker geholpen met mijn hiv, heeft me zelfbewust gemaakt. God heeft ons gemaakt als zijn evenbeeld, als mooie mensen. Zo moet je jezelf zien, als iemand met capaciteiten en mogelijkheden. Niet als iemand die minderwaardig is vanwege hiv. We hebben allemaal onze functie op aarde en we kunnen onze dromen verwezenlijken. Vroeger dacht ik weleens: *Zal ik vijfentwintig worden?* Ik heb geleerd de dag te nemen zoals hij komt, zotte dingen te doen, de wereld zien.

Ooit wil ik zo ver staan dat ik mensen kan tonen dat je kunt leven met die ziekte. Dat er kansen komen, zoals voor iedereen. Je moet ze weten te grijpen. Ik ken een meisje dat lijdt aan een andere ernstige ziekte, zij werkt als model in New York. Hiv mag me niet tegenhouden, ik wil ervoor gaan. Op een dag wil ik China bezoeken. Ik heb ook altijd iets gehad met New York, daar kunnen mensen met hiv sinds vorig jaar naartoe. Alweer een droom die dichterbij komt.

HOOFDSTUK 5

RELATIES

'**ER IS GEEN RUIMTE VOOR FOUTEN** *wanneer je vrijt. Bijvoorbeeld het condoom weglaten en terugtrekken voor het klaarkomen, dat kun je je niet veroorloven. Toch ben ik er niet voortdurend mee bezig, ik zou er niet meer van genieten. Dan lig je te denken:* Ik ga haar besmetten, ik ga haar besmetten. *Dat idee is er altijd, je moet er rekening mee houden, maar het mag niet te dichtbij komen. Je mag niet constant met die angst zitten. Met elkaar vrijen, dat doe je toch niet met angst.'*

Er is niemand die niet af en toe aan seks denkt, zelfs een wereldvreemde heremiet in een afgelegen grot in de Kaukasus ontsnapt er niet aan. Soms is het alsof alles in de wereld ons aan seks doet denken. Liedjes op de radio lijken alleen daarover te gaan, al dan niet in bedekte termen. Het is de lente die uitbreekt in het putje van de winter. Het is een natuurlijke drift, die we in de loop van duizenden jaren hebben weten te kanaliseren. We hebben getracht onze lusten een plaats te geven. Sinds de seksuele revolutie van een halve eeuw geleden kunnen we ze vrijuit beleven. De komst van de anticonceptiepil in de jaren zestig was een bevrijding voor de vrouw en speelde de rol van accelerator in haar emancipatie. De periode van de vrije liefde brak aan. Seks was niet langer louter gericht op voortplanting: individuele beleving en genieten stonden voorop. Homoseksualiteit kon openlijk worden beleden en werd gaandeweg maatschappelijk aanvaard. Recht evenredig met de toegenomen bespreekbaarheid van seks en erotiek werden ze alomtegenwoordig in onze maatschappij. Wie vandaag jong is, vindt het allemaal vanzelfsprekend. Dezer dagen is seks volop aanwezig in het straatbeeld en in onze huiskamer, via kranten, tijdschriften, boeken, tv en internet. Zelfs wie het zou willen, kan er niet meer naast kijken.

De seksuele revolutie was nauwelijks een generatie ver of er verscheen een kaper op de kust. Net nu het morele keurslijf was afgeworpen, kreeg seks een gemene bijklank. Een ongekend virus kwam overwaaien vanuit Amerika en sloeg ongenadig toe. De gevolgen waren catastrofaal, ook voor ons denken over seks. De term 'veilig vrijen' sloeg tot de jaren tachtig alleen op ongewenste zwangerschappen. Met de komst van hiv betekende onveilig vrijen spelen met je leven. De ziekte kon nauwelijks worden onderdrukt, laat staan genezen. De enige vorm van preventie was condoomgebruik of seksuele onthouding.

Gelukkig staan we sindsdien weer een stap verder. De onheilstijdingen zijn bezworen: hiv is vandaag een controleerbare aandoening, in elk geval in onze gegoede westerse wereld. Mensen met hiv leiden een normaal leven, waarvan seks en erotiek heel natuurlijk deel kunnen uitmaken. Hiv is beslist geen zegen, maar het is ook niet langer een vloek voor een gezonde seksuele relatie. Wie met hiv is geïnfecteerd, is in de periode na de diagnose vaak niet toe aan seks. Eenmaal de ziekte een plaats heeft gekregen, verandert dat. De angst ebt weg, de voorzorgen blijven, ook bij Kenny.

'In het begin stond ik niet te springen om een nieuwe relatie. Mensen hebben bizarre vooroordelen. Ze denken dat je het krijgt door te tongzoenen, door samen in de sauna te gaan of door muggenbeten. Hoeveel mensen zouden er niet besmet zijn als dat allemaal waar was? Ik had geen problemen om het te vertellen, maar in een relatie ligt dat toch anders. De schrik dat het op een sisser zou uitdraaien, de reactie van haar ouders. Ik had geen zin om dat telkens opnieuw mee te maken, ik heb het bewust een tijd zo gelaten. Seksueel was ik sowieso een laatbloeier, veel relaties heb ik niet gehad na mijn diagnose. Hiv blijft een struikelblok, vele meisjes worden erdoor afgeschrikt. Ik heb enkele relaties gehad waarbij ze het eerst zeer goed opnamen. Nadien bleken ze het moeilijker te hebben dan ze hadden gedacht, en bleken ze op seksueel gebied toch met die schrik te zitten. Als je daar constant mee bezig bent, kun je natuurlijk niet aan een relatie beginnen. Eén keer is een relatie met een meisje uitgeraakt omdat ik zelf nog te veel worstelde met mijn hiv. Ik wist het nog niet lang en ik leefde in een cocon, die relatie kwam te snel. Zij was wel geschrokken, maar ze wilde me toch leren kennen, ondanks mijn hiv. Zij heeft me mijn eerste stappen laten zetten om contact te zoeken met lotgenoten, daar ben ik haar nog altijd dankbaar voor.'

Uiteindelijk kreeg Kenny onverhoopt een vaste relatie. De terughoudendheid en de angst moesten het afleggen. 'Het was liefde op het eerste gezicht. We waren allebei geselecteerd om als figurant te gaan werken in Parc Astérix in Frankrijk. Het was in het kader van Halloween, ik was graaf van een spookhuis en zij was een boze heks. We kwamen elkaar tegen bij het vertrek op het station, voor we het wisten zaten we in de bus te babbelen. Van het een kwam het ander. Op een avond namen we afscheid aan haar deur, we talmden wat, plots begonnen we te kussen. Nadien op mijn kamer voelde ik me lastig, ik vond dat ik het haar had moeten vertellen. De volgende dag heb ik dat gedaan. We waren twee volwassen mensen, we wisten dat er meer aan de hand was, die kriebels logen niet. *Er is één ding dat je moet weten: ik ben al een lange tijd seropositief.* Ze schrok natuurlijk, maar ze heeft het meteen aanvaard.'

Condooms

Als je hiv hebt en in een nieuwe relatie stapt, moet je keuzes maken. Je moet niet alleen bepalen of en wanneer je je nieuwe partner inlicht over je seropositieve status, je hebt ook een aantal opties op seksueel vlak. Hoe hoger je virale lading, des te groter de kans dat je je hiv via onbeschermde seks kunt overdragen. Hoe lager je virale lading, des te kleiner die kans. Wil je altijd veilige seks? Prefereer je alleen seks met een partner die zelf hiv heeft? Durf je onveilig te vrijen met een seropositieve partner ondanks het risico op herinfectie? Doe je het in een vaste relatie zonder condoom als je virale lading ondetecteerbaar is en als je groen licht krijgt van je partner? Het zijn keuzes die niet altijd gemakkelijk zijn. Voorop staat dat je je partner respecteert en beschermt. Dat betekent dat je de morele plicht hebt om veilig te vrijen met je seronegatieve partner, ook al is er sprake van een gedeelde verantwoordelijkheid.

Je moet er bijgevolg je hoofd bij houden. Hoe valt dat te rijmen met seks, bij uitstek een handeling waarbij je je hoofd weleens dreigt te vergeten? Voor Kenny was het nooit een punt: vrijen met condoom is voor hem een uitgemaakte zaak. 'We doen het altijd met condoom, ik weet dat seks voor mij met condoom is voor de rest van mijn leven. Ik heb er nog niet één keer aan gedacht om dat niet te doen. Ik kan alles doen wat ik wil, dus waarom risico's nemen, ook al ben ik ondetecteerbaar? In het begin was het onwennig, ik had nooit een condoom gebruikt. Condooms, hiv, dat was allemaal ver van mijn bed, nu is het in mijn bed. Het is gebeurd bij een van mijn eerste seksuele contacten, ik was eenentwintig jaar. Vandaag experimenteren tieners als ze zestien zijn of jonger. Je kunt niet genoeg benadrukken dat ze een condoom moeten gebruiken, dat is helemaal niet ingewikkeld. Mensen zeggen vaak dat een condoom niet honderd procent betrouwbaar is. Onzin: als je het goed aandoet, heb je nauwelijks kans dat het gaat scheuren. We hebben een grote snoeppot op de slaapkamer, daar zitten bij ons de condooms in.'

Condooms zijn verkrijgbaar in allerlei formaten, diktes, kleuren en smaken. We hebben er uiteenlopende woorden voor, zoals rubbertje, kapotje, preservatief, voorbehoedsmiddel of regenjasje, maar toch blijven ze vaak onbemind. Voor Kenny is dat anders: het condoom hoort er altijd bij, de angst voor besmetting verdween erdoor naar de achtergrond, bij hem én bij haar. 'Zelf zat ik er wel mee in het begin. Ik zag haar graag, ik wou haar absoluut niet besmetten. We hebben alles nog eens nagevraagd bij mijn arts, gewoon om helemaal zeker te zijn. Zij vroeg zich zelf ook af wat kon en wat niet. In feite mag alles als je je verstand erbij houdt, alleen penetratie gebeurt met condoom. Je moet natuurlijk opletten met sperma en vaginaal vocht en zo. Ik weet nog dat ze ooit een nachtmerrie had waarin het condoom was gescheurd. Ik heb haar toen gerustgesteld. Mijn virale waarden zijn zodanig laag dat de kans op besmetting eigenlijk nihil is. Voor zo'n situaties bestaat er bovendien PEP-medicatie. Als die snel nadien wordt ingenomen, wordt de kans op besmetting zeer sterk verminderd. Ze begreep toen dat ze totaal geen schrik moet hebben. Ik blijf enorm voorzichtig. Op een bepaald moment was mijn lip gebarsten door de make-up, er was wat bloed. Zij wou me een kus geven, maar ik deinsde achteruit. Ze wees erop dat zij geen wondjes had, er was dus geen enkel risico, maar ik deed het toch liever niet.'

Partner

Voor je aan seks met iemand toe bent, moet je natuurlijk een partner hebben. Dat is voor mensen met hiv minder vanzelfsprekend dan het klinkt. *Disclosure* tegenover een potentiële partner is delicaat. Wie te snel gaat, loopt het risico een prille relatie in de dop te smoren. Wie te lang wacht, creëert een voedingsbodem voor een latere vertrouwensbreuk. Wie precies het goede moment weet te vinden, blijft geconfronteerd met angst voor infectie en voorzorgsmaatregelen. Het lijkt alsof het verstand het voortdurend van onze gevoelens moet overnemen. Is liefde daartegen bestand? Het mag geen wonder heten dat veel hiv'ers tijd nodig hebben vooraleer ze een nieuwe relatie durven aan te gaan. Dat was ook het geval voor Thierry.

'Ik heb twee jaar nodig gehad om het te plaatsen. Ik was echt in de rouw, ik zocht de eenzaamheid op. Ik had een discman gekregen. Het was de tijd van de eerste MP3's, maar ik was heel blij met mijn apparaat. Ik was heel ziek, maar ik mocht buiten komen en ik ging met mijn walkman de straat op, koffietje drinken, altijd alleen. Ik wou alleen zijn, ik ben heel veel alleen geweest in die periode.'

Aan Thierry's zelfgekozen eenzaamheid kwam een einde, maar het was zoeken en aftasten, zoals bij iemand die na een beroerte schijnbaar eenvoudige taken en functies moet herontdekken. 'Het moeilijkste was het naar buiten treden op momenten die ertoe doen. Je bent geïnteresseerd in iemand, je bent een beetje verliefd: wanneer moet je het zeggen? Hoe moet je dat doen? Er zijn geen standaardprocedures, vaak flap ik het er gewoon uit. Voor mij is het in principe makkelijker: ik ben bevoorrecht, ik werk in de sector. Over werk wordt gauw gepraat, dus gaat het gesprek snel over hiv. Het is dan zaak de persoon in te schatten. Ik toets hem af: wat zal hij denken, hoe zal hij ermee om kunnen? Ik heb mensen leren kennen bij wie ik aanvoelde dat ik het de eerste avond al kon zeggen. Ik heb ook al iemand leren kennen met wie ik eerst twee maanden heb gepraat en van alles gedaan, naar de film, het park, gaan zwemmen. Gevreeën ook, veilig gevreeën, zonder dat hij wist dat ik positief was. Ik kreeg het niet over mijn lippen. Ik had het daar heel moeilijk mee, maar het is zo hard om te worden afgewezen. Niemand wordt graag afgewezen. Over het algemeen vind ik dat ik hier heel verantwoordelijk mee omga. Ik ken honderden mensen met hiv, uit al hun verhalen blijkt hoe moeilijk dat seksuele aspect is. Die angst voor afwijzing: geen absurde angst, maar reële angst. Als ik het tegen iemand kan zeggen voor er wordt gekust, dan liever zo. Ik voel me dan veel beter. Het blijft moeilijk, die inschatting elke keer. Bij de laatste man op wie ik verliefd was, voelde ik dat het zou uitdraaien op een afwijzing. Ik nam me voor dat hij mij eerst maar eens moest leren kennen als Thierry. Hij is niet opgestapt, maar het is niks geworden. Volgens hem niet vanwege mijn hiv, volgens mij wel. Gelukkig zijn we goede vrienden geworden.'

Niemand wordt graag afgewezen. Om de smaak van zure druiven niet te proeven, zijn mensen bereid om compromissen te sluiten, springen ze soepel om met hun principes, gaan ze verder dan ze eigenlijk wilden. Thierry geeft toe dat hij al heeft gevreeën zonder condoom. 'Mijn partner wist dat ik positief was, hij was het zelf ook. Artsen keuren het af, er is altijd een risico op herinfectie, het zou dus niet mogen. Dat is de medische visie, maar er is ook zoiets als de menselijke visie. Zeker bij mannen die seks hebben met mannen speelt condoommoeheid een grote rol. Je moet er altijd aan denken, je moet het altijd bij hebben, dat is niet vanzelfsprekend. Vele mannen zeggen dat seks met condoom niet even goed voelt als seks zonder. Nu doe ik het nooit meer zonder condoom, om een aantal redenen. De eerste reden is dat ik er geen andere soa bij wil. Ik wil geen hepatitis C of zo, echt niet. De tweede reden is dat ik participeer aan een studie rond een vaccin dat is gebaseerd op mijn specifieke virus. Als ik onveilig zou vrijen en een ander virus binnenkrijg, kloppen mijn studieresultaten niet meer. Dat zou zonde zijn van alle inspanningen die de wetenschap en de dokters zich getroosten. Een condoom is gewoon een klik in je hoofd, iets wat je kunt integreren in het seksuele spel. Ik zie er ook wel de voordelen van in. Seks gebeurt sowieso vaak zonder penetratie, dat hoeft echt niet. Dat was al zo voor ik positief werd.'

Seks is voor Thierry nog altijd bevredigend, maar alles is veel rationeler geworden. 'Het is allemaal meer beredeneerd. Ik weet dat de kans dat ik iemand kan besmetten miniem is, ik ben ondetecteerbaar. Als ik anale seks heb, wat niet vaak gebeurt, dan is dat sowieso met een condoom. Toch is de gedachte altijd aanwezig op de achtergrond, ik heb het dan eerder over wondjes of zo. Je moet op alles bedacht zijn, terwijl seks net het prettigst is als je niet moet nadenken. Ik wil echt niemand besmetten, dat zou verschrikkelijk zijn. Ik ken koppels waar de ene seronegatief en de andere seropositief is, die met wederzijdse toestemming het condoom weglaten. Dat is iets wat ik niet zou kunnen.'

Sinds enkele maanden heeft Thierry een nieuwe relatie, al is hij naar eigen zeggen nooit op zoek geweest. 'Dat werkt niet, een relatie kom je tegen. Je kunt heel intieme vriendschappen hebben, maar een relatie... Ik noem dat *mijn maatje*. Nog een trapje hoger dan een speciale vriend, dat is voor mij een relatie. Als dat er niet is, ga ik niet zitten kniezen. Ik ben vorig jaar naar Iran op reis geweest. Het was leuker geweest met een maatje, maar nu was het ook fijn. Geluk maak je zelf.'

Relatieloos

Liesbeth is momenteel single, ze woont met twee medebewoners in een riant herenhuis. Ze is niet actief op zoek naar een relatie. 'Ik had rust nodig. Mijn vader is in 2006 overleden na een slepende ziekte, ik heb hem toen lang verzorgd. Die verzorging was zwaarder dan ik had gedacht. In die periode ging het enorm slecht op het werk, dat was in een ontwenningscentrum. Ik ben het daar een beetje kwijtgeraakt. Inmiddels was ik, nadat ik was afgekickt, voor de tweede keer getrouwd. Hij was een ex-verslaafde en werkte eveneens in het ontwenningscentrum. Op een bepaald moment moesten mijn man en ik van de beheerraad weg uit het centrum. We hadden daar altijd gewoond, ons leven stond in functie van het centrum. Kort daarop zijn we gescheiden. Lichamelijk was ik ten einde. Het was een periode waarin zo veel was gebeurd: de dood van mijn vader, de problemen op het werk, de scheiding. Bovendien was ik een jaar gestopt met mijn medicatie. Ik had twee jaar nodig om tot rust te komen. Tijd voor nieuwe relaties was er niet.'

Liesbeth werkt inmiddels al geruime tijd in de drughulpverlening. In haar vrije tijd vindt ze haar plezier in kleine dingen. 'Elke dag is voor mij een cadeau. Ik geniet van elk moment, samen zijn met vrienden, uitstapjes, me creatief uitleven, groentjes kweken in de tuin. Ik ben tweeënvijftig, dan ben je niet dwangmatig op zoek naar een relatie. Je weet natuurlijk nooit. Momenteel heb ik eigenlijk geen seks. Maar goed, ik heb veel vrienden.'

Haar laatste partner, haar man, was seropositief. Als ze een nieuwe partner zou vinden die seronegatief is, zou ze het meteen vertellen. 'Ik zou geen situatie willen waarin je elkaar al een tijd beter kent en het dan moet zeggen. En ik zal het sowieso altijd met condoom doen. Maar nogmaals: het is niet meteen aan de orde. Ik mis het niet, ik heb geen zin meer in seks. Ik vermoed dat dat ook komt door de medicatie, die het libido afremt. Dat was al zo in de laatste jaren dat ik getrouwd was. Alles was toen te veel: de relatie met mijn man, de seks. Sommige mensen kunnen niet zonder een partner, ik heb altijd lange periodes zonder seks of relaties gekund. Natuurlijk ervaar ik momenteel een gebrek aan affectie, maar ik kan ermee leven. Een echt probleem is het niet, ik heb de hele dag mensen om me heen. Met mijn hiv en mijn hepatitis wordt samenwonen met een partner een stuk minder gemakkelijk, dat besef ik goed. Het blijft een barrière. Mijn alleen-zijn is wellicht het gevolg van mijn status. Een leven zonder seks is geen probleem, een leven zonder mensen zou ik niet aankunnen.'

Helen is weduwe en heeft geen relatie, maar ze droomt er wel van. Ze was ooit gelukkig getrouwd en ze wil dat graag een tweede keer zijn, al is haar seropositieve status vaak een spelbreker. 'Het heeft na de dood van mijn man tien jaar geduurd eer ik klaar was voor een nieuwe relatie. Daarvoor dacht ik niet aan mannen, ik was bezig met mijn toekomst en die van mijn zoon. Het is pas sinds Tumkundé weer in Oeganda verblijft dat ik de nood aan een nieuwe relatie ben beginnen te voelen. Ik wil niet de eerste de beste: hij moet gelovig en eerlijk zijn en hij moet mijn zoon accepteren.

Ik heb een aantal ontmoetingen gehad, maar hiv bleek vaak een struikelblok. Een tijdlang had ik een intieme relatie met een seronegatieve man, maar die is afgesprongen omdat hij het niet zag zitten om altijd een condoom te gebruiken. En er was een Afrikaanse man die me altijd aansprak bij de bushalte. Ik reageerde eerst niet op hem. Hij drong aan, wilde graag een koffie met me gaan drinken. Dat deden we uiteindelijk. Ik vertelde hem dat ik seropositief was. Hij werd kwaad en riep door het hele café: *Hoe kun je dan mijn hand vastpakken?* Dat was in 2006, mijn eerste date. Het was een koude douche. Zou het altijd zo gaan, leven met hiv? Het was de eerste en de laatste keer dat ik erom heb geweend.'

Sindsdien heeft ze geen dergelijke brutale ervaringen meer gehad met mensen die het met haar wilden proberen. Toch zindert het voorval nog na. 'Het is triest om te ontdekken dat mensen alleen die hiv zien. Als je zegt dat je seropositief bent, moeten ze plots weg. Je krijgt niet eens de kans om te zeggen dat je een mens met gevoelens blijft. Ik ben niet de lelijkste, ik heb geen slecht karakter. Hiv maakt dat ik geen relatie heb. Ik mis niet zozeer een man, ik mis het gezelschap. Ook het vrijen, want als ik een man zoek, wil ik geen nieuwe broer, ik heb er al vijf. Ik wil een man die geïnteresseerd is in vrijen en een intieme relatie.'

Ondanks eerdere tegenslagen deed Helen verschillende pogingen om iemand te vinden, onder meer via de nieuwsbrief van Sensoa. 'Dat zijn seropositieve mannen, maar die contacten zijn nooit een meevaller gebleken. Als een date niet lukt, bel ik een goede vriend die me moet redden met een smoes. Zo wimpel ik die mannen af, omdat ik het moeilijk vind om hen direct af te wijzen. Ik schreef ook naar een Oegandese krant, en daar kreeg ik veel reacties op. Ik was bijna getrouwd, ik had het al aan mijn ouders gezegd. Het was een Oegandees die in Zweden woonde. Hij was ook seropositief, maar hij bleek uiteindelijk niet eerlijk te zijn.'

Bang voor relaties is ze niet geworden, wel wantrouwiger. 'Als iemand naar me knipoogt, reageer ik niet meer. Of ik zeg dat ik nog niet klaar ben. Mijn gedachten zijn momenteel gericht op het vinden van een job, ik wil iets voor mezelf. Eerst een job, dan een man. Ik pas op voor relaties via het internet. Die mannen willen alleen maar met je trouwen om naar Europa te kunnen komen. Ik zou graag iets willen zoals mijn eerste huwelijk. Vriendinnen zeggen dat ik dat nooit zal vinden. Hij was mijn vriendje, ik heb hem leren kennen op school. Zo'n man vind ik niet meer: hij was vriendelijk, sympathiek en romantisch. Toch wil ik niet voor minder gaan, al is het razend moeilijk. Ik ben seropositief en werkloos. Dat maakt mij machteloos, vooral omdat ik een kind heb. Ik wil dat Tumkundé naar de hogeschool kan, dat hij vrij is om te kiezen. Dat kan ik hem nu niet geven. Bij ons zeggen ze altijd dat het goede leven van studeren komt. Als ik een job heb, heb ik zekerheid voor de toekomst.'

Hiv heeft haar karakter niet veranderd, ze blijft positief. 'Het enige wat is veranderd, is dat ik geen gewone relatie kan vinden. Ik hoop nog altijd dat ik een job vind en dan kan hertrouwen. Die droom wordt elke dag minder werkelijk, ik vrees dat het er niet meer van komt. Ik zoek niet meer actief, mijn leven moet niet gecompliceerder worden. Maar het staat vast dat ik al lang hertrouwd was, mocht ik geen hiv hebben.'

Verplicht zwijgen

Soms is het misschien beter helemaal geen relatie te hebben dan keer op keer tegen de muur lopen. Frankie heeft het al te vaak meegemaakt. 'Het is simpel: als je zegt dat je hiv hebt, dan heb je geen seks. In het begin heb ik me voorgenomen om het altijd te zeggen. Ik ben ervan teruggekomen na een aantal bittere teleurstellingen. Ik heb het ooit na de derde keer gezegd: die jongen is in behandeling gegaan, hij kon er niet mee om. Hij claimde zelfs een morele schadevergoeding. Probeer vandaag maar eens een relatie aan te gaan met iemand die niet seropositief is: onmogelijk. Als ik het onmiddellijk zeg, komt er niets meer van. Zeg ik het pas na een paar keer vrijen, dan proberen ze je aan te klagen, ook al nam je geen enkel risico. Bij een andere jongen heb ik het gezegd toen we een condoomincident hadden: die ging volledig door het lint. Er is eigenlijk nooit een gunstig tijdstip om het te zeggen. Nu laat ik het afhangen van het moment, ik probeer er heel voorzichtig mee te zijn. Kijk, iedereen wil vrienden worden met mij, het mag alleen niet te dicht komen. Samen in bed, dat is véél te dicht, dat is het probleem met hiv. Ik ben altijd heel open geweest, ik kan niet leven met een geheim. Mensen verplichten je om te zwijgen. Op seksueel vlak kun je niet eerlijk zijn.'

Onveilige seks en het verzwijgen van de hiv-status waren in het verleden al vaker aanleiding om mensen met hiv aan te klagen voor het toebrengen van slagen en verwondingen. Wat velen niet weten, is dat het in ons land nog maar één keer tot een veroordeling kwam. Dit kan immers enkel in extreme omstandigheden, waarbij hiv als wapen wordt gehanteerd met de bedoeling schade toe te brengen. UNAIDS, het programma van de Verenigde Naties dat de wereldwijde reactie op hiv en aids coördineert, adviseert overheden de uiterste terughoudendheid als het erom gaat het strafrecht te hanteren in hiv-gerelateerde kwesties, onder meer omdat dit fataal zou kunnen zijn voor de preventie. Uit vrees voor de juridische implicaties zouden sekspartners niet langer geneigd zijn om open en eerlijk te praten over een hiv-infectie. Het maatschappelijke stigma zou nog sterker worden en mensen zouden zich nog minder snel laten testen. In Zweden, bijvoorbeeld, moeten mensen met hiv hun hiv-status vooraf kenbaar maken aan hun sekspartner, op straffe van vervolging. Het gevolg is dat veel mensen zich doelbewust niet laten testen, zodat ze het gewoonweg niet hoeven te vertellen.

Ook volgens Frankie leidt dat verplichte zwijgen ertoe dat seropositieve mensen onveilige seks hebben. 'Veel homoseksuelen hebben onveilige seks nadat ze wat te veel gedronken hebben. Iedereen wil veilige seks, iedereen heeft condooms op zak, thuis liggen overal condooms. Toch belanden veel jongens uiteindelijk in bed voor onveilige seks. We zijn maar mensen, we willen allemaal veilig vrijen, maar dat lukt niet altijd. Het is een olympische prestatie om altijd met een condoom te vrijen. Ik heb het zelf ook meegemaakt. In de eerste maanden na mijn diagnose had ik geen zin in seks. Dan ben ik in een soort depressie beland, ik heb toen dingen gedaan waarop ik niet fier ben. Je drinkt meer, je gaat uit, je hebt jezelf niet in de hand. In die periode heb ik onveilige seks gehad. Gelukkig bleek die jongen nadien niet seropositief. Ik heb daar zwaar van afgezien. Nadien heb ik een hele tijd geen seks meer gehad, ik wou mijn leven eerst op orde krijgen, ik was als de dood om iemand te besmetten. Sindsdien heb ik nooit meer gevreeën zonder condoom, ik zou het niet aandurven. Het mag nooit meer gebeuren. Ik drink bijna nooit meer, ik denk aan mijn verantwoordelijkheid. Uit vrees om in een situatie te belanden waarin ik onveilige seks zou kunnen hebben. We moeten eerlijk zijn: seks is niet rationeel, volstrekt niet.'

Het lijkt misschien in tegenstrijd met zijn angst om iemand te besmetten, maar Frankie vindt niet dat hij de morele plicht heeft om een potentiële bedpartner vooraf in te lichten over zijn status. 'Zolang de seks veilig blijft, ben je niet verplicht om het te vertellen. Ik kan perfect begrijpen dat jongens die een onenightstand hebben erover zwijgen. Waarom zou je het oprakelen als het veilig gebeurt? Seks is iets tussen twee mensen, de veiligheid ook. Ik kan morgen in een dronken bui onveilige seks hebben, daar draag ik de verantwoordelijkheid voor. Maar ook die andere partner kiest voor onveilige seks, het is altijd een gedeelde verantwoordelijkheid. De meeste besmettingen gebeuren door mensen die niet weten dat ze seropositief zijn, een gevolg van het feit dat er veel te weinig wordt getest. Zelf had ik in augustus 2006 een virale lading van 262.000 viruskopieën. In de periode voordien ben ik met verschillende mensen naar bed geweest, ik vrees dat de kans groot is dat ik enkelen van hen onwetend heb besmet. Ik ging ervan uit dat ik seronegatief was op een moment dat ik uiterst besmettelijk was. Vandaag is mijn virale lading ondetecteerbaar: als ik nu zonder condoom met iemand naar bed zou gaan, zou het risico nagenoeg nul zijn. Als een condoom bijvoorbeeld scheurt, dan heb je bovendien nog PEP. Je kunt het risico vergelijken met de kans dat je vliegtuig naar Benidorm morgen neerstort. Ik loop vrijwel geen enkele kans om een partner te besmetten.'

Wat Frankie nog meer mist dan seks, is intimiteit. 'Ik heb tegenwoordig weinig relaties. In de afgelopen twee jaar heb ik maar twee keer seks gehad, beide keren met dezelfde jongen. Seks kun je gemakkelijk vinden. Wat ik als seropositieve mis, is de intimiteit, het samenleven met iemand. Het leven delen met iemand, dat is het mooiste wat er is. Samen opstaan, samen eten, samen uit eten gaan, samen naar de cinema, samen op reis gaan. We moeten een kat een kat noemen: ik ben seropositief en het is niet eenvoudig om een relatie aan te knopen met iemand. Die behoefte is momenteel niet acuut, ik heb een revalidatieperiode van drie jaar nodig gehad om uit het aidsstadium te komen. Ik heb al mijn energie benut om mijn leven weer op een normaal spoor te krijgen. Ik denk niet dat ik de kracht zou hebben gehad om in een relatie te stappen. Normaal zal het nooit meer worden. Wanneer je een relatie hebt, is het normaal dat het condoom na verloop van tijd wegvalt. Wanneer je seropositief bent, kan dat niet. Ik hoop dat ik op zeker ogenblik iemand ontmoet die verder kijkt dan het hiv-virus. Het is piepklein, dat virus, toch zien de mensen het altijd, en niet de persoon die erachter zit. Ik ben nog altijd de Frankie van vroeger, ik ben niet veranderd. Alleen dat virus is erbij gekomen.'

Uit de relatieperikelen van seropositieve mensen blijkt dat hiv zijn vernietigende reputatie nog steeds waarmaakt. Het virus mag dan niet langer een terdoodveroordeling inhouden, het kan extreem dodelijk zijn voor een relatie. Een sluipschutter die je koud tussen de schouderbladen treft wanneer je je met een hart vol hoop tot een geliefde wendt. Jong of oud, man of vrouw, hetero of homo: hiv neemt iedereen in het vizier. 'Een seropositieve vriend van me is heteroseksueel, achtentwintig jaar, zeven jaar geleden getrouwd. Hij had twee perfect gezonde kindjes, huisje tuintje, alles erop en eraan. Hij ging op zakenreis, had onveilige seks met een prostituee en vertoonde een paar weken later griepsymptomen. Seropositief. Enkele maanden later woonde hij op een kamertje. Verlaten door zijn vrouw, zijn kinderen ziet hij niet meer, zijn eigen familie wil hem niet meer kennen. Dat is jammer genoeg de realiteit. Je kunt dan zeggen: waarom geen partner zoeken die ook seropositief is? Ik heb daaraan gedacht, maar met de meesten heb ik niets gemeen buiten het feit dat we hetzelfde virus hebben. Een relatie kan toch niet gebaseerd zijn op samen dezelfde ziekte hebben?'

Het leven kan rare bokkensprongen maken. *Probeer maar eens een relatie aan te gaan met iemand die niet seropositief is: onmogelijk.* Vandaag moet Frankie terugkomen op zijn eigen bittere oprisping. 'Het tij is inderdaad gekeerd. Ik ontmoette een seronegatieve man, een Amerikaan, met wie er een klik was. Na wat sms'jes en e-mails bleek dat we ons tot elkaar aangetrokken voelden. Het was een raadsel, we kenden elkaar nauwelijks. Ik voelde weer vlinders in mijn buik, vrienden zagen het aan me. Meteen dook het hivspook weer op. Ik moest het hem zeggen vooraleer ik mezelf toestond verliefd te worden. Ik wilde niet nog eens afgewezen worden, dat doet steeds meer pijn. Ik stuurde een e-mail. *Ik heb hiv.* Als hij niets meer van me zou willen horen, zou ik het begrijpen, zo reageren mensen nu eenmaal. Zijn antwoord luidde: *Don't try to explain to people, their superficiality and lack of intelligence keeps them from understanding.* Die zin zal me de rest van mijn leven bijblijven, in enkele woorden vatte hij de kern samen. Hiv is tussen ons geen issue. We houden er rekening mee, maar het beheerst ons samenzijn niet. Ik besef dat we elkaar pas kennen, enkel de toekomst kan uitwijzen of dit zal uitgroeien tot een langdurige relatie. Eén ding is zeker: als er een einde komt aan ons samenzijn, zal hiv niet de reden zijn. Er zijn wel degelijk mensen die een relatie met een seropositieve partner een kans willen geven.'

POSITIEVE SEKS

Hiv en seks: het lijkt een ongelukkig huwelijk, maar dat hoeft beslist niet zo te zijn. Als je in een relatie zit of op het punt staat er één aan te gaan, praat dan tijdig over de seksuele implicaties van hiv. Wat kan en wat kan hoegenaamd niet? Hoe wil je samen genieten en hoe kan dat zonder gevaar? Steek je angst en je zorgen niet weg, maak ze bespreekbaar. Ga de delicate vragen niet uit de weg. Loop ik het risico mijn partner te besmetten? Zullen we samen oud worden? Kunnen we nog denken aan kinderen? Zal hij/zij me ooit nog vertrouwen? Wat doet hiv met mijn libido? Als je er samen met je partner uit bent, kun je denken aan veilige seks.

WAT IS VEILIG VRIJEN?

Veilig vrijen is elke vorm van seksueel verkeer waarbij geen geïnfecteerd bloed, sperma of vaginaal vocht in het lichaam van de partner komt. Zijn dus perfect risicovrij: kussen, strelen, tongzoenen, masseren, klaarkomen op het lichaam enzovoort. De verbods- en gebodsregels zijn glashelder.

- Gebruik altijd een correct condoom (met CE-label) als je vaginaal of anaal seksueel contact hebt.
- Vermijd het slikken van sperma en let op wondjes en zweertjes in de mond.
- Het risico bij beffen is klein, maar wordt reëel tijdens de menstruatie. Je maakt het best gebruik van een beflapje, ook wel liklapje genoemd (een dun lapje, meestal van rubber, dat je over de schaamlippen en de clitoris kunt leggen zodat er geen rechtstreeks contact is tussen tong en vulva), of een opengesneden condoom.
- Inspecteer jezelf op wondjes.

TIPS VOOR EEN GOED CONDOOMGEBRUIK

Een condoom vormt een ondoordringbaar pantser voor hiv. Bij correct gebruik is de kans dat een condoom scheurt of afglijdt miniem.

Het is ook aangewezen om condooms van goede kwaliteit te gebruiken. Let op de houdbaarheidsdatum op de verpakking en gebruik alleen goedgekeurde condooms (Europees CE-label op de verpakking). Condooms worden vaak bewaard in een portefeuille. Dat is niet zo best, want de verpakking kan makkelijk beschadigd raken, zodat het condoom uitdroogt. Steek ze ook niet in je jaszak samen met je autosleutels of een nagelvijltje. Als je voor anale contacten voldoende glijmiddel gebruikt, is een condoom met CE-label sterk genoeg. Let erop dat het gaat om glijmiddel op basis van water of siliconen en niet op basis van olie (die tast de kwaliteit van het rubber aan).

ZONDER CONDOOM?

In 2008 heeft de Zwitserse overheidscommissie voor aidsvragen het standpunt ingenomen dat mensen met hiv die door combinatietherapie zes maanden of langer een ondetecteerbare virale lading hebben, therapietrouw zijn, onder reguliere medische controle staan, en geen andere soa noch beschadigingen van het slijmvlies (anus, penis of vagina) hebben, seksueel praktisch niet meer infectieus zijn. Volgens die commissie kunnen vaste partners in een serodiscordante relatie (één partner met hiv, één zonder hiv) in dat geval overwegen om geen condooms te gebruiken, indien ze geen seks (ook geen beschermde) hebben met anderen. Voor alle duidelijkheid: de commissie blijft condooms aanbevelen voor al wie aan de bovengenoemde voorwaarden voldoet maar seks heeft met losse partners.

Het advies van artsen blijft echter om altijd condooms te gebruiken als je volledige zekerheid wilt, omdat:

- Uit studies blijkt dat iemand met een ondetecteerbare hoeveelheid virus in het bloed toch een detecteerbare hoeveelheid virus in het sperma, vagina- of anusvocht kan hebben.
- Moeilijk te beoordelen is of er slijmvliesbeschadigingen aanwezig zijn. Deze kunnen nooit helemaal worden uitgesloten.
- Er een geringe kans bestaat dat de virale lading sinds de laatste bepaling is gestegen.

Het medische standpunt blijft dus consequent condoomgebruik. Toch is het Zwitserse advies voor veel mensen met hiv een opsteker, al was het maar omdat het de angst om anderen te infecteren, aanzienlijk doet afnemen, mits bepaalde voorwaarden zijn vervuld.

Heb je hierover vragen of twijfels, leg ze dan in elk geval voor aan je behandelende hiv-arts en praat erover met lotgenoten.

WAAROM NIET SEROSORTEREN?

Mensen met hiv kunnen zonder enig probleem seks en relaties hebben met mensen zonder hiv. Toch kiezen sommigen ervoor te serosorteren. Dat wil zeggen dat je als persoon met hiv alleen maar seropositieve partners kiest, bijvoorbeeld uit angst om iemand te besmetten of om disclosure-perikelen uit de weg te gaan. Soms opteren mensen die serosorteren ook voor onveilige seks, want ze zijn toch al geïnfecteerd. Dat is af te raden, om drie redenen:

- je loopt altijd de kans een andere soa op te lopen,
- je loopt gevaar op een herinfectie met een andere variant van hiv,
- je loopt het risico op resistentie tegen bepaalde hiv-remmers.

HET VERHAAL VAN

ANNEMIE

IK LEEF MIJN LEVEN MET HIV. Dat schuldgevoel, daar kom je niet ver mee. Het feit dat je hiv hebt, daar moet je mee verder. Het is gebeurd, ik probeer er niet te veel bij stil te staan. Het is vooral heel stom dat het is gebeurd. Ik wist dat ik een risico liep, toch raakte ik ervan overtuigd dat een condoom niet hoefde. Liefde is blind, zeggen ze.

Ik ben bijna veertig en werk voltijds. Mijn jeugd bracht ik door aan de kust, een leuke tijd met mooie herinneringen aan enkele jeugdkampen. Toen ik ging studeren, mocht ik tot mijn verrassing op kot – ik kom uit een beschermde omgeving. Met mijn diploma op zak begon de zoektocht naar werk. Ik wou zo vlug mogelijk van huis weg, ik was er klaar voor. Ik heb een beetje overal gewerkt: in het ziekenhuis, de gevangenis, de thuisverpleging. Als prille twintiger leerde ik mijn toekomstige man kennen, het was mijn eerste serieuze relatie. Anderhalf jaar later zijn we getrouwd, achteraf bekeken was dat heel snel. Hij was politiek vluchteling, trouwen was de eenvoudigste oplossing om alles geregeld te krijgen. In die tijd werkte ik in Brussel, hij in Brugge. Omdat ik makkelijker ander werk kon vinden, ben ik naar daar verhuisd. Later zijn we in een klein dorp beland, de huizen in de stad waren te duur. Het is een toffe omgeving voor de kinderen, met veel groen en open ruimten.

Verliefd

Hoe gaat dat in een relatie? Op een bepaald moment verloren mijn man en ik onszelf in het werk. Hij reed internationale transporten en was vaak weg. Het liep mis, een zestal jaar geleden werd ik verliefd op iemand anders. Je kunt proberen zo'n verliefdheid te laten overwaaien. Ik heb dat niet gedaan, het heeft anderhalf jaar geduurd. Door mijn opleiding en mijn werk besefte ik dat ik voorzichtig moest zijn, ik stond erop dat hij een condoom gebruikte. Op een bepaald punt in onze relatie heeft hij me ervan overtuigd dat dat niet langer nodig was, hij had zich laten testen en was negatief. Terwijl hij met mij een relatie had, moet hij nog met anderen hebben gevreeën. Zo is hij besmet geraakt. Achteraf bleek dat hij me van alles heeft voorgelogen. Ik had het niet door, ik was tot over mijn oren verliefd.

De ontnuchtering volgde toen ik een arts consulteerde voor een eiceldonatie. Aangezien mijn eigen kinderwens was vervuld, wilde ik anderen helpen. Ik werd getest op seksueel overdraagbare aandoeningen, en bleek hiv te hebben. Het overviel me, ik had geen flauw vermoeden, ook al wist ik dat ik in een situatie zat die risico's kon inhouden. Het was dinsdag 13 maart 2007, zo'n datum die je nooit meer vergeet. De dokter belde me op: hij had me iets te vertellen, het kon niet over de telefoon. Hij heeft me goed geïnformeerd, moet ik zeggen, er werden meteen afspraken gemaakt met het aidsreferentiecentrum. Het kwam allemaal op me af, ik zat met vragen. Een van de eerste was of ik mijn kinderen zou zien opgroeien. Ik had gehoord over de nieuwe medicatie, maar wist er niet veel van.

In die periode heb ik veel gehuild. Het moeilijkste vond ik in de eerste plaats niet die hiv, maar het relationele, dat ik moest toegeven dat ik een relatie had met iemand anders. Ik heb mijn man dadelijk op de hoogte gebracht van mijn hiv. Het heeft nog een week geduurd eer ik durfde te bekennen dat ik het had gekregen door een affaire met een andere man. Het moet voor hem heel moeilijk zijn geweest, toch gingen we altijd samen naar de arts. We hebben ontzettend veel met elkaar gepraat. We moesten eruit zien te komen of we nog met elkaar verder zouden gaan.

De man op wie ik verliefd was, hield zich eerst van de domme, maar achteraf bleek dat hij het wist. Wat hij heeft gedaan, is smerig. Ik wil er me niet te kwaad over maken, er geen energie aan verspillen. Ik moet verder met het feit dat ik hiv heb, daar moet ik me druk over maken. Uiteraard heb ik hem verzocht het te vertellen aan al zijn andere bedpartners. Het is maar de vraag of hij dat daadwerkelijk heeft gedaan. Vandaag vraag ik me af hoe ik ooit voor hem ben kunnen vallen. Als je verliefd bent, zie je dat niet.

Bijzaak

In de eerste maanden na de diagnose was het hele leven hiv, de rest was bijzaak. Ik zocht op de site hivmix.com naar gelijklopende verhalen, daaraan heb ik veel steun gehad. Via Sensoa hebben mijn man en ik een gesprek gehad met een ander koppel, hij had hiv en zij niet. We zijn ook in relatietherapie gegaan, op aanraden van de arts. Soms denk ik dat mijn hiv in zekere zin ook goed is geweest, want er zijn veel positieve dingen uit voortgekomen. Als we niet waren geconfronteerd met het feit dat ons huwelijk mank liep, zouden we nog meer uit elkaar zijn gegroeid. Onze relatie had een schok nodig, alleen jammer dat het hiv moest zijn.

We werden als koppel zwaar op de proef gesteld. De arts had ons allebei twee weken ziekteverlof voorgeschreven. Het werden dagen van praten, wenen en ruzie maken. Daartussen de kinderen die we moesten ontzien. Onlangs heb ik het verteld aan mijn oudste zoon, en zijn reactie was dat het veel dingen verklaarde. Nu wist hij waarom papa en mama in die tijd zo veel ruzie maakten. Je probeert het af te schermen, de kinderen merken het toch.

Lichamelijk voel ik me uitstekend. Mijn bloedwaarden zijn op niveau, ik ben in goede medische handen. Een half jaar geleden had ik schimmels in mijn mond gekregen, en was ik ook doorlopend moe. Blijkbaar waren mijn CD4-cellen sterk gedaald, ik ben dan gestart met medicatie. Sindsdien voel ik me veel beter. Ik neem vier pillen, allemaal 's morgens, om halfacht. In het weekend kan dat al eens pijnlijk zijn, in de week zit ik rond die tijd op de trein. In het begin had ik er last van, vier pillen slikken op een nuchtere maag. Ik werd er misselijk en draaierig door. Nu probeer ik er wat meer bij te eten, dat gaat veel beter. Andere bijwerkingen ondervind ik niet, buiten mijn oogwit dat af en toe gelig wordt. Ik houd de pillen zo veel mogelijk verborgen voor mijn kinderen. Als ze me ze toch zien nemen, zeg ik dat het is om niet ziek te worden. Zo beschouw ik het zelf ook, het moet gewoon. Het resultaat is er, mijn virale lading is al ondetecteerbaar. Ik ben vanzelf ook meer gaan letten op mijn gezondheid. Vroeger rookte ik af en toe, nu niet meer. De eerste maanden vermeed ik ook alcohol, nu durf ik alweer een glas te drinken. Ik ben ook gaan badmintonnen. Sporten deed ik sowieso al graag, en mijn hiv is een extra stimulans geweest.

Zwijgen

Vertellen over mijn hiv doe ik niet. Mijn man en ik hebben dat zo beslist. Hij heeft het enkel aan een goede vriend van hem gezegd, om zelf een uitlaatklep te hebben. Verder weet niemand het: mijn ouders niet, mijn familie niet, onze vrienden niet. Ik heb zelf genoeg momenten gehad dat ik het allemaal kwijt wilde. Hij wil dat niet, het moet voor hem iets tussen ons blijven, uit vrees voor het maatschappelijke stempel. Hij moet zich al bewijzen vanwege een andere huidskleur, die hiv zou er voor hem te veel aan zijn. Hij vreest ook dat onze kinderen zullen bekendstaan als *die van die mama die hiv heeft*. Wat niet weet, niet deert: we zwijgen er dus over. Er zijn veel momenten wanneer dat zwijgen me zwaar valt, bijvoorbeeld als collega's op het werk praten over problemen met hun cholesterol of hun bloeddruk. Ik kan nooit zeggen wat er op mijn lever ligt. Alleen met mijn arts kan ik er openlijk over praten, maar zodra ik daar buiten stap, gaat alles weer op slot. Ik had ook een goed contact met de sociaal verpleegkundige in het ziekenhuis, maar die is vertrokken en vervangen door iemand anders. Jammer, want ik heb nood aan een vertrouwensrelatie.

Het wringt dat ik de waarheid nooit kan zeggen. Soms hoor ik mensen extreme uitspraken doen, dan komt het naar boven en zeg ik mijn mening. Maar ik kan nooit duidelijk maken dat ik het zelf heb, dat is mijn geheim dat ik altijd meedraag. Daarom ben ik zo blij dat mijn oudste zoon het weet. Hij heeft er heel goed op gereageerd. Hij had enkele vragen, en mijn antwoorden volstonden voor hem. Occasioneel wil hij nog iets weten, en ik probeer hem bij een aantal dingen te betrekken. In mijn jeugd werd er heel weinig gesproken over seksualiteit en relaties. Ik vind het heel belangrijk dat mijn kinderen goed op de hoogte zijn en er met ons over kunnen praten. Mijn ouders zijn niet ingelicht. Toen ik hen vertelde over de problemen tussen mijn man en mij, werd mijn vader zo boos dat ik iets had van: tot hier en niet verder. De rest zullen ze nooit te horen krijgen, dat risico neem ik liever niet. Ze weten trouwens nauwelijks iets over hiv.

Aan mijn behoefte om erover te communiceren kon ik voldoen tijdens een lotgenotenweekend van Sensoa. Dat was een ervaring die voor herhaling vatbaar is, een heel weekend vrijuit praten over hiv. In de marge heb ik er een en ander opgestoken over homoseksualiteit. Ik schrijf mijn ervaringen en mijn emoties regelmatig neer. Als je alleen maar dat zou lezen, zou je kunnen vermoeden dat ik een heel triestig leven heb. Dat is niet zo, maar op die manier kan ik het van me afschrijven, het lucht me op als ik een dipje heb.

Vertrouwen

Als je naast elkaar begint te leven, loopt het fout in een relatie. Mijn man en ik hebben leren praten met elkaar. In die zin is hiv voor ons een zegen gebleken, ondanks de pijn die er is geweest en die op bepaalde momenten nog de kop opsteekt. Onze relatie is weer beter, maar het vertrouwen is weg, dat is soms vermoeiend. Hij stelt me gedurig vragen, ik word dan kwaad. Als ik een vergadering in Brussel heb, krijg ik de vraag of ik echt daarheen ga. Wat zou ik anders doen? Ik heb mijn les wel geleerd. Ik heb ook geleerd dat een relatie nooit vanzelfsprekend mag zijn. Je moet je er blijvend van bewust zijn, tijd vrijmaken voor elkaar, samen dingen doen die je graag doet. We volgen nu danslessen en dat is fijn. De volgende stap is wat vaker uitgaan om onze nieuwe passen uit te proberen. Maar als ik dan weer alleen ga badmintonnen, heeft hij het opnieuw moeilijk. Het zal veel tijd vergen.

Het psychische ongemak van hiv is voor mij groter dan het lichamelijke, zoals de angst om anderen te besmetten. Na de diagnose was er de heilige schrik dat ik misschien mijn man had geïnfecteerd. Dat bleek gelukkig niet het geval. Ik herinner me ook een ongevalletje thuis waarbij ik totaal panikeerde. Iedereen moest weg omdat er bloed was. Als een van de kinderen een wondje had, moest mijn man dat ontsmetten. Vandaag ben ik daarin veel rustiger, ik weet hoe miniem de kans op besmetting is. Ik bekijk het heel praktisch: als ik zelf geen wondjes heb, is er niets aan de hand. Ook op seksueel vlak is dat geëvolueerd. In het begin stel je je vragen bij alles, je durft haast niet te kussen, ook al weet je verstand dat dat belachelijk is. We doen het sindsdien altijd met condoom. Ik weet dat sommigen in het geval van een vaste partner en een ondetecteerbare virale lading overwegen het condoom weg te laten, maar wij doen dat niet. Het gebruik van een condoom heeft trouwens zijn charmes, je staat ervan versteld hoeveel soorten condooms er zijn.

Meestal ben ik niet bewust bezig met mijn hiv, het maakt deel uit van het geheel. Ik leef gewoon verder. Het eerste jaar was dat anders: hiv was het enige wat bestond, ik was er constant mee bezig. In het zwembad vroeg ik me af of ze het aan me zouden zien. Op een congres bedacht ik wie van de aanwezigen hiv zou hebben. Ik kon me toen niet inbeelden dat dat gevoel ooit zou weggaan. Geleidelijk is het veranderd, dat hoor ik ook van anderen. Vandaag kan hiv mijn hoofd binnensluipen op onverwachte momenten. Ik zag een film over een moeder die een orgaan afstond aan haar kind. Door mijn hoofd flitste de gedachte: *Dat zal ik nooit kunnen.* Bloed geven is nog zoiets, nochtans heb ik dat vroeger veel gedaan. Op het werk word ik weleens met uitgesproken vooroordelen geconfronteerd. *Wie hiv heeft is een stommerik, mensen weten toch dat ze een condoom moeten gebruiken.* Ga dan maar eens vertellen dat je zelf hiv hebt.

Schuld

Het is mijn eigen verantwoordelijkheid dat ik hiv heb, maar ik ga niet gebukt onder een loodzwaar schuldgevoel. Ik zou me schuldiger voelen als ik me liet gaan en in een depressie raakte, ook al heb je dat niet altijd in de hand. Slechte momenten kent iedereen. Dan zeg ik dat ook aan mijn man: *Vandaag gaat het minder.* Ik weet best dat het een vicieuze cirkel is. Als mensen als ik er nooit mee naar buiten komen, gaan de anderen er nooit aan wennen, wat ons er weer van weerhoudt om het te vertellen. Wellicht moet er wat tijd over gaan, binnen enkele jaren kan ik er misschien open over zijn.

Met hiv kun je leven, toch is het het best dat je het niet krijgt. De discipline van de pillen, de bijwerkingen, de onzekerheid... Hiv is geen rem op mijn leven, integendeel, ik realiseer me nog meer dat het nu moet gebeuren. Ik leef in het heden, ik wil niet piekeren over aids of bijwerkingen, dat brengt me niets op. Het is wel van invloed op de plannen die mijn man en ik lang koesterden om uit België weg te gaan. Door mijn hiv zijn we dat anders gaan zien: eigenlijk is het hier nog niet zo slecht, de zekerheid van medicatie, de terugbetaling. Die plannen zijn opgeborgen, hiv heeft me rustiger gemaakt. Ik zou nog van werk willen veranderen, naar het onderwijs. De eerste stapjes zijn al gezet. Ik ben me er scherper van bewust dat ik moet doen wat ik graag doe. Dat we samen met de kinderen moeten leven en genieten. Een tante van me had kanker, ze wou dat nooit zeggen. Ze wilde niet dat ze haar zagen als die vrouw met kanker, ze was meer dan dat. Ik snap dat wel. Ik ben niet alleen iemand met hiv, ik ben ook mama, vrouw, partner en vriendin.

HOOFDSTUK 6

VRIENDEN

'IK DURF TE ZEGGEN DAT IK HEEL VER STA, *er zijn honderden mensen die het weten. Ik heb het een plaats gegeven, dat heeft twee jaar geduurd. Als ik vandaag iemand leer kennen met wie het klikt, en dat kan ook zuiver vriendschappelijk zijn, dan kan ik zonder complexen zeggen dat ik seropositief ben. Dat is voor mij een teken dat ik ermee in het reine ben. Het is een deel van mezelf, maar het is niet allesoverheersend. Ik ben Thierry, mijn leven is alles wat eromheen hangt, hiv hoort daarbij. Er volledig over raken lukt nooit, het is zoals iemand verliezen. Ik was achttien toen mijn grootmoeder stierf, ik denk nog steeds aan haar, maar op een andere manier.'*

Niemand kan zonder vrienden, daarover zijn we het allemaal eens. Met vrienden delen we wel en wee en beleven we fijne momenten. Vrienden zijn er wanneer we steun zoeken, ze bieden een luisterend oor. Vriendschap is eten en drinken voor de ziel. Voor velen is geluk het hoogste goed waarnaar een mens kan streven. Wie dat geluk analyseert, merkt dat het rechtstreeks is gerelateerd met anderen, met vriendschap. De Griekse filosoof Aristoteles zei over de vriendschap: *Ware vriendschap is de liefde voor de ander, omwille van de ander.* Het is een definitie waarin iedereen zich zal kunnen vinden. Ze is echter in de praktijk niet meetbaar omdat iedereen haar anders invult. Wanneer wordt iemand een vriend en waarom blijft iemand een kennis? Dat criterium is erg persoonlijk, het is voor iedereen anders, maar voor allen even essentieel.

Omdat vriendschap zo ingrijpend is en zo sterk verweven met wie we zelf zijn, kunnen onze vrienden ons veel pijn doen. Al wat ze zeggen of doen, raakt ons in ons wezen. De beste vrienden worden soms gezworen vijanden. Ieder van ons heeft links of rechts al duurzame relaties tussen vrienden zien teloorgaan. Als je weet dat vriendschap zo breekbaar kan zijn, rijst de vraag of je vrienden kunt vertellen dat je hiv hebt. Is vriendschap daartegen bestand? *God beware me voor mijn vrienden, mijn vijanden neem ik zelf wel voor mijn rekening*, sprak de veldheer. De afwijzing van een vriend treft je veel harder dan de kille reactie van de maatschappij. Vriendschap is verraderlijk. Genegenheid kan verdwijnen als sneeuw voor de zon, wanneer de omstandigheden tegenzitten. Zoals een kreeft van water houdt, maar niet wanneer het kookt. *Ze waren geen echte vrienden*, heet het dan. Soms staan we ervan versteld hoe weinig echte vrienden we overhouden.

Wie klaagt is niemands vriend, dat is een andere ijzeren wet. Mensen willen leuke, opbeurende verhalen, ze willen niet in contact worden gebracht met negatieve dingen, alsof ze die door hun stilzwijgen kunnen bezweren. Onze maatschappij heeft lang een cultuur van verhulling in stand gehouden. Dat veranderde pas de laatste decennia mondjesmaat. Er kan nu openlijk worden gesproken over onderwerpen die voor onze ouders taboe waren. Waarom blijft het dan moeilijk praten over hiv? Als het toch gebeurt, geldt het principe van de omgekeerde evenredigheid. Hoe minder de mensen af weten van hiv, hoe meer verhaaltjes en misverstanden de ronde doen. Alsof kennis van zaken een lastig insect is, dat mensen van hun lijf willen houden. Zo werd hiv naast een levensbedreigende ziekte ook een sociale ziekte. Het eerste is veranderd, het tweede niet. Zoals zo vaak hinkt de maatschappelijke reflex achterop bij de feiten. Die feiten zijn dat hiv vandaag een controleerbare chronische aandoening is en dat de nieuwste medicatie de virale lading van de meeste mensen met hiv tot een ondetecteerbaar niveau terugdringt, wat inhoudt dat ze veel minder besmettelijk zijn. Toch houdt de oude beeldvorming van hiv hardnekkig stand, de confrontatie met de eigen sterfelijkheid weerhoudt ons van een precieze kijk en een genuanceerd oordeel. Hoe sneller we van die stereotiepe reacties af raken, hoe beter. Wie hiv heeft, vraagt niet om medelijden of een speciale behandeling. Gewoon wat begrip en een normale omgang tussen mensen, meer moet dat niet zijn volgens Thierry.

'Het is vandaag voor mij relatief gemakkelijk om ervoor uit te komen. Het wordt alleen moeilijk in situaties waarin je iets te verliezen hebt, als je iemand op het oog hebt met wie het iets kan worden. Op sociaal vlak heb ik tegenover al die positieve reacties maar één negatieve gehad. Die openheid zit in mijn karakter, met mijn homoseksualiteit was het net hetzelfde. Ik deed mijn comingout in een school waar de leerlingenpopulatie overwegend islamitisch was, en ik kreeg van bijna iedereen bemoedigende reacties. Ik zit helemaal in dat stramien, al mijn hele leven. Openheid en er iets positiefs voor terugkrijgen. Zeggen dat ik hiv heb, is voor mij niet zo'n grote stap. Met hiv kun je niemand iets misdoen, al zie je mensen denken: *We zullen maar oppassen.* Ik begrijp dat wel, ik ben ook negatief geweest. Ik kende toen iemand die positief was en dat was raar, ik zag een gezonde mens voor mij. Ik heb er nooit veel met hem over gepraat, ik wist het en ik heb het geaccepteerd. Als mensen me vandaag anders willen bekijken, doet me dat niets. De mensen om wie ik geef, bekijken mij zo niet. Ze zijn met velen, dat is mijn sterkte. Al die mensen zijn er voor mij en het maakt hen niets uit of ik hiv heb of niet. In mijn omgeving is hiv niet langer een taboe, in de maatschappij jammer genoeg wel. Dat hoeft niet zo te zijn. Mensen met hiv kunnen in het gewone maatschappelijke verkeer functioneren zoals Jan en alleman. Ze zijn volstrekt niet besmettelijk, zeker niet als ze worden opgevolgd in een aidsreferentiecentrum en als hun virus onder controle is.'

De ervaring van Thierry lijkt een optelsom van goede reacties. Dat heeft volgens hem veel te maken met de manier waarop hij er zelf mee omgaat. Met wat er achter zijn rug wordt verteld, houdt hij zich niet bezig. In al die jaren is hem slechts één negatief voorval bijgebleven. 'Er kwam een koppel bij me eten, niet de beste vrienden, gewoon kameraden. Ik was toen een half jaar geïnfecteerd. We hadden lekker gegeten en er ontstond een discussie. Eén van hen opperde dat alle mannen met hiv op een eiland moesten worden gedropt, de andere leek het daar niet mee eens te zijn, maar durfde geen woord te zeggen. Op mijn mededeling dat ik zelf positief was, kwam een ijskoude reactie zonder enige empathie: de man ging gewoon verder met zijn betoog. Ik heb hen de deur uit gejaagd en ben beginnen te wenen. Gelukkig heb ik voor het overige alleen maar fantastische vrienden, vandaar mijn boutade dat goede vrienden beter werken dan de beste aidsremmers. Ik zie hiv eerder als een psychologische dan een medische kwestie, de steun van vrienden kan helend werken.'

Heel dichtbij

Onbekend is onbemind. De onwetendheid over hiv maakt dat mensen ramen en deuren sluiten voor het donker wordt. 'De mensen weten er amper iets van. Ze zien alleen iets wat letterlijk in bed kruipt, iets wat héél dichtbij komt. Hiv is een ziekte die je in de westerse wereld bijna altijd krijgt door onveilige seks. Ik denk dat dat het gigantische taboe verklaart. Mensen sluiten zich ervoor af, omdat ze anders moeten toegeven dat het ook hen zou kunnen overkomen. Seks heeft met gevoel en opwinding te maken, het is iets wat de ratio voor een deel uitschakelt, wat maakt dat het condoom soms wordt weggelaten. Veel mensen lopen hiv op in hun relatie, ze doen het zonder condoom omdat er vertrouwen is. Maar als een partner vreemdgaat en onveilig vrijt, wordt daar vaak niet over gesproken. Ik heb een congres meegemaakt waar steeds weer werd gewezen op veilig vrijen. Ik stond op en vroeg wie er kon zeggen dat hij zijn hele leven consequent veilig had gevreeën. Niemand stak zijn vinger op. Natuurlijk weten we dat we met een condoom moeten vrijen, natuurlijk weten we dat we onze veiligheidsgordel moeten aandoen, natuurlijk weet een roker dat hij moet stoppen met roken. Het is gemakkelijk gezegd, maar soms loopt het mis. Ik heb die pech gehad, ik heb een aantal keren onveilig gevreeën.'

Taboe of niet, Thierry zit er niet mee om zich te outen. Vorig jaar liep hij in Antwerpen de 10 Miles met een opvallend T-shirt dat aan duidelijkheid niets te wensen overliet. 'Er waren in ons team lopers met hiv die altijd hadden meegetraind en naar dat moment hadden toegeleefd. Als puntje bij paaltje kwam, durfden ze het T-shirt met het opschrift "Hiv-Run" niet te dragen. Ik kan dat begrijpen, ik denk niet dat het schaamte is, maar angst. Hiv is zo'n zwaarbeladen etiket, alsof je een pijl boven je hoofd hebt hangen, zoals in een cartoon. Ik vind het zelf geen probleem, maar ik kan me voorstellen dat het voor sommige mensen te moeilijk is, emotioneel te zwaar. Zes jaar geleden had ik het ook niet gekund. In die tijd lag ik stilletjes in mijn bed en moest niemand mij storen. Ik heb de draad van het leven weer opgenomen en ik geniet van elke minuut. Dat is een proces, iets wat je niet van de ene dag op de andere kunt bereiken.'

Thierry's evolutie vormt een frappante illustratie van de vaststelling dat veel mensen met hiv positiever gaan leven. Ze willen meer uit het leven halen, in het besef dat het bestaan eindig is. We ervaren dat gevoel allemaal bij de grote ijkpunten in het leven: een langdurig afscheid, de begrafenis van een dierbare, de kinderen die het huis uitgaan. Het zijn de zeldzame momenten waarop we stilstaan en terugblikken. De schaarse keren waarbij we afstand nemen van de dagelijkse ratrace en de grote lijnen zien. Dat flitsende inzicht dat we bewuster moeten leven. De volgende dag zijn we het weer vergeten, een jengelend kind claimt onze aandacht, een vergadering op het werk moet voorbereid, een rekening betaald. Het lijkt erop dat veel mensen met hiv er na hun diagnose wel in slagen om dat inzicht te behouden.

'Iedereen weet dat het leven hoogtes en laagtes kent. Ik zit momenteel heel hoog, ik beleef een periode van mijn leven die heel bevredigend is. Ik voel me enerzijds nog heel jong en ervaar anderzijds de wijsheid van iemand die naar de vijftig gaat. Als ik mijn geest wil leegmaken, ga ik op de loopband of zwemmen, dan naar de sauna, naar huis, muziekje, een telefoontje naar een goede vriend en mijn bed in om te slapen als een roos. Mensen zien meestal die tevreden, goedlachse, enthousiaste kant van me. Natuurlijk heb ik ook een andere kant die eerder in de negentiende eeuw thuishoort, ik ben een echte romanticus. Als ik één zin heb onthouden uit mijn vier jaar durende opleiding geschiedenis, is het deze: *Daar waar ik niet ben, daar is het beter.* Het voortdurende zoeken naar meer, naar iets anders, dat zit wel in mij. Dat is iets wat helemaal van mezelf is, waar niemand aankomt. Met mijn beste vriendin heb ik al meer dan twintig jaar een ongelooflijke relatie. Toch weet zij dat er een stuk Thierry is waar ze niet aan kan. Dat is prima zo, iedereen heeft dat. Ik voel me uitstekend zoals ik ben. Als iemand me vraagt waar ik in de toekomst wil staan, antwoord ik: *Waar ik nu sta.* Dat mag ook zonder relatie, een relatie zal mijn geluk niet bepalen. Dat is de reden waarom mijn vorige relatie kapot is gegaan: het was niet mijn hiv, ik gaf niet genoeg van mezelf. Ik kan veel geven aan veel mensen, misschien te weinig aan één persoon.'

Dakloos

Hoogtes en laagtes: als iemand erover kan meepraten, is het Helen. Het lot had haar niet gespaard voor ze naar België kwam: haar man was overleden door een auto-ongeval en ze had een chronische ontsteking aan haar voet. In het land waar ze medisch soelaas zocht, kreeg ze er nog een opdoffer bovenop. Totaal onverwacht moest ze een beslissing nemen die haar levenstraject definitief in een andere plooi zou leggen. Het was haar enige optie, al impliceerde het een plots afscheid van haar zoon, haar familie, haar werk en sociale geborgenheid. De vrienden die haar nood hadden kunnen lenigen, woonden op een ander continent. Ze zat letterlijk aan de grond in een volslagen onbekende omgeving en was zelfs een tijd dakloos. Ze vertelt het met de glimlach, alsof de verwerking van zo veel tegenslagen een peulschil is.

'Via mijn broer, die in Brussel werkte, was er voor mij een afspraak gemaakt in het Park Leopold-ziekenhuis. Ik had mijn voet laten onderzoeken door een specialist. Ik verwachtte goed nieuws, en kreeg te horen dat ik seropositief was. In die tijd kwam ik dikwijls in het park om na te denken, ik moest een beslissing nemen. Het werd blijven, al had ik slechts kleren voor twee weken in mijn koffer, verder niets. Ik kon gelukkig in het huis van kennissen uit Oeganda verblijven. Een week werd een maand, een maand werd een jaar. Het was uitzichtloos: ik had geen geld voor eten, voor zeep. Het werd een probleem, er waren wrijvingen. Dus heb ik mijn kleine blauwe zak gepakt en ben ik vertrokken. Ik heb een tijd als dakloze geleefd. Overdag liep ik rond, ik ging naar de bibliotheek of ik zat in het Centraal Station. 's Avonds probeerde ik een bed te krijgen via Samu Social, een vereniging voor daklozen. Dat is me maar twee keer gelukt. Ik sliep op straat of in het station. Gelukkig had ik een tram- en buskaart voor drie maanden gekregen van mijn maatschappelijk werker in het ziekenhuis. Het was oktober, november: ik heb veel tijd in de bus doorgebracht om warm te blijven. Dat heeft een maand geduurd. Het probleem was dat ik geen asielzoekster was. Ik had een visum voor drie maanden, nadien was ik illegaal in het land. Het was niet gemakkelijk om opvang te vinden, ik ving bot bij zowat alle verenigingen en instanties. Uiteindelijk heb ik in de kerk waar ik vaak kwam een vrouw ontmoet, die me heeft geholpen toen ze begreep dat ik dakloos was. Ik kwam in contact met Sensoa, en zo ben ik in Antwerpen beland. Het heeft heel lang geduurd voor ik onderdak vond bij het het OCMW en in een sociaal appartement kon gaan wonen.'

Helen is uitstekend geplaatst om te vergelijken hoe er in twee verschillende werelden wordt omgegaan met hiv. 'In Oeganda werd er vroeger niet over gepraat, vandaag zijn de mensen er veel meer open over. Je moet weten dat het een van de eerste landen was die zwaar werden getroffen door aids. Er was in de jaren tachtig een liedje: *Today it's me, tomorrow someone else.* Er zijn nog altijd mensen die niet genoeg informatie hebben, maar dat is ook zo in Europa. Ik krijg soms de indruk dat men hier nog altijd denkt dat hiv louter een Afrikaanse ziekte is. Ik vraag die mensen altijd of ze zelf een test hebben gedaan. *Natuurlijk niet.* En hoe ze dan zeker kunnen weten dat ze niet zelf seropositief zijn. Voor iemand die er niets van kent, wordt het al snel een taboe. In Oeganda zijn mijn ouders en mijn familie op de hoogte, samen met enkele goede vrienden. Niemand had vooroordelen, niemand reageerde afkeurend. Een verschilpunt is dat er in Afrika nog steeds mensen aids krijgen door gebrek aan medicatie. Ze worden mager en krijgen allerlei ziektes. In België kun je het aan iemand met hiv bijna nooit zien. Misschien dat de mensen het daarom niet willen zien.'

Ondanks een afstand van duizenden kilometers heeft Helen in haar moeilijkste momenten kunnen rekenen op enkele trouwe vrienden in haar thuisland. 'De mensen met wie ik altijd een close contact heb onderhouden, waren van in het begin op de hoogte. Zoals mijn beste vriendin, die arts is in Oeganda: haar nam ik in vertrouwen na mijn diagnose. Als ik iets op medisch vlak moet weten, bel ik haar, en ik volg haar advies altijd. Of de jeugdvrienden op wie ik kan rekenen als het gaat om emotionele beslissingen. Ze hebben me volop gesteund, al was het telefonisch. Ze zijn mijn ankers, ik voel me gezegend met zo'n vrienden. Ze zijn bezorgd, geven goede raad, willen altijd weten hoe het met me gaat. Het is goed te weten dat er mensen zijn die je nemen zoals je bent. Mijn hiv heeft volstrekt niets veranderd in onze vriendschap. Ze respecteerden mijn keuze om in België te blijven helemaal. Toen ik me afvroeg of ik geen hoge prijs zou betalen, drukten ze me met de neus op de feiten. *Of er dan een hoge prijs was om te blijven leven?'*

Goede vrienden

Of je nu in Afrika woont of in Vlaanderen, goede vrienden nemen je zoals je bent. Het is een ervaring die Kenny deelt met Helen, al is hun situatie voor het overige totaal verschillend. 'Er zijn kennissen, er zijn vrienden en er zijn goede vrienden. Ik heb één goede kameraad en één goede vriendin. Echt goede vrienden kun je op één hand tellen, ze zijn ontzettend belangrijk. Ik heb het hen verteld en ze hebben mij onvoorwaardelijk aanvaard. Ik ontmoet hen niet alle weken, maar ik weet dat ze voor me klaarstaan en dat ze me volledig steunen. Mijn vriend en ik zijn twee handen op één buik, hij is als een broer voor mij. Het moet erg zijn om geen vrienden te hebben vanwege je seropositieve status, ik weet dat veel mensen in die situatie verkeren. Ik ben nog altijd Kenny en ik ben niet anders als ik bij mijn vrienden ben. Ik ben altijd mezelf gebleven vanaf het moment van de diagnose, ik heb ook nooit moeite gehad om mensen in te lichten. Je moet het niet van de daken gaan schreeuwen, er zijn mensen die je maar één keer tegenkomt. Maar mensen met hiv moeten zich niet wegsteken, wij kunnen een perfect normaal leven leiden zonder problemen.'

Negatieve reacties heeft Kenny zelden gehad, al was hij er steeds voor op zijn hoede. Zijn drempelvrees verdween helemaal sinds hij geestdriftig werd opgenomen in de schoot van zijn nieuwe schoonfamilie. 'Toen we verkering kregen in Parc Astérix had mijn vriendin het meteen verteld aan haar zus. Die kwam samen met haar broer dadelijk een dagje af naar Parijs. Ik vreesde dat ze moeilijk zouden doen over mijn hiv, maar het tegendeel was waar. Het was bijna te mooi om waar te zijn. Je put daar heel veel kracht en vertrouwen uit. Ik heb fantastische vrienden, mijn beste vriendin zei me dat ze me nooit anders zou bekijken. Ik zou altijd de Kenny blijven die ze kende voor hij seropositief werd.'

In de eerste maanden na zijn diagnose had Kenny het moeilijker. 'Ik wilde erover praten, maar ik wist niet hoe. Uiteindelijk heb ik contact opgenomen met Sensoa in Gent. Ze hadden een praatgroep voor mensen met hiv en hun omgeving. De eerste zaterdag stond ik aan de deur, maar ik durfde niet naar binnen. Een maand nadien probeerde ik het opnieuw, ik voelde me er snel op mijn gemak. Ik kon nu vrijuit praten, maar de mensen waren een stuk ouder dan ik. Dat was een kleine ontgoocheling, ik zocht contact met leeftijdsgenoten. Ik ben in die tijd ook naar het hiv-café in Antwerpen getrokken. Uit al die contacten heb ik geleerd dat veel lotgenoten afwijzende reacties te verduren krijgen van familie of vrienden. Ik kan niet begrijpen dat een vriend je hierom zou laten vallen. Zelf heb ik weinig problemen in die zin ondervonden. Het moet verschrikkelijk zijn als je zelfs niet bij familie of goede vrienden terechtkunt voor troost.'

Oude vrienden

Oude vriendschap roest niet. Zeker niet als je samen een intense periode hebt doorgemaakt, zoals Liesbeth en haar vrienden van vroeger. Net als bij Helen houden dergelijke amicale banden moeiteloos stand tegen de druk van tijd en ruimte. 'We hebben inmiddels een hele groep van ex-verslaafden. We zijn allemaal tussen de veertig en de vijftig en we hebben een ontwenningskuur gevolgd in hetzelfde centrum. Via Facebook zijn de banden opnieuw aangehaald, en dat netwerk breidt gestaag uit. Vorig jaar zijn we een weekend samengekomen, er waren zelfs mensen uit het buitenland, zoals een goede vriendin die ik twaalf jaar niet had gezien. Zij woont in Spanje en ik in Wallonië, en dankzij het internet is onze communicatie weer frequenter geworden. We waren elkaar een aantal jaren uit het oog verloren, maar de band is altijd gebleven. We hebben elkaar geholpen toen we aan de grond zaten, zoiets vergeet je nooit. Met onze verslaving hebben we dicht bij de dood gestaan. Je mag gerust stellen dat we elkaars leven hebben gered. Drie vierde van de mensen in dat centrum was seropositief, disclosure was er helemaal geen probleem. Dat was anders toen ik uit het centrum kwam en ging werken, daar heb ik het niet meteen aan de grote klok gehangen. Het kan me echt niets schelen dat de mensen weten dat ik hiv heb, maar ik kan niet accepteren dat we met de nek worden aangekeken. Mensen zijn soms zo dom. Het is niet meer zo erg als in 1984, toch zijn er nog mensen die niet weten wat hiv is. Ik vind dat onaanvaardbaar.'

Aan haar tijd in het ontwenningscentrum heeft Liesbeth vrienden voor het leven overgehouden. In tijden van nood vinden lotgenoten elkaar, de parallel met hiv ligt voor de hand. 'Seropositieven staan nog altijd een beetje in een hoek. We hebben elkaar geholpen met afkicken en dat doen we ook met onze hiv. In de maatschappij vind je die steun niet altijd, vaak uit onwetendheid. Ik herinner me dat ik aan mijn buurvrouw zei dat ik hiv had: ze sprong meteen een meter achteruit. Nadien is dat contact hersteld, we geven elkaar nog altijd een kus. Ze was niet geïnformeerd en was er nog nooit eerder mee geconfronteerd. Ik neem altijd mijn verantwoordelijkheid op: er kunnen binnen een intense familiale of vriendschappelijke relatie situaties ontstaan waarin besmettingsgevaar dreigt. Als je daar zelf attent voor bent, is er geen vuiltje aan de lucht. Domme mensen en discriminatie zullen er altijd zijn. Ik voel me geen slachtoffer, ik heb risico's genomen die ik goed kende. Ik vond de mooie kanten interessanter dan die risico's, dat is mijn keuze geweest.'

Liesbeth heeft in haar leven zo diep gezeten dat alles wat nadien kwam een bonus is. Daaruit put ze het vermogen om te accepteren en te relativeren. Het maakt ook dat ze niet de behoefte voelt om over haar status te praten, zelfs niet met haar tweelingzus. 'We hebben een heel goed contact. We zijn niet constant bij elkaar, maar we weten dat we er zijn voor elkaar en dat we alles aan elkaar kunnen vertellen. Ik zou met haar over mijn hiv kunnen praten, maar ik heb daar geen nood aan: niet met mijn zus, niet met iemand anders. In de moeilijke periode toen mijn papa ziek was, hebben ze mij naar een psychologe gestuurd: ik heb er niets aan gehad. Ik hoef niemand te laten weten hoe ik me voel, dat weet ik zelf wel. Op een bepaald moment is er gewoon niks aan te doen, je moet er gewoon over. Ik maak mij daar niet te druk over, er zijn nu eenmaal zulke momenten.'

Onvolwaardigen

Een maatschappij kan keihard zijn. De stigmatisering van mensen met hiv is geen alleenstaand gegeven. In het oude Griekenland werden zogenaamde *onvolwaardigen* verdreven of zelfs vermoord. Men ging ervan uit dat mensen met een fysieke of mentale handicap een bedreiging vormden voor het voortbestaan van het eigen volk. Pestlijders werden in de middeleeuwen verbannen, de leprozen van pater Damiaan werden afgezonderd op het eiland Molokai. De collectieve afwijzing door de reguliere samenleving is dan vaak een voedingsbodem voor een sterke verbondenheid. Hiv vormt hierop een uitzondering. De verklaring ligt voor de hand: de meeste seropositieven weten het niet van elkaar. Je kunt het niet aan hen zien, ze dragen hun last in stilte. Frankie herinnert zich de tijd toen mensen met hiv als melaatsen werden behandeld.

'De mensen waren doodsbang voor besmetting, ze dachten dat je besmet kon worden door een hand of een kus te geven. Ik heb het meegemaakt dat mensen in het ziekenhuis in een aparte kamer lagen, waar het eten over de vloer naar hen toe werd geschoven, middeleeuwse toestanden. Ze waren verstoten uit de maatschappij, maar binnen de homoseksuele gemeenschap heerste een ongelooflijk samenhorigheidsgevoel. Daar was iedereen zeer goed op de hoogte van hiv en aids en vooral van hoe je het niet kon krijgen. We probeerden iedereen te helpen. Ik heb vrienden thuis verzorgd, die jongens stierven allemaal. Ze kwijnden letterlijk weg, ze werden graatmager, ze kregen schimmels, uitslag. Ze konden niets meer, je moest alles voor hen regelen. Vandaag voel ik me zelf verstoten, ik zit nu in het andere kamp. Het verschil is dat de patiënten van vroeger op de steun van iedereen binnen de gemeenschap konden rekenen. Ik word vandaag zonder meer uitgespuwd. Het stemt me niet bitter, ik vind het wel jammer. Het was mijn grootste frustratie toen ik werd geconfronteerd met mijn infectie. Ik had verwacht dat de homoseksuele beweging er spontaan en positief op zou reageren, dat de heteroseksuele bevolking er moeilijker mee zou kunnen omgaan. Het was net het tegenovergestelde.'

Frankie is inmiddels meer dan vier jaar besmet. Hij heeft ermee leren leven, maar het gebrek aan solidariteit blijft knagen. 'Zeker in de beginperiode was het lastig, ik voelde me helemaal alleen met mijn ziekte. Je weet niet wat er gebeurt, het overvalt je. Tegelijk zie je dat vrienden je beginnen te mijden, terwijl ik net had gehoopt hun steun te krijgen, zoals wij dat in die tijd voor de anderen hadden gedaan. Mensen belden niet meer terug, kwamen niet meer langs, bleven afwezig op feestjes. Met de homovrienden die het weten, heb ik bijna geen contact meer, het zijn mijn heterovrienden die mij het meest steunen. Het is voor mij vooral onbegrijpelijk omdat precies de homo's het meest door hiv worden getroffen. Alle homoseksuelen – zonder uitzondering – weten wat het is om te leven met een geheim, om door iedereen te worden uitgestoten. Uitgerekend die groep springt niet in de bres voor mij, dat kan er bij mij niet in. Ik ben zwaar teleurgesteld in de homoseksuele gemeenschap in België, alle solidariteit van vroeger is weg. Vroeger zouden er benefieten worden georganiseerd, men zou zijn opgekomen voor de rechten van seropositieven, maar vandaag constateer ik dat dat er allemaal niet meer is. Onlangs trok de Gay Parade weer door Brussel, vijfendertigduizend mensen die op straat kwamen voor de rechten van homoseksuelen. Ik heb niet één zinspeling gezien op dat grote geheim binnen onze homogemeenschap dat hiv heet. Als de homoseksuele gemeenschap niet voor ons opkomt, wie zal het dan wel doen?'

Onwetendheid mag voor Frankie niet als excuus gelden. 'Ik denk dat die mensen worden geconfronteerd met hun eigen gedrag, met het feit dat ze zelf ook risico's hebben gelopen of kunnen lopen. Plots blijkt een van hun vrienden seropositief te zijn. Eigenlijk houd ik hen een spiegel voor, en ze zijn niet blij met het spiegelbeeld omdat ze een potentieel slachtoffer zien. Er is niemand, echt niemand die me heeft geantwoord dat hij zelf seropositief was, terwijl er alleen al hier in Antwerpen zo veel moeten rondlopen. De paar seropositieve mensen die ik ken, heb ik via organisaties leren kennen.'

Vriendschap is voor Frankie veel belangrijker geworden dan vroeger. 'Vroeger was ik altijd aan het werk, mijn zakenrelaties waren ook mijn vrienden, ik kon geen tijd maken voor echte vrienden. Nu besef ik dat vrienden heel belangrijk zijn. Ik ben alleenstaand, het is niet gemakkelijk om met hiv iemand te leren kennen. Ik kies mijn vrienden bewuster dan vroeger, ik moet altijd op hen kunnen steunen. Wie weet wat er nog allemaal op mij afkomt. Gelukkig heb ik een handjevol echte vrienden, mensen die mij door dik en dun hebben gesteund, ook op momenten dat ik het echt niet meer zag zitten. Ze weten dat er dagen zijn waarop ik me niet goed voel. Ik kom dan niet buiten, ze respecteren dat. Die vrienden hebben mijn hiv geaccepteerd. Ik kan niet genoeg benadrukken hoe belangrijk ik dat vind.'

Lichaamsbeweging en sportbeoefening komen de gezondheid ten goede. Dat geldt voor ieder van ons, ook voor mensen met hiv. Veel seropositieve mensen gaan extra letten op hun gezondheid door te werken aan hun conditie. Ze doen dat meestal door te fitnessen, te wandelen, te lopen, te fietsen of te zwemmen. Het zijn stuk voor stuk perfecte sporten voor een geleidelijke conditieopbouw. Ze versterken het immuunsysteem en wapenen het lichaam beter om het hiv-virus te onderdrukken. In principe kun je alle sporten beoefenen, zelfs vechtsporten. Het risico op infectie door bloed-bloedcontact is voor ploegmaten en tegenstanders verwaarloosbaar.

Leven met hiv hoeft ook geen belemmering te vormen voor zware fysieke prestaties. De seropositieve atleten die deelnemen aan de zestien kilometer lange Antwerp 10 Miles bewijzen dit jaarlijks. Zelfs topsport is mogelijk, hoewel er weinig professionele sporters met hiv bekend zijn. In de Verenigde Staten outte de wereldberoemde basketballer Magic Johnson zich in 1994 als seropositief, en doorbrak daarmee een levensgroot taboe.

Sport kan nog op een andere manier heilzaam zijn. Het biedt een forum voor maatschappelijke aanvaarding en ondersteuning van mensen met hiv. Participatie van seropositieve sportmannen en sportvrouwen is erg waardevol in het kader van de normalisering van hiv en het wegwerken van stigmatisering. In Afrika vormt sport zelfs een effectief communicatiemiddel in de strijd tegen hiv, want men kan er risicogroepen mee bereiken die anders in de kou blijven staan en ongeïnformeerd blijven. De doelgroep blijkt ontvankelijker voor de boodschap als die is geïntegreerd in een sportactiviteit. Onderzoek wijst uit dat met name voetbalprogramma's gericht op hiv-preventie zeer effectief zijn.

Er zijn geen medische belemmeringen om te reizen met hiv, mits je een aantal voorzorgsmaatregelen in acht neemt. In de eerste plaats moet je voldoende medicatie voorzien. Als je voor langere tijd weggaat, is het raadzaam om extra voorschriften mee te nemen. Denk eraan dat merknamen van medicamenten kunnen verschillen. Reis je met het vliegtuig, steek je pillen dan in je handbagage. Je vlucht kan immers vertraging oplopen of je bagage kan zoekraken. Zorg voor alle zekerheid ook voor een medisch attest van je arts, waarin wordt vermeld dat de medicatie voor eigen gebruik is (uiteraard wordt er niet expliciet gesteld dat het om hiv-medicatie gaat).

Je dient ook rekening te houden met het tijdstip van inname van je pillen. Als je naar een andere tijdzone reist, pas je je schema het best aan in samenspraak met je arts. Wie voor zijn medicatie gebruikmaakt van herinneringen via sms vanwege het ziekenhuis, moet er rekening mee houden dat tekstberichten in het buitenland soms pas uren later aankomen. Hou ook rekening met het eventuele tijdverschil.

Administratieve hinderpalen kunnen er wel zijn. Er zijn nog steeds landen met inreisbeperkingen voor mensen met hiv, onder meer Jordanië, Rusland of Irak. In sommige landen is een hiv-test verplicht of wordt er naar je status gevraagd. Alle informatie in dit verband vind je op diverse websites, zoals www.hivtravel.org, www.aidsmap.com of www.eatg.com.

Binnen Europa is er geen probleem en sinds 2010 mag je als persoon met hiv ook de Verenigde Staten en China binnen. Een tip: bij het invullen van het verplichte ESTA-verblijfsvergunningformulier wordt er gevraagd naar besmettelijke ziektes. Je mag 'neen' antwoorden, want hiv staat niet langer op de lijst met ziektes met een negatief reisadvies.

HET VERHAAL VAN

KATRIEN

ALS IK MENSEN HOOR PRATEN OVER HIV, loop ik weg of probeer ik het gesprek op een ander onderwerp te brengen. Het blijft moeilijk, ik zou vroeg of laat moeten wenen. Waarom kan ik er nog altijd niet vrijuit over praten? Er was een storm van verontwaardiging over de uitspraken van Léonard. Dat neemt niet weg dat diezelfde mensen nog veel vooroordelen hebben. Zo gaat het met alles. Mild oordelen op afstand is makkelijk, wie rechtstreeks wordt geconfronteerd met hiv of asielzoekers blijkt minder tolerant. Zo gaat dat in de maatschappij.

Ik ben zesentwintig en heb talen gestudeerd. Talen en schrijven zijn altijd mijn grote passies geweest, naast mode en ontwerpen. Mijn droom is ooit een winkel of een internetbedrijfje met mijn eigen kleren te runnen. De jaren zestig en zeventig zijn mijn inspiratiebron. Zover is het nog niet, ik ben nog altijd op zoek naar de juiste job. Ik heb van alles gedaan, van marketing tot administratief werk. De creatieve job van mijn hart heb ik nog niet gevonden, maar ik geef het niet op.

Momenteel ben ik single, ik woon alleen op kamers in het hartje van de stad. Ik kan genieten van alleen te zijn, ik kan me een hele dag opsluiten met mijn naaimachine in de aanslag en de radio op een leuke zender. Er zijn ook dagen waarop ik voortdurend vrienden over de vloer heb, vereenzamen is niet aan mij besteed.

Buitenland

In het kader van mijn studies heb ik een jaar in het buitenland verbleven, daar ben ik besmet. Een half jaar later kreeg ik de diagnose. Had ik een voorgevoel? Neen, totaal niet, ik had geen vermoeden, geen symptomen. In de maanden voor mijn diagnose had ik een relatie met iemand die wat ouder was. Het was in zijn vorige relaties gebruikelijk om allebei een hiv-test te laten doen. Hij drong erop aan dat ik me zou laten testen. Ik vond dat daar geen haast bij was, we deden het toch met condoom. Uiteindelijk heb ik het pas gedaan toen het al uit was tussen ons. Net zoals iedereen ging ik ervan uit dat het niets zou zijn. Helaas.

Waar is het fout gegaan? Ik moest niet lang nadenken: ik had maar twee keer gevreeën zonder condoom. Ik had op reis ooit een jongen leren kennen met wie ik altijd een vaag contact had onderhouden. Hij wou me graag terugzien en hij is me komen bezoeken aan het einde van mijn buitenlandse jaar. We hebben seks gehad zonder condoom. Ik wou het niet, maar hij bleef aandringen. Achteraf was ik kwaad op mezelf: ik was te laks geweest, ik had me laten doen.

Eén keer laks zijn, meer heeft het lot niet nodig, zo mocht ik ondervinden. Na mijn thuiskomst werd ik ziek, de typische griepsymptomen in combinatie met een rare uitslag. Ik was moe en misselijk, had hoofdpijn en moest overgeven. Ik schreef het toe aan de verandering van klimaat. Alleen, die uitslag was vreemd.

Ik dacht aan klierkoorts en liet me testen. Negatief, oef. Uiteindelijk waaide alles over.

Geen nieuws, goed nieuws

Jammer genoeg was mijn volgende test wel positief. Ik had al een week niets gehoord van mijn huisarts. Geen nieuws, goed nieuws, dacht ik. Uiteindelijk toch maar zelf gebeld. Ze vroeg of ik kon langskomen, ik wist meteen dat er iets mis was. Ze heeft het me onomwonden verteld, waarop ik meteen mijn moeder heb gebeld. Ik was getraumatiseerd, in staat om een ongeval te veroorzaken. Diezelfde dag nog werd ik doorverwezen naar het ziekenhuis voor een nieuwe test. Het werd een weekend bang afwachten, ook al kende ik het verdict met een aan zekerheid grenzende waarschijnlijkheid. Ik had die eerste avond als een gek zitten surfen op het internet en had ontdekt dat er een tweede test gebeurt op het initiële bloedstaal. De volgende dag heb ik mijn huisarts opgezocht, die me laconiek wist te melden dat dat inderdaad was gebeurd. Ook die tweede test was positief, ze had me er niets over gezegd. Achteraf bekeken was de communicatie met mijn huisarts behoorlijk gebrekkig. Ik weet best dat het niet moedwillig was: we woonden in een dorp en ik was haar eerste patiënt met hiv. Ze wist me te vertellen dat er medicatie bestond, dat ik lang zou leven, dat ik nog kinderen kon krijgen. Op zo'n moment hoor je dat niet. Je denkt: dit is het einde. *Zal ik nog iemand leren kennen?* Ik zag een leven zonder relaties voor me. Ik dacht aan mensen die vel over been waren. Ik las over bijwerkingen en vetophoping. Het was ellendig. De artsen in het ziekenhuis hebben me gerustgesteld: met de nieuwste medicatie zou het allemaal meevallen.

Reserveportie

Ze hadden gelijk, ik ben nauwelijks een half jaar na de diagnose gestart met medicatie, en ik ben sindsdien nog niks veranderd. De situatie met mijn CD4-cellen was niet dramatisch, maar ik had last van afstervend tandvlees. Dat is iets genetisch, maar er was misschien een verband met mijn hiv-infectie. Het zou sowieso niet lang duren voor ik aan de pillen moest. In samenspraak met mijn arts hebben we toen de beslissing genomen. Je kunt daar niet lichtzinnig in zijn, het is voor de rest van je leven.

Ik neem vijf pillen, geen kleintjes. Gelukkig mag ik ze nu in één keer 's avonds nemen. Vroeger moest ik in het weekend mijn wekker zetten, want het moet op vaste tijdstippen. In het begin is het wennen, je moet er altijd aan denken. Als ik op restaurant ga, moet ik een flesje water meenemen om mijn pillen in het toilet te kunnen nemen. Ik heb altijd een reserveportie in mijn handtas voor wanneer ik onverwacht bij vrienden blijf eten. In die dingen ben ik heel gestructureerd. Mijn angst dat mensen vragen zouden stellen, bleek ongegrond. Ook mensen die niets van mijn hiv af weten, schijnen het heel normaal te vinden dat ik pillen pak, ook al zijn het er vijf. Pillen slikken is heel vertrouwd in onze maatschappij.

Het is een automatisme geworden. Af en toe heb ik het moeilijk. *Die verdomde pillen.* Vooral de eerste maanden had ik er last van. Ik was zo moe dat ik om acht uur ging slapen. Ik had last van spierkrampen. Dat is verbeterd sinds ik ben overgeschakeld op nieuwe medicatie. Ik heb er amper last van, ik voel me helemaal niet ziek. Integendeel, ik lijk nog gezonder te worden. Dit jaar was ik niet één keer verkouden, terwijl er op mijn werk zo veel zieken waren. *Ik zou de eerste moeten zijn,* denk ik dan. Mijn CD4-cellen zijn serieus gestegen sinds ik regelmatig ga joggen. Mijn dokter bevestigt dat lopen heel goed is, het geeft me energie en het motiveert me. Gezond leven heb ik altijd gedaan, maar nu let ik nog extremer op groenten en fruit. Ik mag zeggen dat ik heel therapietrouw ben, al durf ik af en toe te zondigen met een sigaretje. Mettertijd ben ik me minder zorgen gaan maken, mijn resultaten zijn altijd goed. Bij mijn eerste controles had ik een schriftje boordevol vragen mee, maar nu is alles stabiel en weet ik de meeste dingen. Er staat altijd een sociaal verpleegster ter beschikking, maar ik heb zelden de behoefte om te praten. Ik wil er niet altijd aan denken.

Openheid

Mijn ouders waren meteen op de hoogte, ik woonde nog thuis. Ik had zoiets nooit kunnen verbergen, alleen al omdat ik gedurig zat te wenen. Mijn beste vriendin is die eerste keer meegegaan naar het ziekenhuis. Je hoort weleens over hiv'ers die het aan niemand vertellen, dat zou ik niet kunnen. Natuurlijk was ik een beetje bang voor de reactie van mijn ouders: ze zijn al een stuk ouder, van de generatie die met geen woord repte over seks en voorlichting. Soms denk ik: 'Met wat meer openheid zou ik misschien wel een condoom hebben gebruikt.' Ach, ik weet het niet.

Het pleit voor hen dat ze begripvol hebben gereageerd. Ik vreesde dat ze op me gingen neerkijken, dat was totaal niet zo. Er is veel geweend, maar er werd niet veel over gesproken, dat was niet de gewoonte bij ons thuis. De behoefte om er met hen over te praten is er niet echt. Met vrienden kan ik wel praten over mijn gevoelens, maar uiteindelijk weten zij niet hoe het is. In die zin heb ik heel veel gehad aan lotgenoten of forums zoals hivmix. Ook mijn beste vriendin was een grote steun. Zij had het even moeilijk als ik, we wisten er niet veel over.

Je merkt dat mensen niet weten hoe ze moeten reageren. Dat maakt het voor ons niet gemakkelijker, het is al zo'n geheim. Als ik het tegen iemand zeg, is het met de bedoeling om erover te praten. De praktijk leert dat veel mensen dat uit zichzelf niet durven. Ze vragen hoe het is, maar dat is pro forma, ze willen altijd *goed* horen. Ik verwacht geen medelijden, een luisterend oor volstaat.

In het begin had ik een sterke drang om het te vertellen, het moest eruit. Dat is een paar keer te veel gebeurd. Ik kreeg niet de steun die ik had gewild, en gaandeweg ben ik het meer voor mezelf gaan houden. Op dit moment heb ik bijvoorbeeld een vriendin die weet dat er iets is. Ik kan goed met haar overweg, maar iets weerhoudt me. De behoefte om te praten neemt af, ik slaag er meestal in om mijn hiv van me af te zetten. Dat stel ik ook vast bij lotgenoten. Aan mijn contacten met Sensoa heb ik een aantal vrienden overgehouden. Wanneer we elkaar zien, wordt er nauwelijks nog gepraat over hiv. Negatieve reacties zijn er zelden. Eén keer heb ik een scherpe opmerking gekregen van iemand die het had over eigen schuld. Tja, zo iemand is mijn vriendschap gewoon niet waard. Een prille relatie is ooit afgeketst vanwege mijn status. We hadden een paar keer afgesproken, er was nauwelijks gekust, en ik vond dat ik het moest zeggen – te vlug wellicht. Hij zag het niet zitten, hij had schrik. Dat was tenminste eerlijk.

Op het werk zwijg ik erover. Ze hebben een andere mentaliteit, een engere kijk op de dingen. Dat gaat niet altijd even vlot. Als ik op controle moet, neem ik een dagje vrij. Ik kan moeilijk een briefje van het aidsreferentiecentrum voorleggen. Op de vraag of je die dag iets leuks hebt gedaan, moet je altijd iets verzinnen. In mijn vorige job vroeg een leuke collega me altijd uit over mijn dates. Ik kon nooit de echte reden vermelden waarom een nieuwe relatie was afgesprongen. Zoiets wringt, het is altijd liegen. Het leven met een geheim is voor mij het moeilijkste aan mijn hiv.

Verliefd

Vroeger werd ik om de haverklap verliefd. Vandaag ben ik veel meer geremd, ik vraag me voortdurend af wanneer ik het moet zeggen, hoe iemand zal reageren. Eén ding staat vast: een goede manier is er niet. Mijn stelregel is dat ik het vertel voor ik met iemand naar bed ga. Ik probeer in de huid van de ander te kruipen, het zou als een soort verraad aanvoelen mocht ik hem niet verwittigen. Dat betekent dat ik het tamelijk vlug doe, met alle gevolgen van dien. Je partner kent je nog niet goed, is nog niet aan je gehecht en zal je sneller afwimpelen. Het kan ook anders: ik heb al eens een relatie gekregen met iemand die wist van mijn hiv en me toch heeft uitgevraagd. Ik was stomverbaasd dat er ook mannen zijn die verder kijken.

Met een seropositieve partner zouden sommige dingen makkelijker zijn, om te beginnen de angst om de ander te besmetten. Ik heb ooit een Nederlandse jongen leren kennen via hivnet, dat was een toffe ervaring. Hij zag er goed uit en deed veel aan sport, helemaal niet het clichébeeld dat mensen van hiv hebben. Anderzijds mag hiv niet je enige wereld zijn, er moeten toch meer overeenkomsten zijn met een mogelijke partner.

Mijn oorspronkelijke angst dat ik nooit nog een relatie zou kunnen hebben, is weggeëbd. Het helpt dat je mensen kunt informeren. Je kunt het niet aan me zien, hoogstwaarschijnlijk zal ik even lang leven als iedereen, ik kan kinderen krijgen. Het enige wat aan hiv herinnert, is dat condoom. De angst om iemand te besmetten kan ik opzijschuiven. Mijn virale lading is zo laag dat mijn besmettelijkheid omzeggens nihil is. Als je dan altijd een condoom gebruikt, wordt de kans nul komma nul. Helemaal weg is de gedachte nooit, moet ik bekennen. Bij die ene jongen die wist dat ik seropositief was, had ik meer schrik dan hij.

Sinds mijn diagnose kan ik me ergeren aan mensen die er zomaar op los leven zonder na te denken. Ik denk soms te veel na. Ik wil dingen bereiken, het maximum uit elke dag halen. Mijn dagen zijn te kort, dat schrijf ik toe aan mijn hiv. Het gevoel van *had ik maar* zal me voor de rest van mijn leven achtervolgen, al steekt het nog maar af en toe de kop op. Ik probeer er niet te veel aan te denken, anders word ik gek. Er zijn zo veel mensen die onveilig vrijen, ik had meteen prijs. Vroeger kon ik daarvan wakker liggen, vandaag slaag ik er beter in om het los te laten.

Als ik aan mijn toekomst denk, komt hiv daar weinig in voor. Soms stel ik me vragen over de evolutie van al die nevenwerkingen die ze nog niet kennen. Het is beter niet te veel te piekeren, veel keuze heb ik niet. Ooit wil ik een boek schrijven, dat staat vast. Ik zou ook meer willen doen om de vooroordelen rond hiv weg te werken, ik vind soms dat ik me te weinig engageer. Mensen die openlijk getuigen, kan ik alleen maar bewonderen. Hopelijk durf ik op een dag zelf uit de anonimiteit te treden.

HOOFDSTUK 7

WERK

'**KWALIFICATIES HEB IK,** *ervaring ook, maar niet genoeg werkervaring in België. Ik zeg altijd tegen mijn familie dat ik in Lake Victoria aan het zwemmen ben. Ik bevind me in het midden: moet ik verder zwemmen of teruggaan? In Oeganda zijn er jobs, maar ik ben te oud en heb bijna tien jaar verloren. Het enige wat ik kan doen, is lang leven, in België blijven en studeren. Tussen 2004 en nu heb ik meer dan tien verschillende opleidingen gevolgd. Ik ben momenteel bezig met een opleiding bij de VDAB, ik ga solliciteren en ik blijf hopen dat ik verder kan zwemmen.*'

De Universele Verklaring van de Rechten van de Mens stelt dat '*eenieder recht heeft op arbeid, op de vrije keuze van zijn arbeid, op billijke en bevredigende arbeidsvoorwaarden en op bescherming tegen werkloosheid.*' Het recht op arbeid staat sinds 17 februari 1994 ook ingeschreven in de Belgische grondwet, het maakt er deel uit van de zogenaamde sociale grondrechten. Die stipuleren dat ieder het recht heeft een menswaardig leven te leiden. 'Mensen hebben recht op werk, sociale bescherming, behoorlijke huisvesting, een gezond leefmilieu, culturele en maatschappelijke ontplooiing. Wie verstoken blijft van deze basisrechten, is maatschappelijk kwetsbaar. Voor hem of haar dreigt sociale uitsluiting.'

Werk is dus een basisrecht, het is een manier om geld te verdienen en te voorzien in je primaire levensbehoeften, zoals eten, drinken, kleren en een plek om te wonen. Je wordt financieel onafhankelijk en je verwerft maatschappelijk aanzien. Een job is bovendien een middel om jezelf te ontplooien en je sociale relaties te verruimen. Wie zonder werk zit, ziet zijn mogelijkheden binnen de maatschappij erop achteruitgaan. Sociale contacten slinken, vaardigheden slijten, de maatschappelijke status daalt met enkele treden. Werkloosheid komt makkelijker voor bij kwetsbare groepen, zoals jongeren met te weinig werkervaring, allochtonen of mensen met een chronische ziekte zoals hiv. Zij vinden hun toegang tot de arbeidsmarkt vaak afgesloten met een onwrikbare slagboom.

Vanwaar de hindernissen die seropositieve werknemers kunnen ondervinden op hun weg naar een job? Ze vinden hun wortels in een ongefundeerde angst voor besmetting en in een even onterechte economische motivering, met name de verwachting dat arbeidskrachten met hiv veelvuldig afwezig en ziek zijn en extra kosten met zich meebrengen. Niets is minder waar: met de huidige stand van zaken op het vlak van medische behandeling kunnen mensen met hiv net zo veel, zo lang en zo hard werken als anderen. In de meeste beroepen is er bovendien geen sprake van besmettingsgevaar. Het zou onzinnig en laakbaar zijn, mochten seropositieven door werkgevers desondanks als een risicofactor worden beschouwd. Mensen met hiv willen niets anders dan een normaal leven leiden, en een inspirerende job maakt daar deel van uit. Hun potentiële uitsluiting op de arbeidsmarkt is de zoveelste tik boven op al die andere: de verwerking van de diagnose, de bijwerkingen van de medicatie, de hertekening van familiale, sociale en amoureuze relaties. Hun leven is al bruusk dooreengeschud, vaak moeten ze ook nog hun professionele dromen opbergen.

Het mag geen wonder heten dat velen bij het solliciteren hun positieve status onvermeld laten uit vrees dat ze niet aan de bak zullen komen. Mensen met hiv zijn in elk geval niet wettelijk verplicht om te melden dat ze seropositief zijn, want medische informatie behoort tot de persoonlijke levenssfeer. Ze hoeven zelfs niet te antwoorden als men hen expliciet vraagt of ze hiv hebben. De wet schrijft voor dat niemand op de arbeidsmarkt mag worden gediscrimineerd wegens hiv. In de ideale wereld is dat vast het geval, daar komt Sinterklaas ook elke dag. In de praktijk is het maar één keer zes december. Bij de meeste vacatures is er in principe geen reden om hiv vrijwillig ter sprake te brengen. Daar zijn consequenties aan verbonden. Een cv zal misschien een blanco periode bevatten omdat de persoon met hiv een tijd niet werkte wegens ziekte. Wie niet vertelt over zijn status moet hiervoor attent zijn, en bedenkt het best een verklaring die de onderbreking in het cv toelicht. Een vage uitleg geven, prangende vragen omzeilen, opmerkzame geesten de pas afsnijden met een kwinkslag: het zijn beproefde technieken die de seropositieve sollicitant meermaals van pas zullen komen. Wie hiv heeft en zoekt naar werk, heeft al een dagtaak aan die voorbereidingen.

Ook voor wie reeds een goede job heeft, zijn er consequenties. Ben je bijvoorbeeld afwezig geweest wegens hiv, denk dan twee keer na vooraleer je weer aan de slag gaat. Doe het pas als je er fysiek en mentaal klaar voor bent. Niet elke job zal nog geschikt voor je zijn, desnoods praat je met je behandelende arts over wat kan en wat niet. Neem je tijd om te beslissen of je je status al dan niet zult bekendmaken op het werk. Probeer in te schatten hoe je superieuren en je collega's zullen reageren. Als je het niet op grote schaal wilt verkondigen, kun je ervoor opteren om enkelen in vertrouwen te nemen. Het is altijd goed om een luisterend oor te hebben als je een mindere dag hebt. In die zin is het ook verstandig om je arbeidsgeneesheer in te lichten, zodat deze gepast kan ingrijpen mocht er iets met je gebeuren op het werk.

Disclosure op het werk heeft nog meer voordelen. Als je last hebt van vermoeidheid door je medicatie, kun je je werkgever inlichten in de hoop een milder regime te krijgen. Je hoeft je pillen niet langer op het toilet te slikken, collega's zullen geen lastige vragen stellen als je een dag vrij neemt voor je medische controle. Je maakt het jezelf makkelijker op tal van vlakken, want leven met een geheim is niet vol te houden. Veel mensen met hiv getuigen dat disclosure op de werkvloer én aan de werkgever een bonus kan zijn. Dit moet een hart onder de riem zijn voor mensen die vrezen dat collega's hen anders zullen behandelen, dat ze het voorwerp van roddels zullen worden, dat het nieuws de directie ter ore zal komen. Ontslag wegens hiv mag dan niet wettelijk zijn, velen nemen liever het zekere voor het onzekere. Er kunnen nog andere factoren spelen. Als je voor je job regelmatig naar het buitenland moet, hoe zit het dan met inreisbeperkingen en medicatie? Wat met je groepsverzekering, het medisch onderzoek? Ben je aansprakelijk als er iets gebeurt en je je hiv hebt verzwegen? Het zijn maar enkele van de vele tentakels die een werknemer met hiv in een wurggreep kunnen houden.

Dubbele handicap

Helen heeft een dubbele handicap om aan werk te komen: ze is migrante én seropositief. Ze liet negen jaar geleden niet alleen haar enige kind en haar familie achter in Oeganda, ze gaf ook een beloftevolle job op. Na haar beroepsopleiding als administratief bediende ging ze aan de slag op de financiële afdeling van de Makerere-universiteit van Kampala. 'Na mijn opleiding moest ik van mijn vader ook computerlessen nemen. Ik was een van de eersten in Oeganda die computertraining kreeg. Een computer was in die tijd iets voor rijke mensen. Je kunt stellen dat ik in mijn thuisland een hooggeschoolde specialiste was. Ik heb vier jaar gewerkt aan de universiteit, het waren pionierstijden. De instelling was nog niet geïnformatiseerd, we moesten alle data in het computersysteem invoeren en ik was een van de weinigen met computervaardigheden. Was ik in Oeganda gebleven, dan bekleedde ik vandaag meer dan waarschijnlijk een verantwoordelijke functie.' Na het overlijden van haar man besliste ze om verder te studeren, en behaalde ze een bachelor in marketing aan dezelfde universiteit. Nadien werkte ze als marketingassistente in een bedrijf dat biotechnologie promoot bij lokale landbouwers.

In Oeganda had Helen een goede job, in België is ze werkloos: het contrast kan nauwelijks groter zijn. 'Ik probeer er niet te veel aan te denken, het kan me mateloos frustreren. Ik vind financiële onafhankelijkheid zeer belangrijk: kwaliteitsproducten kopen, plannen maken, een betere toekomst opbouwen. Als je van een uitkering moet leven, kom je amper toe voor de huur, je eten en je busticket. Ik ben vierenveertig, ik wil onafhankelijk zijn. Daarom moet ik door al die stappen: de taal leren, nieuwe kwalificaties verwerven, een job vinden. Ik besef dat mijn Nederlands niet volmaakt is, maar dat kan alleen verbeteren als ik in contact kan komen met andere mensen. Ik doe mijn best om me aan te passen, en hopelijk wil iemand me de kans geven om te werken. Teruggaan naar Oeganda is geen optie: ik ben nu Belg en Oeganda erkent geen dubbele nationaliteit. Ik kan bovendien mijn leeftijd en mijn gebrek aan ervaring niet wegtoveren. Als je ginds werk wilt, moet je jonger dan dertig zijn. Ik volg momenteel een bediendenopleiding bij de VDAB en ik ga zo vaak mogelijk solliciteren.'

Helen zoekt werk als administratief bediende, ze is minder mobiel wegens aanhoudende problemen met haar voet. Ze kan bogen op jaren ervaring in Afrika en ze werkte anderhalf jaar als administratief medewerker in een OCMW-rusthuis in Berendrecht. Aan diploma's heeft ze geen gebrek: ze haalde een bachelor in marketing in haar thuisland en een master in migratiestudies aan de Brusselse afdeling van de University of Kent. Toch vlot het niet zoals ze wenst. De sollicitaties verlopen vaak volgens hetzelfde stramien, en na de gesprekken krijgt Helen als feedback dat haar Nederlands niet voldoet. 'De taal is moeilijk. Ik heb het hoogste niveau behaald aan de universiteit van Antwerpen, maar zonder te oefenen met andere mensen zal mijn Nederlands niet verbeteren. Naast Nederlands spreek ik Engels en een beetje Frans. Ik zou graag werken met mensen, daarom koos ik voor die sociale masteropleiding, ik ben tenslotte ervaringsdeskundige. Ik kan goed omgaan met mensen, ik werk graag, ik ben stipt en ik ben leergierig. Hopelijk kan ik dat snel bewijzen in een job.'

Haar gedrevenheid vindt voorlopig een uitlaatklep in vrijwilligerswerk. 'Ik ben indertijd zelf gaan aankloppen bij het Rode Kruis, ik zocht hulp om mijn zoon naar hier te laten overkomen. Zo heb ik kunnen vaststellen dat ze veel goeds doen. Later ben ik als vrijwilliger gaan werken bij de dienst *tracing*, die uiteengerukte families tracht samen te brengen. Ik heb ook een blog verzorgd naar aanleiding van de 125ste verjaardag van het Rode Kruis. Daarnaast ben ik coördinatrice van Muno Mukabi, een organisatie bij het Instituut voor Tropische Geneeskunde. Daar hebben ze allerlei programma's voor patiënten, die zijn allemaal in het Frans. Ik heb meegewerkt aan een project om ze ook in het

Engels aan te bieden. Vandaag doe ik de coördinatie van die Engelssprekende groep.'

Tot dusver werd Helen nog nooit expliciet gevraagd naar haar gezondheidstoestand tijdens een sollicitatiegesprek. In principe mag een werkgever dat enkel doen als het relevant is voor het werk, maar in de praktijk gebeurt het vaker. 'Ik ben altijd heel open over mijn voet, maar ik vind dat mijn seropositieve toestand niets te maken heeft met administratief werk. Die zou alleen relevant zijn als ik zou werken in een gevaarlijke omgeving. Ik heb het bijvoorbeeld ook niet verteld aan de mensen die samen met mij de opleiding van de VDAB volgen, ik doe het alleen als ik het nodig vind. In mijn vorige job, in het rusthuis, had ik het aangekaart in het eerste gesprek, ze hebben er heel fijn op gereageerd. Een van mijn collega's daar was mijn vriendin, we zijn op dezelfde dag geboren, we noemen onszelf tweelingen. Hiv veranderde niets in onze relatie: wij gaven elkaar nog steeds een kus ter begroeting, we aten van hetzelfde bord, ik mocht haar kinderen knuffelen, we bleven tweelingen. Hiv had geen enkele impact op mijn werk, tijdens dat anderhalve jaar was ik nooit ziek. Hiv mag geen belemmering zijn om werk te vinden, de kans op besmetting is onbestaande in een normale werkomgeving. Mensen hebben alleen een irrationele angst voor het onbekende. Als het virus te dicht in hun buurt komt, kiezen ze in een reflex voor zelfbescherming.'

Desondanks blijft Helen positief en vol vertrouwen in de toekomst. 'Ik vertrouw mensen, ik ben een optimistisch persoon. Als veertig procent van de mensen niet wil werken met iemand die seropositief is, is er nog altijd die andere zestig procent die dat wel wil.'

Luisterend oor

Discriminatie vanwege zijn werkgever hoeft Thierry alvast niet te vrezen: hij werkt al drie jaar voor Sensoa, het expertisecentrum voor seksuele gezondheid in Vlaanderen. Voor het geld moet hij het naar eigen zeggen niet doen, maar hij vindt zijn job heel zinvol en gaat bij wijze van spreken fluitend naar het werk. 'Ik ben preventiemedewerker seksueel misbruik bij kinderen, en daarnaast werk ik voor Sensoa Positief, dat is een service die zich richt tot mensen met hiv en hun omgeving. Wij bieden een luisterend oor en geven ondersteuning en advies. Binnen dat team beman ik met mijn collega de helpdesk. Vele mensen met hiv voelen zich in een hoekje gedrumd van een maatschappij waar weinig medegevoel bestaat, en wij proberen hen op te vangen. We bieden ondersteuning zodat ze hiv in hun eigen tempo een plaats kunnen geven. Met of zonder disclosure, dat is hun keuze: wij pushen nooit. Ik heb heel bewust voor deze job gekozen, ik haal er veel energie uit. Ik kan anderen helpen doordat ik zelf zo ver sta, dat is mijn drive om te werken voor Sensoa. In mijn eigen ideale wereld komt iedereen met hiv er openlijk voor uit, zodat het onderwerp bespreekbaarder wordt. Ik wil dat zo veel mogelijk mensen in hun omgeving worden geconfronteerd met hiv, zodat er een belletje gaat rinkelen, zodat ze beseffen dat ze veilig moeten vrijen voor hun eigen gezondheid en die van de ander. Als je iemand kent die positief is en je leert daarover, ga je het veel minder als een bedreiging zien. Als het minder een bedreiging is, ga je je sneller laten testen. Ik zou niet liever hebben dan dat iedereen met hiv uit de kast komt.'

Het feit dat Thierry een luisterend oor kan bieden voor mensen die hulp behoeven, geeft hem zelf een goed gevoel. De suggestie dat zijn werk ook is bedoeld als therapie voor zichzelf, wijst hij echter resoluut van de hand. 'Om mezelf te helpen heb ik andere kanalen. Dat heb ik zelf moeten leren sinds mijn diagnose, zeven jaar geleden. Ik beschouw mezelf nu als voldoende rijp en klaar om me volledig ten dienste te stellen van anderen die hulp of advies nodig hebben. Een oud-leerling heeft ooit gezegd dat ik er was om mensen te helpen, hij had gelijk. Ik help graag mensen, in eerste instantie voor de mensen zelf, al heb ik er zelf veel voldoening van. Als hulpverlener moet ik mezelf uitschakelen, het draait om de persoon die naast mij zit. Het is daarbij zeker niet noodzakelijk om in deze functie zelf hiv te hebben. Mijn collega is seronegatief, en zij is minstens een even goede gesprekspartner als ik. Er zijn situaties waarin ik me beter kan inleven, maar in mijn functie treed ik zelden naar voren als iemand met hiv. Ik ben er als *intaker*, als luisterend oor. Het feit dat ik positief ben, doet er niet toe.'

Om zijn werk goed te kunnen doen, heeft Thierry een switch moeten maken. 'Deze job heeft mij veranderd, dat staat buiten kijf. In mijn vorige job moest ik het uitleggen, nu moet ik vooral luisteren. Ik ben veel empathischer geworden. Ik werkte al met jongeren die bij mij kwamen met hun problemen, daar moest ik ook luisteren. Dit is luisteren op een dieper niveau. Het is een proces, het is nooit af, je kunt alleen maar beter worden. Het ene gesprek is het andere niet, soms gaat het vanzelf, soms verloopt het moeizaam. Het heeft me in elk geval meer mens doen worden.'

Thierry heeft ondervonden hoe cruciaal iets eenvoudigs als luisteren kan zijn. 'Sommige mensen dragen hun geheim als een loden last. Ik hoor en ik zie dat mensen gek worden van het feit dat ze met dat geheim moeten leven, dat ze stiekem hun pillen moeten pakken, dat ze slecht geslapen hebben en dat ze er slecht uitzien, dat ze moeten liegen als hun collega's vragen waarom. Ze liegen constant tegen zichzelf. Ik denk dat dat bijzonder zwaar is, ik ben blij dat ik niet in die situatie zit.'

Tijdens de eerste weken na zijn diagnose hield ook hij zijn hiv geheim op het werk, maar hij besloot al snel uit te komen voor zijn status. 'Als je voor Sensoa werkt, is disclosure geen punt, maar ik heb het ook in mijn vorige job gedaan. Ik was vroeger leerkracht, ik moest het gewoon vertellen. Mijn arts raadde me dat af, ik heb het toch gedaan, ik ben te open om met zo'n geheim te leven. Omdat ik sinds mijn diagnose meer tijd nodig had voor mezelf, zei ik steeds vaker neen tegen allerlei extra activiteiten en verzoeken, en ik vermoedde dat mijn directrice dat vreemd zou vinden. Zij en de collega's met wie ik goed kon opschieten, hadden het recht om de waarheid te kennen. Dat betekent niet dat ik het ging rondbazuinen. Ik was daar in de eerste plaats als leerkracht geschiedenis en ik moest mijn job goed doen. Hoe graag ik mijn leerlingen ook had, ze hadden daar geen zaken mee. Dat was ook zo met mijn geaardheid. Ik heb nooit aan de grote klok gehangen dat ik homo was, maar als leerlingen daar vragen over stelden, was ik eerlijk. Als ik terugkijk, heeft de diagnose me veranderd. Ik beschouw mezelf als een geboren leerkracht, ik heb het altijd heel graag gedaan. Door mijn hiv wilde ik andere dingen gaan doen, ik zag mezelf niet lesgeven tot mijn zestigste. Zo niet, dan had ik misschien nog voor de klas gestaan. Gemakkelijk was het niet altijd, ik heb soms krasse uitspraken moeten aanhoren. Ik herinner me dat we het in het zesde jaar hadden over aids in Afrika. Een toffe leerlinge van mij opperde om alle aidspatienten te isoleren, dan waren we ze kwijt. Het is hard om zoiets te moeten incasseren, maar toch nam ik het haar niet kwalijk. Ze waren zeventien, achttien jaar, het was aan mij om uit te dokteren hoe ik hen humanere waarden kon bijbrengen.'

Sensibiliseren

De bereidheid om dingen mee te geven en te sensibiliseren loopt als een rode draad door Thierry's leven. Als hij vandaag met Sensoa condooms gaat uitdelen aan jonge homo's, is dat vanuit een natuurlijke aandrang én vanuit een rationele overtuiging. 'Volgens de statistieken is minstens één op de twintig homoseksuele Vlamingen geïnfecteerd. Persoonlijk denk ik dat het er veel meer zijn. In een onderzoek over de Parijse homoscene spreken ze over één op de zes, dat is wellicht realistischer voor steden als Antwerpen, Brussel en Gent. Daarom is sensibilisering zo noodzakelijk. Uit onderzoek blijkt dat homo's consequenter veilig vrijen dan hetero's, dat zou oplopen tot zestig procent bij homo's en twintig tot veertig procent bij hetero's. Toch zijn sommige homo's zich nog altijd minder bewust van de risico's. Jongeren hebben niet de enge beelden van de jaren tachtig en negentig in hun achterhoofd. Aids is voor hen iets van het verleden, ze kunnen het moeilijk inschatten omdat het ver van hun bed is. Tien procent van de homopopulatie zou consequent geen condoom gebruiken, dertig procent zou soms een steek laat vallen. Door met zo veel mensen te praten, merk ik hoe moeilijk het is om consequent een condoom te gebruiken. Geilheid, luiheid, dronkenschap, schaamte, gebrek aan praktische kennis: het speelt allemaal mee.'

De raad die Thierry aan jonge homo's wil meegeven, komt altijd neer op informatie. 'Ik wil dat ze zich informeren via de kanalen waarmee ze het meest vertrouwd zijn. Er bestaan bijvoorbeeld enkele goede, actuele sites over veilig vrijen en omgaan met soa's. Ik wijs hen er ook op dat ze zichzelf moeten analyseren: welk gedrag vertonen ze, hebben ze een vaste partner, zijn ze monogaam, kunnen ze goed praten met hun partner, ook over seks en een eventuele scheve schaats?'

Aandacht voor het juiste taalgebruik maakt ook deel uit van zijn sensibiliseringsopdracht. 'Ik praat niet graag over *seropositief zijn*. Ik weet dat dit begrip ingeburgerd is, maar ik vind het niet echt accuraat. Ik *ben* Thierry en ik *heb* een fijn leven, een lieve partner, een leuke job, een zalige moeder en ja, ik heb ook hiv. Als je vertelt dat je hiv hebt, is dat maar één aspect van je persoonlijkheid. Met het begrip seropositiviteit plak je als het ware een etiket op iemand, alles aan die persoon wordt hiv. Hetzelfde met het woord *besmetten*. Het is een kil woord, er rust een smet op, ik probeer het zo veel mogelijk te vermijden. Het is heel vreemd om te beseffen dat je *besmettelijk* bent. Het is natuurlijk zo, maar het klinkt verschrikkelijk. Ik praat liever over infectie.'

Thierry verricht nuttig werk, en het einde is nog niet in zicht. 'Er is nog veel werk aan de winkel. Sensoa vervult een levensnoodzakelijke functie, vind ik. Niet alleen rond hiv, ook rond seksualiteit in het algemeen. Ik ben fier dat ik werk voor zo'n organisatie. Ik weet niet of ik dat binnen vijf jaar nog met dezelfde energie zal doen, dat zien we dan wel. Mocht ik ooit willen veranderen van job, dan dient zich de vraag aan of ik mijn status ter sprake zal brengen. Met andere woorden: krijg je als hiv'er een normale kans op de arbeidsmarkt? Ik durf me er niet over uit te spreken. Ik ben er wel van overtuigd dat hiv er meestal niet toe doet, je moet gewoon je job goed doen. Ik ken lotgenoten die vrank en vrij met hun serostatus naar buiten komen zonder enig probleem. Daartegenover staan natuurlijk vele andere gevallen. Ik heb misschien makkelijk praten, maar nu ik weeral zoveel stappen verder ben, voel ik me enigszins militant. Als ik ooit ga solliciteren, wil ik met open vizier te werk gaan, want mijn waarde als werknemer blijft. Het is niet omdat ik seropositief ben dat ik meer ziekteverlof zal nemen. Ik presteer even goed als iemand anders, beter nog, in al die jaren ben ik nog nooit ziek geweest.'

Ervaringsdeskundige

Liesbeth werkt in een centrum voor residentiële drughulpverlening. Als ex-verslaafde en ervaringsdeskundige is ze goed geplaatst om de rol van begeleidster te vervullen. 'Het centrum is gelokaliseerd in een gezellige hoeve, waar verslaafden in alle rust kunnen afkicken. Mijn werk is veelal administratief, omdat ik lichamelijk geen zware arbeid kan verrichten. Ik doe mijn job zeer graag, we hebben allemaal een hechte relatie met elkaar. Viermaal per dag wordt er medicatie uitgedeeld aan de kostgangers, waaronder methadon, een vervangmiddel voor heroïne. Zelf heb ik dat nooit gekregen om af te kicken, in die tijd bestond dat niet. De methadon is hier vloeibaar, er komen geen spuiten aan te pas. Er is bijgevolg veel minder besmettingsgevaar en er zijn geen overdosissen.'

Dat ze als ex-verslaafde methadon moet uitdelen, vindt ze geen punt: het is het verhaal van de stroper en de boswachter. 'Ik beschouw het als een job die ik moet doen, ik sta er niet bij stil. Het is medicatie als alle andere. Ik weet dat het de moeite waard is, omdat een deel van hen clean zal worden. Er zijn niet veel mensen die vandaag de dag om verslaafden geven, het is niet meer in de mode. Twintig jaar geleden kregen de ontwenningscentra hulp, vandaag wordt er vaker geredeneerd dat de verslaafden vogels voor de kat zijn. Toch weten we dat ongeveer de helft van de mensen die bij ons een therapie volgt, zijn leven zal veranderen. Die wetenschap motiveert me.'

Liesbeth is vijfentwintig jaar geleden met hiv besmet. De manier waarop blijft een open vraag: het kan een vuile naald zijn geweest of een onbeschermd seksueel contact. In dat opzicht zijn de tijden veranderd. 'We zien nog wel besmettingen met hiv en hepatitis door vieze spuiten, maar minder dan vroeger. Er wordt veel minder gespoten, want er bestaan meer synthetische drugs, zoals XTC. Onveilig vrijen gebeurt uiteraard nog wel. We delen condooms uit en wijzen mensen op de noodzaak van preventie tegen hepatitis, herpes, hiv, maar ook van zwangerschapspreventie. Veel meisjes die hier aankomen, hebben al jaren hun regels niet gehad. We willen niet dat ze hier na hun therapie zwanger naar buiten gaan.'

Een moeder Theresa voelt ze zich bepaald niet, al is het wel een bezigheid waar ze honderd procent achterstaat en die haar leven vult. 'Ik ben ermee begonnen nadat ik zelf was ontwend, en ik doe het gewoon heel graag. Ik denk soms dat het mij nog meer helpt dan hen.'

De meeste mensen in het centrum weten dat Liesbeth hiv heeft, dat heeft nog nooit tot negatieve reacties geleid. 'Het komt vaak ter sprake als er verzorging nodig is. Ik doe altijd handschoenen aan. Ik zeg dan dat het is om hen en mezelf te beschermen. Van discriminatie heb ik nooit last gehad, gelukkig maar: mensen die discrimineren zijn zielig. Wie aidspatiënten discrimineert, doet dat over het algemeen ook met andere mensen. Ik vind dat geen interessante levenshouding, ze spruit voort uit onwetendheid. Je moet altijd informatie zoeken, vind ik. Als iets je in die mate interesseert dat je iemand discrimineert, moet je tenminste een inspanning doen om je te informeren. Tweemaal heb ik me geviseerd gevoeld, telkens in de medische sfeer. De eerste keer was toen ik op zoek was naar een tandarts. Ik zei aan de telefoon dat ik hiv had toen ik een afspraak wilde maken. Negen op de tien tandartsen wilden me niet behandelen. Dat kan toch niet? Zo stimuleren ze mensen om het verborgen te houden. Jaren geleden moest ik naar het ziekenhuis voor een gastroscopie. Toen ik zei dat ik seropositief was, kon het plots niet meer. Uiteindelijk hebben ze me die dag als laatste patiënt genomen. Als ik in het ziekenhuis na de consultatie bij mijn hiv-arts wordt doorverwezen voor pakweg een röntgenonderzoek, krijg ik mijn medisch dossier mee, en daar staat bovenaan een groot kruis op. Ik begrijp dat dat gebeurt uit veiligheidsoverwegingen, om de dokters en verplegers van andere diensten te waarschuwen, maar ik voel me daar niet goed bij. Het zou iets subtieler mogen, je krijgt er zo'n stempel mee opgedrukt.'

Twaalf stielen

Kenny is een professionele duizendpoot: hij heeft twaalf stielen gedaan, voorlopig zonder ongelukken wat zijn disclosure betreft. 'Ik heb lang in de horeca gewerkt, daar ligt het moeilijker. Als je ergens wilt beginnen, gaat het niet van: *Ik ben Kenny, ik ben seropositief, mag ik hier komen werken?* Het liefste wat ik deed, was achter de bar staan of tussen de mensen zitten. Ik heb het allemaal gedaan, zelfs de keuken. Dat lag mij niet zo, je loopt er ook meer risico om je te snijden. Ik had liever dat sociale contact. Nu ja, als er in de bar een glas werd gebroken, kon ik mij daar ook aan snijden. Het is een verantwoordelijkheid van jezelf, niet alleen als hiv-patiënt. Ieder ander die zich verwondt achter de bar moet zijn wonde verzorgen en er een pleister overdoen, dan kun je probleemloos verder werken. Je bent niet verplicht om je serostatus aan je werkgever mee te delen, maar ik heb het toch gedaan. Ik ben manager geweest in een Brussels restaurant waar ik in het weekend al ging bijklussen toen ik nog bij mijn moeder woonde. Die man was ondertussen niet alleen mijn werkgever maar ook een goede kameraad geworden. Op een bepaalde dag moest ik starten met mijn medicatie, en ik wou het hem meedelen. Ik redeneerde dat ik misschien vaker afwezig zou zijn, al was ik hooguit twee keer thuisgebleven op een jaar, en dat had niets te maken met mijn hiv. Ik heb hem ingelicht over mijn status en mijn medicatie. Hij heeft dat sterk gewaardeerd, en dat was voor mij een soort openbaring. Ik zal het niet altijd vanaf het eerste moment bekendmaken, maar als ik ergens een tijdje werk, heb ik er geen probleem mee.'

Zijn openheid heeft Kenny nog niet opgezadeld met negatieve professionele ervaringen, zijn hiv wel. 'Ik heb een tijdje in een casino gewerkt als croupier. Altijd nachtwerk, je sociale leven dat wegvalt. Het was thuiskomen, slapen, koffie drinken en weer naar het werk: geen ideale situatie voor mijn gezondheid. Na een poos heb ik een gesprek gehad met de directeur. Ik heb hem verzocht om onze arbeidsovereenkomst stop te zetten, omdat ik vreesde dat het mijn gezondheid zou schaden. Dat is het laatste wat ik wil: als ik voel dat mijn lichaam op is, wil ik geen extra inspanningen meer leveren. Die openheid naar de werkgever toe heeft tot dusver meestal een gunstig gevolg gehad. Ze zijn niet allemaal zo, er zijn ook werkgevers die geen hiv-patiënt op hun werkvloer willen. Stel dat je het in je werkomgeving vertelt en dat bepaalde mensen er problemen mee hebben, dan gaan er al snel verhalen rond. Ik ken van anderen de mythes die de angst voor besmetting met zich meebrengt: geen hand geven, toetsenbord niet aanraken, dat soort dingen.'

Negatieve ervaringen kan Kenny op één hand tellen, en gelukkig hebben ze zijn open ingesteldheid niet aangetast. 'Eén keer werd het flagrant in mijn gezicht geslingerd. Ik had om werk gevraagd in een horecazaak, die mensen wisten dat ik hiv had. Ze zeiden dat ze me niet konden aannemen, ze waren bang dat ze klanten zouden kwijtspelen. Ik sta normaal sterk in mijn schoenen, maar dat kwam hard aan. Wellicht beseften ze zelf niet dat het strafbaar was, ik heb het in elk geval gesignaleerd aan het meldpunt discriminatie van Sensoa. Hetzelfde maakte ik mee tijdens een sollicitatie voor een job als steward bij een luchtvaartmaatschappij, alleen werd de reden daar niet openlijk uitgesproken. Alles ging goed, ik was ei zo na geselecteerd, in de derde ronde liep het fout. Hiv was vermoedelijk de spelbreker. Idem in het leger, toen ik me aanmeldde voor een functie als duiker. Ik maakte de fout om spontaan mijn hiv te vermelden, het was meteen njet.'

Vandaag werkt Kenny bij een ICT-dienst van de spoorwegen. 'Ik zit op een interne servicedesk waar allerhande problemen en vragen over ICT en telefonie binnenkomen. Wij proberen een rechtstreekse oplossing te bieden of we sturen het verzoek door naar de juiste mensen. Mijn collega's en de personeelsdienst zijn op de hoogte, ze hebben er heel open op gereageerd. In deze omgeving is er volstrekt geen besmettingsgevaar, het is anders als je slager bent. Ook in de horeca blijft het delicater: heel wat mensen worden bang als ze weten dat iemand met hiv hun koffie heeft geserveerd.'

Naast zijn werk is Kenny actief als entertainer. 'Clownerie, goochelen, het heeft mij altijd aangesproken. We trekken naar rusthuizen, OCMW-centra en seniorenclubs. Meestal komt daar iemand een uurtje accordeon spelen, wij brengen iets totaal anders. Het is een concept dat ik enkele jaren geleden heb opgestart, ik noem het *Bal Populair*. Er zit van alles in: muziek, zang, komische acts. Daarnaast doen we ook animatie voor kinderen. Je kunt zo'n show niet alleen doen, je moet mensen hebben die achter je staan en willen meewerken. Ze weten uiteraard van mijn hiv.'

Invaliditeit

Frankie werd op professioneel vlak zwaar getroffen door zijn hiv. Hij werd tweemaal ontslagen, telkens een rechtstreeks gevolg van zijn hiv. De eerste keer verdacht men hem van dronkenschap omdat de pillen zijn lichaam ontregelden, de tweede keer werd hij aan de deur gezet nadat hij een ziektebriefje van het Instituut voor Tropische Geneeskunde had voorgelegd. Alsof dat allemaal nog niet erg genoeg was, bleek hij in een dermate vergevorderd stadium te verkeren dat hij er een blijvende arbeidsongeschiktheid aan overhield. 'Ik had op het moment van mijn diagnose al te maken met een zware vorm van aids. Ik heb er mijn distale polyneuropathie in beide onderbenen en voeten aan overgehouden. Die kan worden behandeld, niet genezen. Het is een zogenaamde invaliderende aandoening die steeds erger wordt, en ze was aanleiding om me een blijvende arbeidsongeschiktheid van honderd procent toe te kennen. Mijn hiv heeft een zware financiële aderlating betekend. Mijn drie vennootschappen werden stopgezet, iedereen ging ervan uit dat ik ten dode was opgeschreven, mezelf incluis. Ik had een jaar voordien het horecagedeelte van de Koninklijke Jachtclub van Oostende overgenomen, amper zes maanden later lag alles aan diggelen. Extreme vermoeidheid, infecties aan beide benen, ik kon niet meer werken. Abnormale schulden had ik niet, maar wanneer je drie vennootschappen hebt en van dag op dag niet meer naar behoren kunt functioneren, komen er snel openstaande rekeningen. Er volgden dagvaardingen en juridische consequenties, de administratie bijhouden was geen sinecure. Je moet niet op begrip rekenen als je aids blijkt te hebben, de Belgische wetgeving heeft nauwelijks vangnetten voor zo'n situatie. De enige mogelijkheid was de aanvraag van een collectieve schuldenregeling via de arbeidsrechtbank, waardoor alle juridische procedures werden stopgezet. Voor mezelf betekende het een broodnodig rustmoment, ik had al mijn energie nodig om het gevecht met aids aan te gaan. Ondertussen zijn we vier jaar verder. Mijn drie vennootschappen zijn volledig afgesloten en er werd me niets ten laste gelegd. Momenteel is het wachten op het definitieve vonnis van de arbeidsrechtbank dat een einde moet maken aan die zenuwslopende procedure van een collectieve schuldenregeling. Pas dan zal ik definitief tot rust kunnen komen.'

Frankie won het gevecht tegen de ziekte, maar zal de rest van zijn dagen leven van een uitkering: werken is er niet meer bij. Dat zou zonder zijn neuropathie misschien ook het geval zijn, hij vreest dat er op de arbeidsmarkt niet veel te rapen valt voor mensen met hiv. 'Wie seropositief is, komt daar meestal niet mee naar buiten. Je zegt het tegen je partner, en vaak stopt het daar. Soms worden zelfs familie en vrienden niet op de hoogte gebracht, omdat mensen met hiv overal worden uitgestoten. Werk vinden als je seropositief bent is volgens mij uitgesloten, tenzij je het geheimhoudt. Volgens een recente studie van het Nederlandse Aids Fonds vinden acht op de tien leidinggevenden in bedrijven dat een werknemer met hiv dit moet melden in een sollicitatiegesprek.

Tegelijkertijd geeft bijna de helft van de ondervraagde ondernemingen toe iemand met hiv liever niet in dienst te nemen, onder meer uit vrees voor herhaalde afwezigheid en ziekte. Dat is natuurlijk niet zo, het ziektebeeld van aids is volledig veranderd. Vroeger stierven de mensen eraan, vandaag kan iemand die op tijd zijn diagnose krijgt en medisch wordt opgevolgd perfect functioneren in de maatschappij. Dat omvat ook blijven werken, er is geen enkele reden waarom die mensen worden gediscrimineerd op de arbeidsmarkt. Had ik toen geweten wat ik nu weet, dan had ik mijn vennootschappen en mijn huis misschien kunnen behouden. Had ik me vroeger laten testen, dan had ik geen neuropathie gehad. Ik kan niet genoeg benadrukken hoe belangrijk het is dat mensen zich regelmatig laten testen.'

De meeste werksituaties houden geen risico's op overdracht van hiv in. Het gaat om beroepsgroepen die nooit in contact komen met bloed of lichaamsvloeistoffen van anderen, zoals postbodes, advocaten, caissières... Wie een van die beroepsactiviteiten uitoefent, hoeft geen specifieke voorzorgen te treffen.

Het risico bestaat voornamelijk in de gezondheidszorg en aanverwante beroepen, denk aan artsen, verplegers, tandartsen, ambulanciers, drughulpverleners, tatoeëerders of pedicures. Dat risico is klein en zeer beheersbaar, mits enkele universele voorzorgsmaatregelen en veiligheidsvoorschriften in acht worden genomen. Daartoe behoren onder meer een beperkte en omzichtige omgang met scherpe voorwerpen, de veilige opruiming daarvan, een goede handhygiëne, de afdekking van wondjes, het desinfecteren van instrumenten, het werken met wegwerpmateriaal en het gebruik van handschoenen. Het behoeft geen betoog dat de risico's ook reëel zijn voor wie actief is in de seksindustrie.

Je moet weten dat er tijdens het medisch onderzoek in het raam van een sollicitatie geen hiv-test plaatsvindt. Het kan evenwel nuttig zijn om de arbeidsgeneesheer in te lichten, die is gebonden aan het beroepsgeheim. Medische gegevens behoren tot de persoonlijke levenssfeer, je bent wettelijk niet verplicht om tijdens een sollicitatiegesprek uit eigen beweging te vertellen dat je hiv hebt. Als men je dat rechtstreeks vraagt, mag je het antwoord schuldig blijven.

Ontslag wegens hiv is niet wettig, maar in de praktijk komt het jammer genoeg nog altijd voor. Volgens de antidiscriminatiewet is er sprake van discriminatie als iemand op basis van een zogenaamd beschermd criterium anders wordt behandeld dan een andere persoon in een vergelijkbare situatie zonder gegronde rechtvaardiging. De beschermde criteria zijn 'het geslacht, het ras, de huidskleur, de afkomst, de nationale of etnische afstamming, de seksuele geaardheid, de burgerlijke staat, de geboorte, het fortuin, de leeftijd, de politieke overtuiging, het geloof of de levensbeschouwing, de huidige of toekomstige gezondheidstoestand, een handicap, een fysieke of genetische eigenschap of de sociale afkomst'. Ondervind je tijdens een sollicitatie of op het werk discriminatie vanwege je seropositieve status, dan kun je dit altijd melden aan Sensoa (e-mail positief@sensoa.be, telefoon 078/15 11 00) of kun je een klacht indienen bij het Centrum voor gelijkheid van kansen en racismebestrijding (www.diversiteit.be, e-mail epost@cntr.be, telefoon 0800/12 800).

Word je op het werk gepest vanwege je status, dan meld je dit het best aan je overste of je preventieadviseur. Je werkgever is wettelijk verplicht om stappen te ondernemen die het welzijn van de werknemers vrijwaren en om conflicten en pesterijen aan te pakken.

VERZEKERINGEN

De discriminatie van mensen met hiv beperkt zich niet tot de werkvloer: ook op het gebied van verzekeringen kunnen er problemen optreden, omdat verzekeringsmaatschappijen seropositieve mensen als een grotere risicofactor beschouwen. Nare ervaringen, zoals geweigerde polissen, extreem hoge premies of beperkte terugbetaling van medische onkosten, worden meestal gesignaleerd in verband met hospitalisatieverzekeringen, levensverzekeringen en schuldsaldoverzekeringen. Er is niet meteen een kant-en-klare aanbeveling om in dit verband verhaal te halen. Het verzwijgen van je hiv is geen optie, want als verzekeringsnemer ben je verplicht alle informatie te verstrekken die onontbeerlijk is voor het afsluiten van het contract. Doe je dat niet, dan kan de verzekeringsmaatschappij het contract stopzetten.

HET VERHAAL VAN

NICK

MIJN NAAM IS NICK. Ik ben zevenentwintig en seropositief. Ben ik marginaal? Ik dacht het niet, ik heb een heel normale Vlaamse jeugd gehad. Mijn moeder was thuis, mijn vader werkte als zelfstandige in de bouw. Mijn opvoeding was vrij streng, dat vind ik achteraf bekeken niet slecht. Op school liep alles normaal, ik heb een A2-diploma schrijnwerkerij. Mijn grootste hobby was allerlei klusjes doen in huis en in de tuin. Nu nog eigenlijk, ik heb er mijn beroep van gemaakt.

Ik heb bijna altijd in dezelfde Antwerpse gemeente gewoond. Vijf jaar geleden werd mijn leven bruusk dooreengeschud. Sindsdien probeer ik het weer op de rails te krijgen. Momenteel woon ik samen met mijn zus en mijn vriend in het ouderlijke huis. Mijn andere zus woont nog bij mijn ouders. Overdag ga ik werken, dakwerken en renovatie. Het is zwaar werk en ik maak lange dagen. 's Avonds probeer ik me te ontspannen. Sinds een jaar ga ik badmintonnen. Ik probeer ook te lopen, want ik wil deelnemen aan de Hiv-Run in Antwerpen. Ik zou wat vaker moeten trainen, maar ik kom soms afgepeigerd thuis na een dag werken. Regelmatig spreek ik af met vrienden, voor een film, een musical of gewoon een spelletjesavond. Ik hou van gezelschap, hoewel ik niet zo'n prater ben. Ik ben nogal timide in groep en blijf liever op de achtergrond. Ik ben niet de vlotte boy die op een feestje op iedereen toestapt. Maar als het ijs gebroken is, kan ik heel sociaal zijn.

Waar moet ik beginnen? Het was een onschuldige vrijdag in de zomer van 2006. Ik was wat ongeduldig. Alle uitslagen van mijn tests waren er, behalve die van de hiv-test. Ik had me laten testen omdat ik argwanend was. Ik had een relatie met iemand die ik vertrouwde, maar ik ontdekte dat bepaalde dingen niet zuiver op de graat waren. Hij had beweerd dat hij zich had laten testen en dat alles in orde was. Ik voelde dat er iets aan de hand was. Hij wou bijvoorbeeld niet horen van het woord 'relatie', omdat hij op zijn vrijheid stond. Hij was dus mijn vriend en ook weer niet. Ik heb me laten testen en er bleek iets mis te zijn. Heel erg mis.

Kleurloos

Ik herinner me het moment van de diagnose als de dag van gisteren. Het was begin september, de eerste dag na mijn vakantie. Ik stond vertrekkensklaar, ik moest opnieuw gaan werken. Het toeval wil dat mijn halve familie aanwezig was: mijn moeder, mijn zussen en mijn tante. Plots ging de telefoon. De huisdokter: of ik even kon langskomen? Ik kan nauwelijks beschrijven hoe ik me voelde. Ik was... kleurloos. Enorme paniek, mijn ergste vermoeden werd bevestigd. Iedereen was in shock, mijn moeder dacht dat ik dood zou gaan. Zelf dacht ik dat niet, zo veel wist ik er al van, maar ik was compleet in de war. Er was een afspraak gemaakt, maar ik heb teruggebeld om alles te vervroegen. Ik wou meteen weten waar ik aan toe was, ik wou geen weekend met vragen blijven zitten. Ik merkte dat mijn huisdokter er niet zo veel van af wist. Hij heeft ons meteen doorverwezen naar het Instituut voor Tropische Geneeskunde. Daar heeft de dokter ons kunnen geruststellen.

Toen ik mijn vriend met de feiten confronteerde, ontkende hij staalhard. Ik had met niemand anders iets gehad. Ik moet het van hem hebben gekregen, hoewel ik daar nooit honderd procent zeker van kan zijn. Mijn gevoel zegt van wel, en hij heeft nooit het tegendeel kunnen aantonen. Het was een harde geschiedenis. Ik vertrouwde hem. Ik had nooit onveilige seks gehad, daar was ik zeker van, had altijd een condoom gebruikt. Wist ik veel dat je het ook door oraal contact kon krijgen. Hoe ver moest je gaan in je bescherming, ik kon er toch geen muur tussen zetten? Enfin, ik was niet voldoende op de hoogte. Vandaag hoor ik mensen soms zo'n onzin uitkramen over hiv. Ik wist er ook het fijne niet van, er is zo veel waar je nooit bij stilstaat. Als je van voorvocht zwanger kunt worden, kun je er ook seropositief door worden. Achteraf klinkt dat logisch.

Die vrijdag zal ik nooit vergeten. Het feit dat mijn familie aanwezig was, maakte het nog surrealistischer, maar het was ook een zegen. Ik zie niet in hoe ik het anders ooit aan mijn ouders had kunnen vertellen. De dagen nadien trok de schokgolf langzaam weg. Ik moest nog geen medicatie nemen, ik kon nog zeker een jaar zonder. Het werd een jaar balanceren op de grens van net niet, net wel medicatie. Blijkbaar had ik altijd al een laag CD4-gehalte gehad. Na een jaar begon ik serieus af te zien. Ik had geen weerstand meer, kampte met allerlei kwaaltjes, was altijd moe. Officieel heb ik geen aids gehad, maar het was op het randje. Ik was blij dat ik met de medicatie kon beginnen. Ik had een jaar de tijd gehad om me er mentaal op voor te bereiden.

Nieuw leven

Dankzij de medicatie was ik snel aan de beterhand. Na een maand had ik energie als nooit voorheen. In het begin stelde ik een alarm in op mijn gsm, na een tijd werd het een gewoonte. Dat valt me niet te zwaar. Er zijn zo veel mensen die elke dag pillen moeten slikken voor hun bloeddruk of hun cholesterol. In de tijd van die ontspoorde relatie en de diagnose had ik het mentaal moeilijker. Dat stuk van mijn verleden heb ik uitgewist. Ik heb voor mezelf uitgemaakt dat mijn leven enkele jaren geleden opnieuw is begonnen. De pillen maken deel uit van dat nieuwe leven. Gelukkig heb ik geen last van nevenwerkingen, het zijn vrij milde pillen. Om de drie à vier maanden ga ik naar de dokter. Buiten die bezoeken en mijn pillen leid ik een heel normaal leven. Mijn virale lading blijft stabiel op een laag niveau. Ik kan mijn hiv op de achtergrond houden. Hopelijk blijft dat zo de komende tien jaar.

Ik neem nu drie pillen, dat moet op vaste tijdstippen en bij het eten. Voor mij is dat 's middags, want ik heb onregelmatige uren en kom soms heel laat thuis. 's Ochtends krijg ik geen hap binnen. Gelukkig gaf de dokter me de vrijheid, dus werd het 's middags. Ik werk met mijn vader en mijn oom. Zij weten dat ik hiv heb en pillen moet slikken. Soms werken we met andere aannemers samen, maar niemand heeft het ooit gemerkt. Ik steek ze in mijn mond en slik ze door als een snoepje. Ik probeer mijn pillen trouw in te nemen, dat wil zeggen trouw naar mijn eigen normen. Soms is het halftwee in plaats van twaalf uur. Ik ben ze al eens vergeten toen ik in het weekend ergens naartoe moest. Vorige week nog vergat ik ze op het werk en ging ik 's avonds badmintonnen. Ik heb toen 48 uur geen medicatie genomen, maar zonder erg. Tot dusver blijven mijn waarden stabiel. Ik maak me geen zorgen als ik mijn pillen eens vergeet.

Financieel merk ik weinig van mijn ziekte: alles wordt terugbetaald door het ziekenfonds. Gelukkig maar, want een doosje kost vijfhonderd euro, en ik verbruik er twee per maand. Al met al betaal ik zo'n honderd euro per maand aan dokterskosten en medicatie voor kleine kwaaltjes. Dat verschilt nauwelijks van andere mensen, denk ik. Ik ben de laatste jaren meer op mijn gezondheid gaan letten. Gezond eten is niet altijd gemakkelijk. Als je laat thuiskomt, kun je niet meer lekker gaan koken. Ik eet vaak bij mijn moeder, zij kookt altijd vers. Ik sport ook regelmatig sinds vorig jaar, maar dat is eigenlijk voor mijn ontspanning. Als mijn conditie er beter van wordt, is dat mooi meegenomen.

Vertellen

Als ik alles min of meer op een rijtje heb, is dat misschien omdat ik er makkelijk over kan praten. Dat heeft me geholpen om het te verwerken. Ik heb nooit veel problemen gehad om anderen te vertellen dat ik hiv heb. Het hangt natuurlijk af van persoon tot persoon. Ik heb vrij snel door aan wie ik het kan vertellen en aan wie niet. Als ik me goed in mijn vel voel bij iemand, zal ik het snel vertellen, bij de tweede of de derde keer al. Mensen schrikken dan, maar meestal appreciëren ze mijn directheid. Als ik het niet doe, voel ik me een leugenaar. Natuurlijk hoef je het niet altijd te vertellen, niet iedereen heeft er zaken mee. Ik besef dat ik geluk heb dat mensen meestal positief reageren, want het kan ook anders. Ik ken een jongen die het thuis vertelde en niet meer binnen mocht. Zelf heb ik ook afwijzingen gehad, vooral van de vriendenkring rond mijn toenmalige partner. Hen beschouw ik niet langer als vrienden, maar als wezens die er toevallig waren. Ik laat er mijn hoofd niet meer door hangen. Dat gebeurt trouwens niet vaak, want ik heb mijn eigen manier om het te vertellen, en die werkt. Om te beginnen ben ik nooit 'hiv-positief' maar 'seropositief'. Hiv is aids, snap je? Mijn aanpak is vrij direct. Ik zeg dat ik iets serieus moet vertellen. *Ik ben seropositief.* Ik geef meteen informatie: over wat het met mijn leven doet, hoe ik het heb gekregen, hoe ik me voel. Ik houd mijn gesprekspartner in het oog. Ik ben eigenlijk de zwakste op dat moment, maar ik moet als de sterkste overkomen. Dat helpt, op die manier kunnen mensen het plaatsen. Ik geef ze ook de tijd om alles te laten bezinken. Als ze iets willen weten, mogen ze het vragen. De laatste jaren heb ik geen negatieve reacties meer gekregen.

Op mijn vorige werk heb ik het niet verteld. Pas toen ik mijn ontslag indiende, heb ik het aan mijn baas gezegd. Die heeft alles in het werk gesteld om me toch te houden. Ik had het dus best vroeger kunnen vertellen, maar het blijft moeilijk. In mijn vriendenkring wil ik niet leven met een geheim. Kan iemand er niet mee om, dan is dat maar zo. Er zijn nog meer vissen in de zee. Op het werk ligt het anders, daar moet je van leven. Ze hoeven ook niet alles over mijn privéleven te weten.

Geef ik de indruk dat ik het allemaal heel normaal vind? In zekere zin is dat zo, ik heb een heel normaal leven. Ik heb het kunnen plaatsen voor mezelf. Hiv heeft mijn leven in een andere plooi gelegd. Ik kan veel meer genieten van kleine dingen. Vroeger moest ik bij wijze van spreken naar Walibi gaan. Nu ben ik al blij als ik even in het bos kan wandelen. Ik ben me veel meer bewust van dat uurtje extra. Natuurlijk zijn er ook andere momenten. *Shit, waarom ik?* Vorig jaar had ik een zware dip. Ik heb mijn werk opgezegd en heb mijn lief opzij geschoven. Ik was gestopt met roken en ben opnieuw begonnen. Ik had geen zin meer in al die toestanden. Iedereen heeft dat weleens. Ik ben toen op lotgenotenweekend geweest en heb een buddy gekregen, een Nederlander. Met hem heb ik veel gepraat, dat heeft een half jaar geduurd. Ik heb er veel van geleerd, onder meer dat beslissen soms heel moeilijk, maar ook heel makkelijk kan zijn. Er is altijd een oplossing. Als je iets opgeeft, komt er iets voor in de plaats.

Nieuwe partner

Mensen denken soms dat ik sinds de diagnose minder kansen heb. Zo zie ik het niet. Ik geniet de beste medische zorgen en opvang, niet alleen bij de artsen maar ook bij de vrijwilligers van Sensoa. Ze vormen de achtergrond waartegen ik kan leunen als er iets is. Ik zie de mensen van Sensoa bijna wekelijks. Sinds drie maanden heb ik een nieuwe partner. Ik heb hem ontmoet via het badminton. Waar dat allemaal niet goed voor is! Ik had iets van: mmm. We hebben eens afgesproken en veel gepraat. Al bij de tweede ontmoeting heb ik het hem verteld. *Ik heb liever dat je het nu weet.* Hij heeft schitterend gereageerd. Hij wist er al veel over omdat hij een vriend heeft met hiv. We proberen ons best te doen. Af en toe spookt het weleens door zijn hoofd, maar hij is eigenlijk vooral bang voor mij, voor wat de ziekte met mij kan doen. Angst voor besmetting heeft hij niet. Je weet wat kan en wat niet. In het begin vroeg hij soms of iets veilig was voor hem. Dat is nooit blijven hangen. Zelf ben ik extreem bang om anderen te besmetten. Dat maakt me onzeker. Ik heb lang gedacht dat ik een seropositieve partner moest vinden, dat ik anders niet meer zou kunnen genieten van seks. Fout, blijkt nu. Soms flitst het door mijn hoofd. *Wat we nu aan het doen zijn, heeft me voor het leven veroordeeld.* Op zo'n moment hoeft seks totaal niet en wil ik gewoon knuffelen. Meestal kan ik me ervan losmaken.

Ik heb geluk met mijn omgeving. Mijn familie was meteen op de hoogte en is met mij in dit verhaal gegroeid. Ik heb nooit het gevoel gehad dat ik minder welkom was. Die jongen die op straat is gezet, vertelt aan niemand dat hij hiv heeft. Hij houdt alles voor zich en zal nog eerder zeggen dat hij kanker heeft. Dat zijn schrijnende toestanden. Dat taboe moet echt doorbroken worden. Zelf praat ik niet overdreven veel met mijn ouders, maar als het moet, dan kan het. Met Kerstmis was het zelfs omgekeerd. Ze zaten hier allemaal rond de tafel over hiv te praten, en het werd mij te veel. Ik weet dat ik bij hen terechtkan. Helemaal in het begin voelde ik me alleen op de wereld, buiten mijn ouders dan. Na een jaar is dat gebeterd en leerde ik nieuwe mensen kennen. Dat is belangrijk, want anders leef je in een isolement. Een echte vriend maakt tijd, heb ik geleerd.

Wrok tegenover mijn vroegere partner heb ik al lang niet meer. Het is niet langer mijn probleem, het is het zijne. Want hij ontkent het voor zichzelf en dat is veel erger. De waarheid verhullen op tv is één ding, maar tegen jezelf liegen, dat is nog iets anders. Ik heb mijn leven en dat is heel boeiend. Laat het zo blijven. Negatieve gevoelens vreten alleen maar aan je. Ik wil dat mensen gewoon doen, ik wil geen medelijden. Niemand hoeft me te betuttelen. Als ik aandacht wil, zal ik die vragen. Er is nog veel werk aan de winkel. In *De Slimste Mens ter Wereld* kreeg Bart De Wever een vraag over Sensoa. Voor hem was dat 'die organisatie voor vieze ziektes'. Alsjeblieft zeg, die man heeft een voorbeeldfunctie. Je zou denken dat zo iemand diplomatischer is, ook al heeft hij er persoonlijk misschien een probleem mee. Gelukkig zijn er andere bekende Vlamingen die wel voor ons opkomen, dat doet deugd. Ik hoop dat dat discussies losmaakt in de Vlaamse huisgezinnen. In de eerste plaats om lotgenoten te helpen die niet naar buiten durven te komen. Zelf wil ik graag iets betekenen voor mijn vrienden. Zowat al mijn vrienden zijn homo's en velen van hen zijn lotgenoten. Met mijn verhaal wil ik mensen doen nadenken. Ik wil ook als vrijwilliger aan de slag bij Sensoa, want ik wil iets terugdoen. Mijn hiv is er niet voor niets gekomen. Hiv is er niet alleen om mij te kwellen. Ik moet er iets mee doen, mensen helpen, vooral jongeren. Door te praten met hiv'ers, hen te ondersteunen in een moeilijke periode, deel te nemen aan activiteiten.

Ik leef van dag tot dag en ik zie wel wat de toekomst brengt. Ik geloof niet in een wondermiddel, om mezelf teleurstelling te besparen. Grote ambities heb ik niet, gewoon een zinvol, boeiend leven. Dat lijkt mij iets om na te streven.

HOOFDSTUK 8

TOEKOMST

'**DIE MASSA PILLEN DIE WE SLIKKEN** *kan niet zonder gevolgen blijven op lange termijn, daar denk ik soms aan. Toch ben ik niet echt bezig met de toekomst: ik ben al dertien jaar klaar om te sterven. Ik maak me minder druk in dingen, veel problemen van vroeger zijn relatief geworden. Ik vermoed dat mijn hiv me daar enorm bij heeft geholpen. Ik heb een job waarvoor ik honderd procent gemotiveerd ben. Geld is onbelangrijk: ik moet niet sparen, geen huis afbetalen. Het zou een wereldwonder heten mocht ik er op mijn vijfenzestigste nog zijn.*'

Gloort er een toekomst na de diagnose van hiv? Het antwoord op die vraag beperkte zich vroeger tot een meewarig hoofdschudden. Tot vijftien jaar geleden stond hiv gelijk aan een meer dan waarschijnlijke geleidelijke aftakeling, gevolgd door een vroegtijdig overlijden. Wie onverhoopt door de mazen van het net glipte, mocht bepaald niet rekenen op een normaal leven. Had men toen een glimp opgevangen van de situatie van vandaag, men zou het hebben afgedaan als sciencefiction. Als ongeloofwaardige taferelen uit een verfilmd bestaan dat elke voeling met de werkelijkheid miste.

Vandaag is de SF-film *reality* geworden. Leven met hiv is niet langer een uitzichtloze tunnel, er is weer licht en schakering, zoals oude zwart-witopnames tot leven komen nadat ze zijn ingekleurd. De onheilstijding werd ontkracht, de ziekte beheerst, de ongemakken onderdrukt. Er wacht een leven van mogelijkheden. Met de menselijke tragedies van het eerste aidsdecennium in het achterhoofd klinken de nieuwe toekomstperspectieven als muziek in de oren. Lichtzinnigheid is echter ongepast. Niemand is graag ziek. Hiv is en blijft een ziekte, die niet weggaat. Een ziekte die voor vervelende lichamelijke bijwerkingen kan zorgen. Een ziekte die tot maatschappelijke uitsluiting kan leiden. Een ziekte die elke dag als een mentaal juk over je schouders kan hangen.

Hoe zie je de toekomst als je te horen krijgt dat je hiv hebt? Het is wellicht zoals vliegen naar een andere tijdzone, waar je de eerste dagen ontregeld probeert door te komen. Voor mensen met hiv duurt het een hele tijd eer ze zich hebben aangepast aan die nieuwe zone in hun leven. Zodra de mentale dreun is verwerkt en ze een eigen ritme hebben teruggevonden, kunnen ze een normaal leven leiden, met ambities en dromen zoals elkeen. Het valt niet van hen af te lezen dat ze ziek zijn. Als de nevenwerkingen onder controle zijn, worden ze er niet voortdurend mee geconfronteerd. Het lijkt of ze Harry Potters onzichtbaarheidsmantel hebben geleend: hun hiv is er wel, maar je ziet hem niet.

Op die momenten wenkt de toekomst en kunnen ze plannen maken, want de tijd maalt. Voor een kind lijkt er geen einde te komen aan een zomerdag, het wachten tot de volgende verjaardag duurt een eeuwigheid. Hoe ouder je wordt, hoe relatiever de tijd, maar ook hoe dwingender. Er is zo veel te doen en het gaat zo snel. Dat is paradoxaal genoeg vaak een verlammende gedachte, een moderne welvaartsziekte, zoals vrijetijdsstress. Vroeger waren mensen bezig met overleven, vandaag met het uittekenen van plannen. De parallel met hiv is onweerlegbaar.

Soms zijn we te veel met de toekomst bezig en vergeten we in het nu te leven. Iemand noemde de toekomst ooit een paradijs waaruit nog nooit iemand is teruggekeerd. We ondergaan onze toekomst niet, we maken haar vandaag. Laten we dus genieten van het nu. Wat dat betreft kunnen we een lesje leren van mensen met hiv. Zij slagen erin bewuster te leven en minder krampachtig aan de toekomst te morrelen. Hun immateriële dromen primeren vaker op materiële verwachtingen en ze beleven het leven op een geestelijker niveau, intenser, zonder de ballast van dagelijkse pietluttigheden. Als een schip dat niet wordt afgeremd door overvolle sleepnetten.

Oud worden is een dubbelzinnig verlangen: we willen het en we willen het niet. Wie twintig is, kan zich slechts een abstracte voorstelling maken van de ouderdom. Wie de veertig is gepasseerd, kan het begrip middelbare leeftijd een heel concrete invulling geven. Ze hebben gemeen dat ze beiden oud willen worden, maar niet zijn. Dat geldt ook voor mensen met hiv. Velen krijgen vandaag te horen dat ze een min of meer normale levensverwachting hebben. Het verschil schuilt op de achtergrond, in de vrees voor wat de medicatie op termijn met hun lichaam en geest zullen aanrichten. En bij de hoop op evoluties in de medische wetenschap, op betere pillen, op een wondervaccin. De verwachting dat het virus in deze digitale tijden tot een virtueel virus kan worden herleid. IJdele hoop? Misschien, maar wie nooit heeft gehoopt, kan nooit wanhopen.

In het toekomstbeeld van veel seropositieve mensen speelt engagement een rol. Zoals bekeerlingen in Bijbelse tijden overtuigde predikers werden, willen zij hun ervaring ten dienste stellen van anderen. Dat doen ze onder meer door te getuigen over hun hiv en de impact ervan op hun leven. Het siert hen des te meer, daar ze het zelf niet onder de markt hebben. De behoefte aan hun inbreng is reëel, er zijn nog te veel naamloze mannen en vrouwen die hun leed in het geheim moeten dragen.

Mensen met hiv vragen niet veel van ons: zeker geen medelijden, een beetje begrip doet al wonderen. Wat vaststaat, is dat ze allemaal getuigen van een grenzeloze levenskracht die alleen onze bewondering mag wekken. Ondanks de beproevingen die ze vaak moeten trotseren, slagen velen van hen erin een rijk, zinvol en inspirerend leven te leiden. Hun geesteskracht doet denken aan een van de hoofdpersonages in *Mr. Vertigo*, de roman van Paul Auster waarin een jongen leert te vliegen als een vogel. Hij trotseert de zwaartekracht op basis van zijn overtuiging, zijn geloof in eigen kunnen. Op dezelfde manier lijken mensen met hiv hun vleugels uit te slaan om de oogkleppen van het dagelijkse bestaan te ontstijgen.

Pensioen

Wie al wat ouder is, zoals Liesbeth, is van nature beter toegerust om buiten de tredmolen te kuieren. 'Toen ik te horen kreeg dat ik seropositief was, was ik ervan overtuigd dat ik binnen tien jaar zou sterven. Ik dacht niet meer op lange termijn, pensioen was voor mij iets onwerkelijks. Intussen zijn we vijfentwintig jaar verder. Uiteindelijk is mijn vader al vertrokken en ben ik er nog, dat was niet gemakkelijk. Je weet dat je gaat sterven, je hebt je diagnose gehad, en dan blijf je toch in leven. Het is niet zo gemakkelijk als het misschien lijkt.'

Liesbeth wist zich staande te houden door het leven van dag tot dag te bekijken. 'Ik ben niet de hele dag bezig met mijn hiv, vroeger ook niet. Ik weet nog dat mensen in het begin echt aftelden, er was geen behandeling. Ze gingen letterlijk op de kalender na hoelang ze nog hadden. Dat heb ik nooit gedaan. Vandaag zijn veel dingen minder belangrijk, op een bepaalde manier ben ik zelfs gelukkiger. Soms denk ik dat iedereen op een dag te horen zou moeten krijgen dat hij of zij dodelijk ziek is, zonder dat het waar is, natuurlijk. Gewoon, om dat inzicht te verwerven. Genieten van elk moment, doen wat je kunt, elke dag opnieuw. Als ik om me heen kijk, zie ik veel mensen die zich druk maken om onbenullige dingen. Ik doe dat niet meer. Natuurlijk ben ik al wat ouder, tweeënvijftig is geen twintig. Mijn hiv heeft me zeker geholpen om beter te relativeren. Als je te horen krijgt dat je nog maar zeven jaar hebt, ga je alles door een andere bril zien. Dat mentale aspect is cruciaal, niet alleen als je hiv hebt, maar bij alle ziektes. Wie zich laat gaan of de moed verliest, is verloren.'

Veel verwachtingen koestert ze niet meer, het leven is gul geweest. 'Het zou heel mooi zijn mocht ik zestig worden. Het grootste stuk van mijn leven is voorbij en daar heb ik vrede mee. Ik kijk tevreden terug op mijn leven, ik heb zo veel gedaan en gezien. Ik heb veel meegemaakt en intense relaties beleefd. Ik heb nergens spijt van, meer kan een mens toch niet verwachten? Uiteraard heb ik ook eens een slechte dag, die heeft iedereen, een leven met alleen maar plezier zou al snel monotoon worden.'

Liesbeths tevredenheid met haar bestaan vindt ook haar wortels in het vrijwilligerswerk dat ze doet en in haar engagement. 'Ik denk dat het belangrijk is dat we ervoor uitkomen, dat we alles een beetje normaal laten lijken. Het zou enorm tof zijn als niemand zich nog zou moeten schuilhouden, het leven zou normaler worden. Ik wil duidelijk maken dat hiv een chronische ziekte is waar je gewoon mee kunt leven. Het is belangrijk om erover te spreken: vanwege het besmettingsgevaar, maar ook omdat het geen lachertje is. Ik denk bijvoorbeeld aan de medicatie. Het is niet zo dat je elke dag een aspirientje slikt, het is best zware medicatie. Soms maakt het me boos dat hiv vandaag wat gebanaliseerd wordt. Jonge mensen beschermen zichzelf niet meer, iets wat ze wel deden in de tijd toen er enorm veel sterfgevallen waren. De hele beleving rond hiv en aids is vandaag veranderd, maar je kunt niet stellen dat het helemaal geen probleem meer is. Je mag jongeren niet influisteren dat ze zich niet langer hoeven te beschermen, dat ze oud kunnen worden met een pilletje per dag. We weten dat helemaal nog niet zeker. In die zin is het een beetje zoals mijn druggebruik: ik kan zeggen dat ik er geen spijt van heb, maar ik kan het zeker niet aanraden. In het begin was het leuk en opwindend, alles wat we wilden. Later heb ik veel verscheurde families en verwoeste levens gezien door drugproblemen. Zo kun je ook hiv maar beter vermijden op je levensweg.'

Realistisch

Thierry probeert het realistisch te bekijken, hij vindt zijn leven super zoals het is. 'Ik ga er niet van uit dat ik tachtig jaar zal worden. Elk jaar dat ik leef, is een bonus, ik geniet er vijfmaal zoveel van. Het is ongelooflijk hoe ik nu kan leven met veel sport en ontspanning. Je weet het natuurlijk nooit, ik neem al zeven jaar medicatie. Zonder die pillen zat ik hier niet, maar wat doen ze met mijn lichaam? Ik weet dat ik niet eeuwig zal blijven leven zoals nu. Veel lotgenoten vertellen me dat ze last krijgen van bijwerkingen. Het is best mogelijk dat ik straks ook complicaties krijg, en dat zou ik kunnen accepteren. Onsterfelijkheid is voor niemand weggelegd, hiv of niet. Ik sta nuchter in het leven en bekijk het niet te rooskleurig. Anderzijds ben ik ervan overtuigd dat de kans dat ik aids ontwikkel minder dan een procent bedraagt. Ik hou rekening met bijwerkingen, maar ik zie mezelf niet sterven aan aids. Die lijdensweg wil ik mezelf en mijn omgeving niet aandoen.'

Het zal menigeen verwonderlijk in de oren klinken, maar Thierry heeft als veertiger geen probleem met het knagen van de tijd. 'Ouder worden is leuk, je wordt zoveel rustiger, je relativeert makkelijker. Geestelijk ben ik nu veel sterker. Grote dromen heb ik niet meer. Al wat ik me kan wensen, bezit ik vandaag. Ik heb geweldige vrienden, een fijne familie en een innige band met mijn mama. Financieel kom ik niets tekort, ik woon mooi, heb een toffe job en ga veel op reis. Mensen zouden kunnen verwachten dat ik droom van een leven zonder hiv. Heel eerlijk: dat komt niet in me op, ik sta er niet bij stil. Ik zou liever geen hiv hebben, maar die is er nu eenmaal. Hiv heeft een plaats in mijn leven, maar is zeker niet allesoverheersend. Ik heb het geluk dat ik tot dusver lichamelijk nauwelijks last ondervind, ik ken andere mensen die serieus afzien. Wees maar zeker: hiv is iets wat je liever niet hebt.'

Hij vindt zijn leven na de diagnose niet gelukkiger, maar intenser. 'Ik was voordien al heel gelukkig, ik ben altijd een levensgenieter geweest. Vandaag haal ik mijn geluk ook uit andere dingen, nieuwe dingen. Ik besef het ook meer, ik sta er meer bij stil en ik waardeer het meer. Mijn leven is rijk, daar heeft de diagnose niets aan veranderd. Ooit zat ik met een vriendin in de auto op weg naar Maastricht. We kenden elkaar nog niet zo goed. Ik vertelde in geuren en kleuren over mijn leven, wat ik allemaal had gedaan en waar ik allemaal was geweest. Na een halfuur onderbrak ze me, en zei dat ik drie levens had gehad. Zo voel ik het ook: ik leef tegen honderd per uur.'

Dezelfde bezieling legt hij in zijn engagement, in de hoop dat hiv bespreekbaarder wordt. 'Ik wil mensen laten zien dat je kunt leven met hiv. Je kunt er je weg in vinden, op professioneel vlak, op relationeel vlak, op vriendschappelijk vlak. Je kunt genieten van het leven. Ik ben tweeënveertig, voor mij is alles nog mogelijk. Zoveel jaren om de dingen te doen die ik graag doe, om iets te betekenen voor een ander. Het leven stopt niet met hiv. Ik vergelijk het vaak met homoseksualiteit in de jaren vijftig, toen al die homo's in de kast zaten. Zoveel drama's, al die mensen die moesten leven met een geheim. Ik kan dat niet, leven met een geheim, en ik merk dat veel anderen dat ook niet kunnen. Toch leggen ze het zichzelf op vanwege de angst, het stigma. Ik heb er begrip voor, het is niet simpel om ervoor uit te komen. Hiv zal echter pas bespreekbaar worden als heel veel mensen zich outen.'

Vertrouwen

Voor een jonge hond als Kenny is de oude dag vooral een dag die veraf is, hij stelt zijn toekomst niet in vraag. 'Met mijn medicatie zit alles heel goed, ik voel me uitstekend, ik mag alle vertrouwen hebben in de toekomst. Slechts een enkele keer sta ik er bij stil dat het ooit minder kan gaan. Voor mensen die al in het aidsstadium hebben verkeerd, is dat natuurlijk anders. Het verschilt trouwens voor iedereen, er zijn mensen bij wie het virus lang in het bloed kan circuleren voor ze er ziek van worden. Ik heb altijd een lage immuniteit gehad, ik hoor mijn oma nog zeggen dat ik altijd zo gauw moe was. Ik was sneller vatbaar voor infecties, dat heeft volgens mij ook een rol gespeeld in mijn hiv. Mijn lichaam heeft snel gesignaleerd dat er iets niet juist was, daarom waren we er gelukkig snel bij.'

Kenny was even snel om naar buiten te treden en contact te zoeken met lotgenoten, hij heeft er nooit een probleem van gemaakt om openlijk over zijn hiv te praten. 'Bij Sensoa trof ik weinig leeftijdsgenoten aan, wat ik vreemd vond, want er moesten toch ook jongeren met hiv zijn? Ik vroeg me af waarom die mensen er niet voor durfden uit te komen, ik wou niets liever dan erover te praten. Op een bepaald moment kwam vanuit Sensoa de vraag om lezingen over hiv te geven in scholen, en dat doe ik nu al vijf jaar. Het is de bedoeling om jongeren wat bewuster te maken op seksueel gebied. Ik heb zo'n kans in mijn tijd niet gehad. Als dat wel was gebeurd, had ik misschien geen hiv gekregen. Als een leraar of een dokter voor de klas staat, heeft die minder impact dan iemand die het zelf heeft en die bovendien niet zoveel ouder is. In het begin was het niet vanzelfsprekend, ik zat zelf nog in een aanvaardingsproces. Die lezingen hebben mij daarbij geholpen. Als ik die jonge gasten duidelijk kan maken hoe belangrijk het is om bij die dingen stil te staan, dan ben ik tevreden. Ik heb er indertijd niet bij stilgestaan, ze kunnen allemaal zien welke gevolgen dat voor mij heeft gehad. Volgens mij is de nood aan sensibilisering sterker dan ooit, want voor veel jonge mensen is de dreiging van aids gepasseerd. Voeg daarbij het vooroordeel dat hiv iets is van homo's en druggebruikers, en je krijgt een gevaarlijke cocktail.'

Op normale dagen is Kenny niet bezig met zijn hiv, hij wil zich ook niet profileren als een ambassadeur. 'Alleen als ik een lezing geef, komt alles weer naar boven en houdt het me de hele dag in de ban. Maar ik ga altijd met een goed gevoel naar huis als ik die jongeren iets heb kunnen meegeven, het geeft me rust. Na meer dan twintig jaar wordt het tijd dat de mensen zich openstellen. Ik wil hen tonen dat ik niet anders ben omdat ik hiv heb. Gewoon aanvaard worden, daar gaat het om.'

Testament

Frankie is een geïnformeerd man: er verschijnt niets over hiv wat hij niet heeft gelezen, en hij kan een heldere röntgenfoto maken van zijn eigen situatie. 'Vandaag is mijn situatie goed, de toekomst heb ik voor een stuk zelf in handen. Ik weet wat de medicatie voor mij heeft gedaan, ik heb in een diep stadium gezeten, maar daar ben ik uit geraakt. Ik kan me voorstellen dat er mensen zijn die plots met medicatie moeten starten terwijl ze geen klachten hebben, en het daar moeilijk mee hebben. Als ze dan klachten krijgen door de pillen, zijn ze geneigd ermee te stoppen omdat ze vinden dat ze er daardoor nog slechter aan toe zijn. Ik redeneer niet op die manier: de medicatie heeft mijn leven gered. Ik besef terdege dat diezelfde medicatie, vooral de combinatie van de massa's pillen die ik slik, straks voor complicaties kan zorgen die we vandaag nog niet kunnen inschatten. Ik ben vooral bang dat ik er morgen een andere ziekte bovenop krijg.'

Het is onvoorstelbaar hoe relativerend iemand die zijn testament al heeft geregeld over zijn ziekte kan praten. Misschien is het precies omdat hij de dood in de ogen heeft gekeken. 'Hiv is niet het einde van de wereld. Ik zou het virus natuurlijk liever niet hebben, daarin moet ik eerlijk zijn, maar er zijn zaken die erger zijn. Ik ben negenenveertig jaar. Veel mensen zijn op die leeftijd al dood, zo probeer ik het te bekijken. Wat het leven voor mij nog in petto heeft, weet ik niet. Dat kan van alles zijn, het stopt hier niet, absoluut niet. Er is nog een toekomst.'

Professioneel kan Frankie zijn werklust en zijn energie niet meer kwijt, in zijn sensibiliseringsijver des te meer. 'De ambitie om veel geld te verdienen of zaken op te bouwen is weg. Ik wil mijn professionele expertise benutten om op te komen voor mensen met hiv, mensen die om een of andere reden niet naar buiten kunnen treden. Ik wil aantonen dat leven met hiv mogelijk is, dat wij normale mensen zijn, in staat om te werken, in staat om feest te vieren, in staat om relaties te onderhouden. Ik vind dat er de laatste jaren niet voldoende aandacht uitgaat naar de actuele situatie van hiv en aids in België. We hebben de beste medicijnen en de beste dokters ter wereld, maar toch worden veel seropositieven gediscrimineerd en gestigmatiseerd. Ik wil andere mensen met hiv aansporen om mee op de kar te springen en openlijk uit te komen voor hun seropositiviteit. Wij hebben net als iedereen het recht om onze plaats in de maatschappij op te eisen.'

Frankies verbolgenheid is terug te voeren tot de jaren tachtig, toen aids voor ongekende paniekreacties zorgde in de Verenigde Staten. 'Toen wetenschappers en dokters kenbaar maakten dat hiv seksueel overdraagbaar was, wilde men in San Francisco de homosauna's sluiten. Er is toen vanuit de homogemeenschap terecht een enorme revolte op gang gekomen. Paradoxaal genoeg is de situatie in de homoscene vandaag zorgwekkend: er wordt beweerd dat één op de twintig homoseksuelen vandaag hiv heeft. Recent heb ik weet gekregen van een nieuwe studie die is uitgevoerd in heel Europa. Daarin worden voor België cijfers tot 9,5 procent genoemd, met andere woorden één op de elf homo's. Let wel, dit is een gemiddelde voor heel België, wat betekent dat het in steden als Antwerpen en Brussel kan oplopen tot één op de vijf. Als er niet wordt ingegrepen, ben ik ervan overtuigd dat we binnen dit en enkele jaren een verdubbeling zullen zien van het aantal mensen met hiv in België. Dezelfde studie wees immers uit dat minder dan de helft van de homoseksuelen zich in het afgelopen jaar liet testen op hiv. Daarnaast heb je andere seksueel overdraagbare aandoeningen die aan een opmars bezig zijn, zoals syfilis, hepatitis en chlamydia. In België wordt geen enkel initiatief genomen om mensen erop te wijzen dat die epidemieën onder homoseksuelen leven. Het is haast misdadig om dat dood te zwijgen. Een ander miskend probleem is het feit dat een meerderheid van de mensen met hiv kampt met een of meer psychische aandoeningen. Geen toeval dat er sinds 2007 binnen het multidisciplinaire team van het Instituut voor Tropische Geneeskunde een psycholoog aanwezig is op wie mensen met hiv een beroep kunnen doen. Aanvankelijk was dit één dag per week, ondertussen is het voltijds.'

Zijn *oude dag* is voor Frankie geen abstract begrip, ook al is hij pas negenenveertig. 'Ik ben actief bezig met research naar zorginstellingen die seropositieve ouderen opvangen. We moeten af van het idee dat zo'n zorginstelling alleen voor 70-plussers is bedoeld. Binnen vijf jaar zal vijfentwintig procent van alle mensen met hiv in ons land ouder zijn dan vijftig. Oud worden met hiv gaat niet zonder slag of stoot. Je krijgt soms al twintig jaar eerder te maken met fysieke beperkingen die anderen pas treffen wanneer ze vijfenzeventig zijn. Mensen met hiv hebben een grote kans dat ze meerdere chronische aandoeningen of ziektes tegelijkertijd krijgen, men noemt dat *comorbiditeit*. Dit kan bij hen al op relatief jonge leeftijd voorkomen. Weinig zorgverleners zijn hiermee bekend, het is een fenomeen waar nu pas onderzoek naar wordt gedaan. De hiv-patiënt zal in de toekomst worden behandeld door meerdere specialisten. In de korte periode sinds mijn infectie zag ik naast mijn hiv-internist een psychiater, een psycholoog, een dermatoloog, een podoloog, een plastisch chirurg, een neuroloog, een neus-, keel- en oorarts en een hematoloog. Dat is een hele boekhouding.'

Veel mensen met hiv ervaren volgens Frankie bovendien een stigma in de zorgsector. 'Er is nog veel onwetendheid bij het verzorgend personeel, maar ook bij medebewoners in bijvoorbeeld verzorgingstehuizen. Daar is nog werk aan de winkel: veel mensen met hiv kunnen niet terugvallen op traditionele gezinsstructuren en zullen in toenemende mate een beroep doen op de bestaande alternatieve zorgstructuren zoals het buddyproject. Ook de reguliere zorgsector zou zich nu reeds op deze complexe zorgvraag moeten voorbereiden. Misschien ben ik zelf binnen vijf jaar reeds toe aan de zorg van zo'n instelling, ik kan maar beter mijn voorzorgen nemen.'

Geloof

Helens toekomst ligt in België, dat staat vast, ook al wordt die toekomst haar niet op een presenteerblad aangereikt. Ze timmert moeizaam aan de weg: het overlijden van haar man toen ze pas twee jaar getrouwd was, de problemen met haar voet, de scheiding van haar zoon, het sociale isolement en uiteraard haar hiv plaveien haar pad met hindernissen. Ze geeft de moed niet op, haar geloof helpt haar daarbij. 'Ik ben heel gelovig. Als ik me in een moeilijke situatie bevind, richt ik me tot God om erdoor te komen. In een kerk kom ik tot rust na een week studeren, nadenken, wenen en lachen. Mijn geloof helpt me ook met mijn ziekte. God heeft me de kans gegeven om medicatie te krijgen in een ontwikkeld land, dat is niet weggelegd voor iedereen.'

Al is ze diepgelovig, vragen om een mirakel doet ze niet. 'Ik vraag niet veel, ik bid God niet om genezing, gewoon om een lang en gezond leven. Mijn geloof is gekoppeld aan hoop, de hoop dat er een vaccin wordt gevonden waardoor we kunnen genezen. Vroeger stierven de mensen ook aan mazelen. Wie hoopt, stopt niet met leven. Hiv beheerst mijn dagen niet, mijn leven is meer dan dat. Mijn leven, mijn familie, mijn studie en een job zijn belangrijker dan die ene kleine beperking. Heeft die kleine beperking mijn leven verwoest? Ik zie het zo niet, ik zie het als een kans die ik heb gekregen. Hier in België heb ik een kans op een lang leven, en voor mijn familie in Oeganda heb ik Skype en de telefoon.'

Het typeert Helen dat ze het leven ondanks een royale portie ellende door een roze bril blijft bekijken. 'De toekomst oogt mooi. Mijn zoon is zestien, hij gaat straks naar de universiteit. Mijn Nederlands wordt steeds beter, straks vind ik vast een goede job. Ik heb vijfendertig jaar in Oeganda gewoond, maar ik ben van plan tachtig of negentig te worden, dan zal ik langer in België hebben geleefd dan ginds. Mijn grootouders zijn meer dan honderd geworden, ik kom uit een sterke familie. Ik ben haast altijd gelukkig. Ik kom uit een land met bijna zevenentwintig miljoen mensen die allemaal naar een ontwikkeld land willen en ik woon hier. Ik heb een masterdiploma, terwijl driekwart van de Oegandese bevolking niet kan lezen of schrijven. Ik heb een zoon, betrouwbare vrienden in België en in Oeganda, mijn beide ouders leven nog, mijn tien broers en zussen... Ik heb gewoonweg alles. Ik ben nu vierenveertig, ik heb al veel moeilijkheden overwonnen, en ik twijfel er niet aan dat ik dat ook met hiv zal doen. Het ligt niet in mijn aard om me op te sluiten en mezelf te beklagen. Ik wil dromen en studeren, ik wil een job en financiële zekerheid voor mijn zoon, ik wil reizen, een liefde vinden. Geloof me, ik heb al gewonnen.'

HET VERHAAL VAN

FREDDY

IK BEN EEN *VUURVENTJE*, zo noemen ze dat. Nooit stilzitten, er moet leven zijn, altijd iets nieuws. Ik wil mijn tanden ergens inzetten en mensen helpen, dat is de rode draad door mijn leven. Ik weet nog maar kort dat ik hiv heb. Eind 2009 kreeg ik het te horen, het verwerkingsproces is nog bezig. Ik denk dat mijn geval atypisch is, want ik heb hiv letterlijk opgeraapt. Ik zou het liefst openlijk met mijn verhaal naar buiten willen komen: er is geen tijd meer voor onoprechtheid, dat heb ik geleerd sinds mijn diagnose. Maar het kan niet, mijn bazen op het werk raden het af.

Ik kom uit een milieu waar homo's niet bestonden, mijn ouders waren enorm katholiek. Had ik toen geweten wat ik nu weet, dan was ik nooit getrouwd. In die tijd was kussen op straat al een taboe, we hadden het nooit gedurfd. Op seksueel vlak wisten we niets, mijn ouders hadden me verteld dat ik uit een groene kool kwam. Ik weet nog dat ik ooit een pak slaag kreeg van mijn opa omdat ik zo'n kool had opengesneden: ik wou zien of er een kind in zat. Ik droomde ervan om verpleger te worden, maar dat mocht niet van thuis. Daarom heb ik mechanica gestudeerd, maar ik had een hekel aan vuile handen. Toevallig kon ik als postbode beginnen, dat kwam mijn sociale ontwikkeling ten goede. Ik was vroeger heel stil, geleidelijk werd ik een babbelkous. Ik was graag gezien, maar ik ontmoette ook veel mensen met problemen. Op zaterdag deed ik vaak inkopen voor oudjes die me in de week hun bestelling meegaven. Inmiddels was ik zelf getrouwd en had ik twee kinderen.

Outing

Aan mijn leven als postbode kwam een einde. Ik ging ander werk doen, waardoor ik 's avonds meer tijd kreeg. Stilzitten is niets voor mij, dus volgde ik avondschool en kwam ik als vrijwilliger bij het Rode Kruis terecht. Na vijftien jaar werd het tijd voor iets anders, ik ging aan de slag bij Tele-Onthaal. Dat lag me niet: ik moet iets kunnen doen. Maar ik kwam er onder meer in contact met homo's die problemen hadden met hun outing. Sommigen zagen het niet meer zitten, en dan sprak ik al eens buiten de uren af om te praten. Ongeveer tien jaar geleden ontmoette ik een jonge onderwijzer die zelfmoord wou plegen. Ik heb het hem uit het hoofd kunnen praten. Het werd een lang gesprek, hij miste de laatste bus. Toen ik hem thuisbracht in mijn auto, pakte hij me vast en gaf hij me een kus. Het gekke was dat ik er niet van schrok. Ik heb lang met mezelf in de knoop gelegen, ik had een gezin, kinderen. Ik zocht advies bij professionele hulpverleners: ik wou het van me afzetten nu het nog kon.

Mijn sociale leven had als voordeel dat ik thuis nooit moest vertellen waar ik naartoe ging: ik had altijd wel een vergadering, een gesprek, een afspraak. Maanden gingen voorbij, ik kwam een kennis tegen die iets wilde gaan drinken in een holebicafé. Het bleef niet bij die ene keer. Het zat er vol jonge gasten, die me meevroegen. Ik hield de boot af, ik wilde mijn vrouw niet bedriegen.

Maar er komt een dag dat je je niet langer kunt verzetten. Ik ging al eens met iemand mee, zo begon het. Als je eenmaal hebt geproefd van het homo-zijn, wil je niet meer terug.

Hoe moest ik dat thuis gaan vertellen? We waren vijfentwintig jaar getrouwd. Ik heb het maanden uitgesteld, ik voelde me schuldig. Mijn werk begon eronder te lijden, ik sliep te weinig, ik was elke nacht op stap. Op een dag heb ik het haar toch verteld. *Ik ben voor de mannen.* Ze reageerde er rustig op. Ik wou niet van huis weggaan, ik stelde voor om een kamer te huren waar ik al eens een nacht kon blijven. Mijn schoonvader heeft me uiteindelijk verplicht om te scheiden. Ik stemde toe, als we elkaar de duvel niet zouden aandoen. Mijn vrouw en kinderen kregen het huis, ik ben weer van nul begonnen. Ik wist van thuis wat armoede is: je kunt overleven met een pak margarine en een pot jam in de koelkast.

Smoorverliefd

Een studio werd mijn nieuwe thuis, in het weekend ging ik uit met heel toffe holebigroepen. Op een dag ontmoette ik op een fuif een jonge gast, hij was smoorverliefd op me. Hij zag geen graten in het leeftijdsverschil. Ik eerst wel, maar na een tijd gaf ik toe. We zijn meer dan vier jaar samen geweest. Snel bleek dat die jongen thuis problemen had, er was sprake van geweld. Hij werd elke nacht door zijn ouders uit zijn bed gehaald, dan werd er twee uur op hem ingepraat om hem te *genezen*. Een homo, dat kon niet voor hun stand. Je kunt nauwelijks geloven dat het vandaag nog bestaat. Hij moest zich steeds verstoppen, zijn vader volgde hem overal. Een gsm kreeg hij niet, ook al was hij in de twintig, want te veel contact met mensen kon verderfelijk zijn. Het raam van zijn kamer was dichtgelast, de voordeur dichtgenageld. Een keer heb ik hem drie maanden bij mij verstopt, toen hij van thuis wou weglopen. Ze zijn er toch achter gekomen.

Na vier jaar wilde hij met me trouwen. We kozen voor Rent a Priest, maar hij wou ook voor de wet trouwen. Een maand voor de bewuste datum kwam hij wenend binnen. Hij zakte in elkaar en bekende dat hij enkel wilde trouwen om mij een plezier te doen. Ik zei hem dat hij enkel mocht trouwen als hij dat zelf wou. We zijn nog een half jaar samen geweest, toen ben ik ermee gestopt: je moet realistisch blijven. Achteraf gezien wou die jongen niet echt met me samenleven, hij was gewoon op de vlucht voor thuis. Ik ken nog zo iemand die om de haverklap in een psychiatrische instelling zit wegens zijn ouders. Ik heb ondervonden dat je outen als homo vaak nog moeilijker is dan vertellen dat je hiv hebt.

Hulpverlener

Ik was gestopt bij het Rode Kruis, maar ik was nog altijd hulpverlener. Ik hielp waar het kon bij verkeersongevallen, in mijn auto had ik een medische koffer. Twee jaar geleden was ik in de winter bij een zware aanrijding op een kruispunt. Een man lag op de grond, hij kon zich niet bewegen en had pijn aan beide benen, een potentieel rugletsel. Er werd een schepbrancard gebruikt, en daarbij was een zekere manipulatie van de man nodig. Ik ging met mijn handen onder hem. Ik droeg zoals steeds handschoenen, maar die moeten zijn gescheurd op het ruwe asfalt. Het toeval wil dat ik veel last heb van winterkloven, vaak tot bloedens toe. We hadden eerst niet gezien dat onder de man een plas bloed lag, hij bleek een open heupbreuk te hebben. Ik heb geen seconde gedacht dat ik in die omstandigheden gevaar op besmetting liep: ik was ingeënt tegen hepatitis C, ik stond er niet bij stil.

Weken later ging ik bloed geven, en men adviseerde me om mijn bloed te laten nakijken. *Er was iets raars mee aan de hand.* Ik besteedde er geen aandacht aan, maanden later ging ik weer bloed geven. Even later kreeg ik een brief van het ziekenhuis: er was verder onderzoek nodig. Ik wist niet waar ik het had. Ik dacht aan kanker, want mijn beide ouders zijn eraan gestorven. De dokter zei me dat er sporen van hiv waren aangetroffen, ik werd zo wit als papier. Dit kon gewoon niet, ik vrijde *altijd* veilig. Ik haalde mijn condooms tevoorschijn, ik kreeg ze gratis als hulpverlener. Ik dacht dat ik zou doodgaan, maar de arts stelde me gerust. Hij adviseerde een tweede test, misschien was het vals alarm. Dat werd een pijnlijke ervaring: die vrouwelijke arts deed drie paar handschoenen aan om bloed te nemen. Toen ik verklaarde dat ik was besmet na een ongeval, noemde ze me een leugenaar. Ik was verbolgen, razend zelfs. Nadien heeft ze zich geëxcuseerd, haar grootste vrees was zelf besmet te worden.

Tussen het tijdstip van de infectie en de diagnose lagen negen maanden, ik moest meteen drie pillen per dag nemen om het virus af te remmen. Vandaag is dat nog maar één pil. Ze verzekerden me dat ik een normale levensverwachting had als ik mijn medicatie trouw nam. Vrijen zonder condoom was voortaan uitgesloten, maar dat deed ik sowieso al niet. Na drie maanden therapie was er geen spoor meer van het virus: ze waren er tijdig bij geweest, ik kon honderd jaar worden. Toen kwamen de bijwerkingen. Ik kreeg enorm veel uitslag, ik bracht uren door in het ziekenhuis voor ze wisten wat het was. Ik zal ermee moeten leren leven: regelmatig naar de dermatoloog, huid ontsmetten, zalfjes. Sinds de medicatie merk ik ook dat ik sneller moe ben. Als ik uitga en te laat opblijf, recupereer ik minder goed. Verder heb ik niet zoveel last van de pillen, ik ben optimistisch van aard. Ik heb hiv, ik moet ermee verder. Soms ben ik kwaad als er weer een puist verschijnt, maar eigenlijk zit dat tussen mijn twee oren. Ook zonder hiv zou ik er goed willen uitzien. Vandaag let ik extra op mijn voeding: zuivere honing, voedingssupplementen, bioproducten. Ik rijd veel met de fiets en ik doe er alles aan om niet ziek te worden, om een soort dubbele afweergordel te creëren naast de medicatie.

Impact

Zolang je thuisblijft is er geen probleem, maar in je sociale leven kunnen de pillen een impact hebben. Onlangs was ik met mijn ex-vrouw, mijn zoon en vrienden op een concert. Aan de ingang werd er gecontroleerd, er mocht geen drank binnen. Ik neem altijd water mee voor mijn pillen en gelukkig hadden ze begrip, maar je moet er steeds aan denken. Wat dat betreft zijn de sms'jes van het ziekenhuis erg handig.

Je wordt op de meest onverwachte momenten geconfronteerd met je hiv, dat is niet altijd even aangenaam. Een jaar geleden had ik een zwaar ongeval, ik was onder een trein beland door het gedrang op het perron. In het ziekenhuis heb ik de anesthesist meteen laten weten dat ik hiv had, dat was niet plezierig. Ooit liet ik bij de dermatoloog een bultje weghalen, en ook daar moest ik het zeggen: ze zien het toch in je dossier. Als ik het uit eigen beweging kan vertellen, heb ik er veel minder moeite mee. Ik heb bijvoorbeeld mijn hele verhaal gedaan toen ik in de apotheek mijn hiv-pillen ging halen. Achter mijn rug hoorde ik twee oude mensen iets fluisteren in de trant van *smeerlap*. Ik heb mijn mond gehouden, maar had eigenlijk moeten reageren.

De leeftijd heeft het me eenvoudiger gemaakt: ik ben al zevenenvijftig, ik heb kleinkinderen. Als je dit als jonge mens te horen krijgt, kan het niet simpel zijn. Misschien daarom dat ik er makkelijk over kan communiceren. Ik ben er heel open over, al reageren mensen soms dom. Eerst heb ik het aan mijn dochter verteld, die was bijna dertig. Haar eerste zorg ging uit naar haar kinderen, en met behulp van de juiste informatie heb ik haar gerustgesteld. Met mijn ex-vrouw heb ik wat langer gewacht: ze is nogal een zwartkijker, maar ze nam het goed op, ze was heel bezorgd om me. We hebben altijd een heel goed contact met elkaar gehouden, ze is mijn beste vriendin. Mijn zoon weet het ook, hij is licht mentaal gehandicapt. Ik heb het hem aan de hand van een verhaaltje verteld, uit schrik dat hij zich te veel zorgen zou maken.

Werk

Daarbuiten zijn veel vrienden en kennissen op de hoogte. Soms vertel ik het doelbewust, zoals aan mijn twee boezemvrienden. Soms gebeurt het toevallig, zoals bij mijn kapster. Ik was met de fiets naar haar op weg toen ik werd aangereden door een auto, en ik kwam binnen met bloed op mijn arm. Zij wilde dat deppen. Ik heb het haar verhinderd, en mijn hele relaas gedaan. Ze heeft dat heel spontaan opgenomen, dat was tof. Eigenlijk krijg ik weinig negatieve reacties: als het al gebeurt, is het achter mijn rug. Wellicht is dat omdat ik op zo'n aparte manier ben besmet. Als je hiv hebt omdat je zonder condoom hebt gevreeën, reageren mensen vermoedelijk afwijzender.

Het is erg jammer dat ik het niet open en bloot op het werk kwijt kan. Ik heb het vrij snel verteld aan enkele mensen onder en boven mij. Mijn directe baas weet het, de grootste baas niet. Hij zou kunnen denken dat ik mijn job niet meer aankan, die mensen kijken alleen naar het rendement. Andere superieuren weten het wel, ze raden me af om er open over te zijn uit vrees dat het mijn autoriteit zou aantasten. Ik zou het er veel liever uitflappen, dan ben ik ervan af. Er is een collega die volgens mij ook hiv heeft. Hij komt voortdurend met uitvluchten, terwijl hij nochtans weet dat ik het ook heb. Het is heel bizar, blijkbaar kun je het niet forceren.

In een relatie ben ik er even open over. Een vriend adviseerde me ooit dat het beter was om een aantal maanden met het nieuws te wachten. Ik vraag me af waarom ik zou liegen. Als je iemand graag ziet, pak je dat erbij, denk ik. Als je straks een ongeval met de auto hebt en in een rolstoel belandt, blijf je elkaar toch ook graag zien? Niet iedereen redeneert zo: er is al iemand geweest die me hierom heeft laten staan, wellicht uit schrik. Ik beschouw het als een meerwaarde: als ik morgen iemand tegenkom, weet ik meteen of hij me echt graag ziet. Ik ga geen drie maanden wachten om het te vertellen.

Condoom

Anderzijds vind ik het niet noodzakelijk om het absoluut te melden vooraleer je aan seks toe bent. De eerste keer zeg ik gewoon dat ik het om veiligheidsredenen altijd met condoom wil. Als iemand dan doorvraagt, heb ik geen probleem om mijn hiv ter sprake te brengen. Soms zien ze me pillen pakken, dan leg ik uit waartoe die dienen. Die openheid wordt meestal gewaardeerd, sommigen willen er meer over weten. Angst om iemand te besmetten voel ik niet: in het ziekenhuis hebben ze me duidelijk gemaakt waarop ik moet letten, er bestaat geen enkel risico. Natuurlijk heb ik ook gedacht aan een seropositieve partner. Het vertellen zou niet zo lastig zijn, al vind ik het belachelijk dat je iemand alleen zou nemen omdat hij ook hiv heeft. Na verloop van tijd heb ik dat van me afgezet, net zoals ik dat vroeger heb gedaan met het leeftijdsverschil. Als het klikt dan klikt het, er staat in geen enkel boek geschreven hoe je moet samenleven met elkaar.

Ik heb al veel vrienden verloren, nog niet zo lang geleden werd een van mijn beste vrienden doodgereden op de fiets. Het leven is eindig, dat weet je wanneer je ouder wordt. Maar ik zal mezelf nooit zien als een oude man, ik heb getekend om honderd te worden. Tot enkele maanden geleden voelde ik dat hiv een rem was, ook op mijn relationele leven. Sinds het sterfgeval van die goede vriend besef ik beter dat er nog zo veel uit het leven te halen valt. Ik wil niet de rest van mijn dagen alleen doorbrengen, dat zie ik niet zitten. We zijn niet gemaakt om alleen te zijn.

Vroeger kon ik alles veel sneller van me afzetten, dat moest ook als hulpverlener. Vandaag schieten mijn ogen vol bij het minste. Ongetwijfeld door de leeftijd, maar ook door mijn hiv, die me weker heeft gemaakt. Ik heb op korte tijd veel moeten verwerken: de diagnose, een zwaar auto-ongeluk, twee aanrijdingen met de fiets, dat ongeval met de trein, de dood van mijn beste vriend. Onbewust rijg je dat allemaal aaneen. Ik ben er nog directer door geworden, dat maakt het makkelijker om het te verwerken. Ik had schrik dat ik veel slechte momenten zou kennen. Dat blijkt niet het geval. Je mag niet blijven stilstaan bij iets negatiefs, het leven gaat door.

NAWOORD

Het is nu dertig jaar geleden dat op 5 juni 1981 *The Morbidity and Mortality Weekly Report* in de VS de eerste gevallen van aids beschreef. Sinds die tijd is besmetting met hiv en aids geëvolueerd van een ziekte met onvermijdelijk dodelijke afloop naar een chronische ziekte die, alvast wat betreft te verwachten levensjaren, patiënten uitzicht biedt op een normale levensloop. Aids blijft natuurlijk wel een ziekte die we nog niet kunnen genezen, waarbij we nog heel wat kunnen doen om de levenskwaliteit van de patiënten te verbeteren en waarbij er niet genoeg kan worden gedaan om de uitbreiding van de epidemie af te remmen.

Het aidsonderzoek in België

Het verhaal van de ontdekking van de behandelingen die nu de ontwikkeling van de ziekte zo fors afremmen, is een wereldwijde geschiedenis waarin ook enkele opmerkelijke Belgische bladzijden voorkomen. Velen kennen het werk van Peter Piot en de bijdrage die hij leverde, onder andere als directeur van Unaids. Daarnaast zorgden ook een aantal farmaceutische onderzoekscellen die zich vormden in de entourage van wijlen dr. Paul Janssen voor enkele doorbraken in de behandeling van aids.

De speurtocht naar een afdoend medicijn begon na de identificatie van het 'hiv'-retrovirus, door het Institut Pasteur in 1984.

Het duurde tot 1987 voor het eerste antiretrovirale medicijn werd goedgekeurd. De eerste medicijnen blokkeerden het proces waarbij het virus zijn genetische materiaal kopieert in de cellen van de gastheer. De moeilijkheid bij de behandeling van hiv is dat het virus muteert en resistent wordt voor de medicatie en dat er dus, naar analogie met de antibiotica, steeds nieuwe medicijnen moeten worden gemaakt. Het zou tot 1995 duren vooraleer er voldoende antiretrovirale geneesmiddelen (ARV's) waren om via combinaties, de zogenaamde cocktails, de overlevingskansen fors omhoog te krijgen.

Het is voor de individuele patiënt dan ook uitermate belangrijk dat er bij nieuwe besmetting of tijdens de behandeling snel en ondubbelzinnig kan worden vastgesteld welke resistenties het virus al heeft ontwikkeld. De oprichting door Belgische wetenschappers en ondernemers van de Siamese bedrijventweeling Tibotec (opgericht in 1994) en Virco (1995) speelde hierbij een grote rol. Tibotec en Virco zijn nu deel van Janssen, de farmaceutische poot van Johnson & Johnson. Virco ontwikkelde efficiënte tests om hiv-resistentie te diagnosticeren en dus een snelle en juiste therapeutische keuze mogelijk te maken. Tibotec/Janssen ontwikkelde niet minder dan drie vernieuwende geneesmiddelen die door behandelende artsen kunnen worden ingezet om deze complexe ziekte te bestrijden.

De strijd tegen aids heeft vele facetten en als farmaceutisch bedrijf leveren wij op ons terrein, de ontwikkeling van betere geneesmiddelen, onze bijdrage. Wij voelen ons verbonden met de vele mensen, patiënten en hun families, dokters en verplegenden, sociale werkers en campagnemedewerkers, wier niet-aflatende ijver ons in staat zal stellen hiv en aids verder terug te drijven. Een initiatief zoals het boek *Hiv+* kunnen we dan ook alleen maar toejuichen. Ze helpen om de kennis rond hiv verder te verspreiden en het taboe rond de ziekte te doorbreken. In dertig jaar is er al veel gebeurd, maar er is nog een lange weg te gaan. Ons engagement is in elk geval blijvend.

dr. Wim Parys, Wereldwijd Hoofd Infectieziekten

janssen

NUTTIGE LINKS EN ADRESSEN

DE AIDSREFERENTIECENTRA (ARC)

Mensen met hiv worden opgevolgd door hun huisarts en in een ziekenhuis. Een ARC is een in hiv gespecialiseerde ziekenhuisafdeling waar seropositieve patiënten de nodige medische verzorging en psychosociale begeleiding genieten.

Dit zijn de aidsreferentiecentra in Vlaanderen en Brussel:

- **AIDSREFERENTIECENTRUM ANTWERPEN**
  Instituut voor Tropische Geneeskunde
  Nationalestraat 155, 2000 Antwerpen – tel. 03/247 64 65
- **AIDSREFERENTIECENTRUM LEUVEN** – UZ Gasthuisberg
  Herestraat 49, 3000 Leuven – tel. 016/33 22 11
  Het ARC Leuven werkt samen met
  ZIEKENHUIS OOST-LIMBURG
  Schiepse Bos 6, 3600 Genk – tel. 089/32 55 32 en
  AZ SINT-JAN
  Ruddershove 10, 8000 Brugge – tel. 050/45 23 20
- **AIDSREFERENTIECENTRUM GENT** – UZ Gent
  De Pintelaan 185, 9000 Gent – tel. 09/332 26 81
- **AIDSREFERENTIECENTRUM UZ BRUSSEL**
  Laarbeeklaan 101, 1090 Brussel – tel. 02/477 60 01
- **AIDSREFERENTIECENTRUM U.M.C. SINT-PIETERSZIEKENHUIS**
  Hoogstraat 322, 1000 Brussel – tel. 02/535 31 77

- **AIDSREFERENTIECENTRUM UZ SAINT-LUC**
  Hippocrateslaan 10, 1200 Brussel – tel. 02/764 36 69
- **AIDSREFERENTIECENTRUM ERASMUS ZIEKENHUIS**
  Lenniksebaan 808, 1070 Brussel – tel. 02/555 34 53

VOOR EEN ANONIEME, GRATIS HIV-TEST KUN JE TERECHT IN ANTWERPEN EN BRUSSEL

- **HELPCENTER ITG**
  Sint-Andriesstraat 7, 2000 Antwerpen – tel. 03/216 02 88
- **ELISA CENTRUM, U.M.C. SINT-PIETERSZIEKENHUIS**
  Cellebroersstraat 11, 1000 Brussel – tel. 02/535 30 03

VERENIGINGEN VOOR ONDERSTEUNING EN BEGELEIDING VAN MENSEN MET HIV

- **SENSOA POSITIEF**
  Kipdorpvest 48 bus A, 2000 Antwerpen
  tel. 078/15 11 00 – e-mail: positief@sensoa.be
- **LHIVING VZW**
  Schipperijkaai 11/122, 1000 Brussel
  tel. 02/201 14 19 – e-mail: info@lhiving.be
- **AIDE INFO SIDA (AIS)**
  Rue Duquesnoy 45, 1000 Brussel
  tel. 02/514 29 65 – e-mail: aide.info.sida@skynet.be
- **EFFETA, EEN OPVANGT(E)HUIS VAN DE BROEDERS VAN LIEFDE**
  Olifantstraat 5, 9600 Ronse
  tel. 055/20 67 70 – e-mail: flor.carrette@skynet.be

- *www.sensoa.be*, het Vlaamse expertisecentrum voor seksuele gezondheid met heel veel praktische actuele informatie over alle aspecten van het leven met hiv
- *www.hivnet.org*, de Nederlandse tegenhanger van Sensoa
- *www.allesoverseks.be*, site van Sensoa, bedoeld voor jongeren
- *www.mannenseks.be*, site van Sensoa, bedoeld voor mannen die seks hebben met mannen
- *www.itg.be*, site van het Instituut voor Tropische Geneeskunde
- *www.lhiving.be*, vzw voor psychosociale begeleiding van kansarme mensen met hiv in Brussel

En verder

- *www.aidsfonds.nl*, site van het Nederlandse Aids Fonds
- *www.vrijbewijs.nl*, site van de stichting Safe Service
- *www.hiveurope.eu*, info over hiv op Europees niveau
- *www.unaids.org*, site van unaids, het hiv-programma van de Verenigde Naties
- *www.worldaidscampaign.org*, de organisatie achter Wereldaidsdag
- *www.thebody.com*, interessante Amerikaanse site
- *www.thebodypro.com*, idem maar bedoeld voor professionele zorgverleners
- *www.lifeboatfilms.org*, site met verfilmde getuigenissen
- *www.tht.org*.uk, Britse site van de Terrence Higgins Trust
- *www.nat.org*.uk, Britse site van de National Aids Trust
- *www.gmhc.org*, New Yorkse site
- *www.aides.org*, site van oudste Franse vereniging van mensen met hiv

- *www.aidshilfe.de*, Duitse site voor hiv-preventie
- *www.sigmaresearch.org*.uk, site met resultaten van diverse onderzoeken, waaronder het emis-rapport

MEDISCHE SITES

- *www.hiv-druginteractions.org*, site om na te gaan welke medicamenten samen met de hiv-medicatie mogen worden gebruikt
- *www.aidsinfo.nih.gov*, een project van het Amerikaanse ministerie van Volksgezondheid
- *www.neuropathyandhiv.nl*, site met info over neuropathie
- *www.aidsmeds.com* , Amerikaanse site met medische info

Sites over reizen en hiv

- *www.hivtravel.org*
- *www.aidsmap.com*
- *www.ilga.org*
- *www.travel.state*.gov

www.lannoo.com
Registreer u op onze website en we sturen u regelmatig
een nieuwsbrief met informatie over nieuwe boeken en met
interessante, exclusieve aanbiedingen.

Omslagontwerp en coverfoto: Jef Boes
Foto's getuigen: Bart Musschoot
Vormgeving binnenwerk: www.armeedeverre.be

D/2011/45/477 – ISBN 978 90 209 9759 0 – NUR 740